欧洲
不再是个
传说

欧洲华文作家协会 ◎ 著

麦腾梅　王双秀 ◎ 主编

EUROPE
WITHOUT
CLICHÉT

廣東旅游出版社
GUANGDONG TRAVEL & TOURISM PRESS
悦读书·悦旅行·悦享人生

图书在版编目（CIP）数据

欧洲不再是个传说/欧洲华文作家协会著；麦腾梅，王双秀主编 .—广州：
广东旅游出版社，2014.1

ISBN 978-7-80766-587-8

Ⅰ．①欧… Ⅱ．①欧… ②麦… ③王… Ⅲ．①旅游指南－欧洲 Ⅳ．
① K950.9

中国版本图书馆 CIP 数据核字 (2013) 第 174225 号

责任编辑：何　阳
封面设计：Shirley
责任校对：李端苑
责任技编：刘振华

广东旅游出版社出版发行

（广州市越秀区先烈中路 76 号中侨大厦 22 楼 D、E 单元　　邮编：510075）

邮购电话：020-87348243

广东旅游出版社图书网

www.tourpress.cn

北京楠萍印刷有限公司

（北京市通州区潞城镇七级村东）

710 毫米 ×1000 毫米　16 开　16.5 印张　296 千字

2014 年 1 月第 1 版第 1 次印刷

定价：48.00 元

行万里路胜读万卷书

我们中国的古人说："行万里路读万卷书。"

西方的大科学家牛顿说："如果我比别人看得更远，是因为站在巨人的肩膀上。"

巨人的肩膀在哪里？什么是巨人的肩膀？

我想牛顿所说的巨人肩膀，指的是丰富的知识，开阔的心胸，博广的见闻和对大自然、对人生真切的体会与认识。

如此说来，巨人的肩膀仿佛很高，想要爬上去颇不容易，究竟要怎样做才能达到目的呢？

《中庸》有言："君子之道，辟如行远，必自迩。辟如登高，必自卑。"

老子也说："千里之行，始于足下。不积跬步，无以至千里；不积小流，无以成江海。"

稍加思考就会明白，这几位中外先贤所说的内容虽然不同，但其中的含意却相去不远，就是说：要多闻多看。多闻多看才能提高对自身和外界的真正了解，增加知识与智慧。

行远自迩，登高自卑，是至理格言。用现代语言来解读，就是：一个人要走得远，才会知道自己"不远"。登上高的山，才能悟出自己不但不高，其实还"很卑"，否则陈子昂怎会写出"念天地之悠悠，独怆然而涕下"的千古至文！

"千里之行，始于足下"，亦是我们走在人生道路上应该必懂的道理。那么久远的年代，老子就鼓励人们要"走出去"。告诉我们：心中理想，脑中天地，如果只停留在想象和酝酿中，是不够的，重要的是要付诸于行、走向广大有现实世界，百闻不如一见。

至于"攀上巨人的肩膀"，仔细想想倒也不难，通过学习、阅读、旅游，亲睹大千世界芸芸众生，提高对世间万物的欣赏品位，亦就是一步步攀上巨人的肩膀了。

综合各家的睿智名言，最终的结论便是那句我们耳熟能详的话了：行万里路读万卷书。

也许有人会问：为什么行万里路胜读万卷书？难道旅行游历比博览群书阅读求知还重要吗？

其实，读万卷书行万里路都重要。如果一个人从不读书，完全没有书本上的知识，纵是走遍全球，所见所闻亦只是表面现象，对走过之处并无深刻了解，辜负了自己比一般人广阔许多的宝贵机缘。相反的，若是只抱着书本阅读，自以为已经看遍世间百态，而事实上可能仅是陶醉在个人的想象之中，与真正情形相去甚远。

读书，行路是一回事，读书是静态求知，行路是动态求知，都是为了增长知识开阔眼界，追求更充实美好的人生，让生活更快乐。

旅游与文学结合并非始自今日，古今中外早已有之，其中著名的如《老残游记》《徐霞客游记》《马可·波罗游记》，哥伦布的《航海日志》。还有医学家李时珍所著的《本草纲目》，虽非游记、却是靠"行路"写出来的宏伟巨著。可见行万里路和读万卷书同样重要。

《老残游记》的作者为清代刘鹗，他借走方医生老残的身份，叙述游历中的见闻和感想，从而写出这本游记，全书二十回，文笔灵活生动，极受好评。虽叫游记却被后世定位为清末四大谴责小说之一。

徐霞客是明代人，终生喜欢探幽寻秘，研究人文地理、矿石、动植物状况。他长途跋涉，游踪遍历南北十六省，到过许多前人未至的地区，并一路撰写游记。可惜手稿大部分被焚于战火，后经人收集残余存稿出版《徐霞客游记》。这本书被认为有很高的科学和文学价值。

明朝李时珍是中国历史上最著名的医学家。他撰写《本草纲目》是因为感到所见资料中药名混杂，难以了解药物的形状和生长过程，于是放弃"纸上猜度"，决心亲身深入研究，远涉深山野谷收集药物标本，三十年后完成《本草纲目》。

西方出版的游记文学不少，只说我们最熟知的马可·波罗。马可·波罗是意大利威尼斯商人，元朝期间随同父亲和叔叔通过丝绸之路来到中国。回意大利后，在海战中被俘，一个叫鲁斯蒂千的人在监狱里听他口述旅游见闻写出《马可·波罗游记》。

西班牙人哥伦布的大名流芳百世。他热爱航海冒险，并认为地球是圆的，所以向东能到的地方向西也能到达。为了印证此想法，在1492年到1502年间他曾经四次横渡大西洋，发现了美洲新大陆。哥伦布所著《航海日志》就是记录每天的海上风云，和在新大陆上发现的事物。

刘鹗、徐霞客、李时珍、马可·波罗、哥伦布等都是"行万里路读万卷书"的最好的证明。若非游走天涯行路万里，怎能亲眼得见千姿百态的新世界，怎会明白天地间有那么多以前所不知的事物！又怎能体会到海阔天空宇宙无垠的震撼，从而成就了那些伟大的事业！

读万卷书让人胸怀经纶增长智慧，但不能把我们带出纸上谈兵的书斋小天地。世界如此美丽、广阔、多样而新奇，走出去亲眼一见，恰好弥补书本里所欠缺的。行万里路与读万卷书便巧妙地产生了互补作用。

目前是文学的低潮期，出版业不如往昔兴旺，出版纯文学的作品尤其困难。作家们纷纷在寻找新题材，以期突破低迷不振的状况。而与此同时，一般人的生活尚称平稳，没有大规模的战争，世界勉强算和平，中产阶级成了社会中坚，有能力出国游历的人不在少数。旅游文学、美食文学、环保文学等，自然而然地就成为最受欢迎的门类。

欧洲面积1016万平方千米，包括四十几个国家和地区，是人口密度最大的洲。自17世纪起便逐渐成为世界经济中心，在工业、交通、贸易、金融保险，科学技术领域，处于世界领先地位。

欧洲具深厚的文化底蕴自不待言，只看欧洲史前美术体现的旧石器时代，和中、新石器时代的建筑、雕刻、绘画以及工艺的成就，便知文化基础和水平是如何的深厚、博大。

文艺复兴是人类文化史上一次重要的运动，那之后出现了一大批杰出的作家、诗人、音乐家、画家，他们给整个世界贡献了灿烂的文艺珍品。在今天的许多欧洲城市如雅典、罗马、巴黎、维也纳、柏林以及莫斯科等，都可看到具有悠久历史丰富而辉煌的传统欧洲文化遗迹。欧洲对推动和奠定现代文明的人类历史进程贡献巨大。

欧洲也有美丽的自然环境。欧洲大陆是伸入大西洋中的一个大半岛，是世界上海岸线最曲折复杂的一个洲。阿尔卑斯山脉势态雄伟，许多峰顶终年积雪。欧洲的河流也很多，河网稠密，大多发源于欧洲中部，分别流入大西洋、北冰洋、里海、黑海和地中海。伏尔加河是世界最长的内流河，多瑙河是世界流经国家最多的河流，莱茵河是世界航运量最大的河流。欧洲亦多湖，湖泊多为冰川融化形成，譬如芬兰大小湖泊有六万个以上，被称做"千湖之国"。

南欧、西欧、中欧、北欧和东欧五个地区的不同国家，从阳光普照的西班牙到冰天雪地的俄罗斯，处处有奇景异色。

居住在这样的环境里，欧洲的华文作家们可谓得天独厚。上天对他们更厚的是给予手上那只灵活有致、挥洒自如的笔，和一个从事文学工作者必不可缺的，善于深思的，细腻灵动的头脑，以及刚柔并行的豪气和感情。旅居欧洲他们不仅是生活和工作，也在观看、感觉、探求和更深入的了解，关爱这个自己选择的新乡。欧洲的华文作家写欧洲，正是现身说法，既亲切又生动，读者会在他们的笔下，看到欧洲最真实的一面。

《欧洲不再是个传说》的两位主编麦胜梅和王双秀，是从欧洲华文作家协会成立的第一天就与我一同耕耘欧洲华文文学这块新地的伙伴。我还记得她们当时的模样，大概因为与大家素不相识，又没出版过书，只发表过零星作品，

所以都坐在那儿听别人发话，默默的不言不语，看上去很"青涩"。岁月飞驰，二十年的时间过去了，她们写书编书，组织文学活动，出席文学会议，都练成了文坛大将。就像现在的欧洲华文作协会长俞力工，副会长朱文辉，一个写政论，一个写推理小说，笔耕勤快，已成文坛大家。

对这个雄美辽阔的世界，我们需要更深的认识。《欧洲不再是个传说》可以帮助我们更好地懂得欧洲，帮助我们"站在巨人肩膀上"，看得更远想得更深。对《欧洲不再是个传说》的写作者来说，用笔描绘出胸怀中的欧洲风情是一种幸福和快乐。他们亦愿意将这种幸福快乐与读者分享。

欧洲华文作家协会永久荣誉会长

赵淑侠

2010年6月1日于纽约

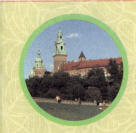

西游记行

　　呈现在读者面前的是一部《新西游记》。此游记描摹的不是光怪陆离、色彩斑斓的神话世界，而是一座经过数千年精心打造的人文珍宝库。游走在欧洲大陆，我们不会遭遇"山高路险惊难下，忽遇山中识径人"的尴尬情景，也不必担心由于物资匮乏而必须忍饥挨饿。

　　这是一个曾经让我们长期感受落后与自卑的文化圈，如今，游走在英伦的萧然霖雨与罗马的浓墨重彩之间，瞻仰伊斯坦堡、圣彼得堡的夺珍奇景与北欧的乡风民俗之后，我们禁不住在报道欧洲大地的山川风貌、图经地志与民情轶事之余，认真地进行多方位的观察、联想、对比和解读。

　　综观三十位作家的记录，不见虚无缥缈不实之词，更没有云车仙影的杜撰，而是抱着谦虚诚挚之心，探讨这幅画卷值得我们借鉴的诸多神来之笔。

　　这也不是一部"五国七日游"杂记，而是众多作者旅居欧洲数十年的经验、感触与研究积淀，也是一部生活之旅的忠实反映。在这全球化浪潮汹涌、脑力互相激荡的当头，我们不求意味隽永，流芳百世，仅仅期盼能够通过回环反复的探讨与追踪，起点唐僧取经的作用。

欧洲华文作家协会会长

俞力工

2010年5月5日于奥地利，维也纳

眼底下的风景

  每当满院子的枝桠开始冒出嫩嫩的绿叶时，大地早已一片繁花美景。在蔚蓝的天空下，我总希望能放下身边的事远走高飞。也许不用跑得很远，因为家就在欧洲，出了门处处都赏心悦目。

  欧洲的美，在于优美的环境、秀丽的山水、庄严的历史建筑、丰富的人文和辉煌的艺术经典。

  传说宙斯在观察地球时爱上了一位美丽迷人的腓尼基国的公主欧罗巴（Europa），宙斯化身成为一头温驯的公牛来亲近她。当欧罗巴好奇的骑上了这头公牛背上时，这头公牛忽然狂跳起来，背着欧罗巴飞越重洋带到克里特岛，后来欧罗巴就成了宙斯的一名妻子。从此，传说欧洲大陆就是以欧罗巴命名的。

  "欧洲"在海外作家眼中，不仅是一个地理概念，更是一个西方文化的城堡。而旅行就是通往城堡的路程，引人遐思，也牵动人浸淫其中。

  德国人喜爱旅行，对旅行作了最切实的诠释："旅行，充实也。"人生是由无数的旅行组成，每个旅人都随着心中的地图去体验陌生的地方和事物。旅人的眼睛是好奇的，带点仰慕也带点贪婪，想将所见所闻所品味过的一切，带回作为邂逅的证据。

  邂逅是文学创作的动机，我们收集了三十七位欧洲华人作家的六十二篇难忘的实地旅行心得，集成《欧洲不再是个传说》一书。他们，属于心灵最为敏感的一群，捕捉一闪而过的灵感，形诸于文字，点燃了旅途中的每一盏灯，成为生命中珍贵的记忆。他们，跋山涉水踩踏前人的脚印，走过欧洲二十多座不同的城市，是奥地利迷人的音乐荟萃或罗马的金碧辉煌艺术殿堂，留住了那行走的双足？或是只为了与哲人黑格尔、康德、尼采，文学家赫曼赫塞、卡夫卡、海明威对话，在那精神象征的地标中忘了催人回返的时间？

他们总是在光影微颤中乐此不疲地寻索遗忘的典故与历史。不仅如此，他们，充当自千里外的旅人，化艰苦成为浪漫豪情，搭火车走基辅与西伯利亚感受另类旅游。旅人，有时也可以是一个虔诚的朝圣者，一步一个脚印细诉圣地亚哥之路的徒步心路历程。

我在编辑过程中追随他们的脚步深入欧洲，感受了他们笔下欧洲每一块土地的人文风景，领悟到深藏在动人文字底下欧洲人的智慧，受益匪浅。在《欧洲不再是个传说》一书出版前夕，我心里只有一个愿望，希望这本书能够深深感动读者，激发起走万里路的冲动。

在这里我要感谢欧洲华人作家们的踊跃赐稿，感谢欧洲华文作协会长俞力工先生的大力推动，感谢黄世宜和高丽娟两位校对能手在百忙中抽空为本书校对，感谢秀威出版社编辑组协助本书顺利出版。

另外，编辑工作能够顺利完成，特别要感谢的是双秀，感谢她在编辑过程中给我的指导和支持。

欧洲华文作家协会副秘书长

麦胜梅

2010 年 5 月 18 日于威兹拉

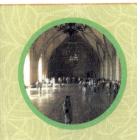

序 四

光影欧洲

上提、下拉、逗点、句号、分段、切行，与胜梅两人分别坐在不同城市的房间里，翻动着眼前印在屏幕上的文字。是文字掘动着人，还是人要掘动那些跳跃在文字背后的故事呢？在过了许久之后，两人终于感应到一个中间点，开始一篇篇一字字逐字推敲地念过去。就这样如旅人般一路前行。至终，却不知是故事引领了我们，还是我们心内根深蒂固的乡愁限定了它的样貌，我想多半是前者吧。终于，原有郁结心中诸多不确定的烦愁与记罣，在这些纷沓在不同时空以及角度下亮丽灿烂的旅程中点点消融。这期间还体验了胜梅对这本文选付出的厚重的心神，在此一提。

是的，所有的预设都不如这般的走过，从中生出万般情分，在里面找到了我们想要的归宿，并且成功堆砌了欧洲华人旅游文选——《欧洲不再是个传说》呈现在你眼前如今的模样。

三十八位会友六十二篇叙情，一处处文物风景在风格迥异的文字串缀之下，在眼前流过之际，内心的喜悦逐日弥漫膨胀，是何等的姿色成就于其中啊，又是何等的高度于焉衍生。可以说是前无古人吗？这六十二篇的人文风景通过不同作者的笔端变得饱满多格，心灵与智慧在旅途中碰撞冲击，这将会带动出什么样社会思潮的变化与发展呢？

走在21世纪的地图上，世界的边陲已经消失，宇宙的未知不断被开解，过去是探险家的旅程，而今日我们成为游人，丈量地图的工具是我们手中的照相机与眼耳口鼻观照之下的凝视邂逅。德国作家丹尼尔凯曼的《丈量世界》一书，记录出宏堡与高斯两位天才德国科学家的各自丈量途程，一位是坐在家中手拿着望远镜观测遥远宇宙中的星体，一位以脚程以马匹轮船等穿越了百千个驿站征服了

长长的距离，他们自始至终没有偏离的是对科学的激情与执著，而最终产生的疑问是，他们两人是谁去到了更远的地方，是谁依然留在故乡？

是啊，是谁依然留在故乡！

再回到本书中三十七位从欧洲不同的角落出发的会友的旅程，即使他们的身体已经穿越万里路遥，而魂牵梦系的依然是那个家那个故乡。这一次汇聚出的凝视，是华人华文在域外旅程上的哨鹿起身，开地万里，不是吗？在21世纪世界的丈量中，无意间展现出一个新的高度！

王双秀

2010年5月15日于汉堡

作者介绍

赵淑侠 旅居欧洲三十余年，现居美国。著有长短篇小说及散文，共出版作品三十余种。德语译本小说有《梦痕》《翡翠戒指》《我们的歌》。1980年获台湾文艺协会小说创作奖，1991年获中山文艺小说创作奖。曾任欧华作协会长及海外华文女作家协会会长，并受聘为浙江大学、华中师范大学、黑龙江大学等院校的客座教授。2008年获世界华文作家协会终身成就奖。

黄世宜 1977年生，台湾高雄人。瑞士日内瓦大学文学硕士（Licence e`s lettres, Universite' de Gene`ve）。曾获明报世界华文旅游文学奖第三名。瑞士汝拉区社区大学（UP Jurassienne）中文教师，从事写作和华语教学。是个喜欢听故事也喜欢说故事的人。

颜敏如 台湾高雄市人。欧洲华文作协和独立中文笔会会员。小说《此时此刻我不在》以德文写作完成后自行中译，2007年成书出版。德语文章《Die roteste aller Sonnen》在2009年1月发表于瑞士德语区《菁英报》（Neue Zuercher Zeitung），同年2月接受史东《八方论谈》电视访谈，8月获邀在瑞士法语区Le Château de Lavigny停留三周写作，10月出版《拜访坏人——一个文学人的时事传说》。

杨允达 祖籍北平。台湾大学历史系毕业，政大新闻研究所硕士，法国巴黎大学文学博士。曾任驻外特派员、外文部主任。十五岁开始写诗，1953 年与诗人纪弦等人创立现代诗社。现任世界诗人大会主席暨美国世界艺术文化学院院长，著有诗集六本、散文集六本、诗评理论两本，翻译诗集三本。曾获中国文艺协会荣誉文艺奖章、中国新诗学会诗教奖等多项文艺奖。

方丽娜 1966 年生于中国河南商丘。1998 年赴奥地利多瑙大学攻读 MBA 工商管理硕士，同期在德国实习。2003 年定居奥地利维也纳，现为欧洲作家协会会员。曾任《地球村》杂志副主编和《中国人报》主编，其作品散见各大报章、杂志及国内外网站。旅欧期间作品多次获奖。著有散文集《远方有诗意》。

麦胜梅 出生于越南堤岸。国立台湾师范大学教育学士，德国阿亨理工大学社会学硕士。曾任海外华文女作家协会秘书，威兹拉市成人教育中文讲师，威兹拉市立博物馆解说员。现任欧洲华文作家协会副秘书，德国联邦政府翻译员，著有《千山万水话德国》，主编《欧洲华文作家文选》等。

穆紫荆原名李晶，1962 年生于上海，上海复旦大学中文系毕业。1987 年到德国，曾任波鸿鲁尔大学东亚系汉学教学助理，后定居德国。现为欧洲华文作家协会会员，世界华文小小说协会会员，德国黑森州君子中文学校教师。作品散见于《上海新民晚报》《上海海上文坛》《欧洲大纪元时报》《美国星岛日报》《德国欧华导报》以及《德国本月刊》杂志。

高蓓明1959 年生于上海。1982 年毕业于华东理工大学药物专业，后在上海油脂研究所工作。1989 年前往日本研修日语，1990 年底转往德国。在德期间攻读了外贸专业，并在一些企业短期工作。业余时间完成了台湾中华函授学校的文学课程和海外学人培训网的神学课程。闲来喜欢旅游，舞文弄墨。目前定居于德国 R 市。

池元莲香港出生。台湾大学外文系毕业，美国加州柏克莱大学硕士，与丹麦人结婚定居丹麦。出版中英文著作十余种，以《两性风暴》最受欢迎，新浪网全书连载总点击已近两百万；《性革命新浪潮——北欧性现状记实》最富学术性，被北京、台湾、香港多家大学图书馆收藏研究；《欧洲另类风情——北欧五国》最长寿，出版十多年后又复活。

谢盛友 1958 年出生于海南岛文昌县。中山大学德国语言文学专业学士，德国班贝格大学新闻学硕士，1993—1996 年在德国埃尔兰根大学进行西方法制史研究。著有《微言德国》《人在德国》《感受德国》《老板心得》《故乡明月》。现任欧洲《European Chinese News》出版人，欧洲华文作家协会副会长。

黄雨欣 1966 年出生。毕业于吉林大学医学院。曾就职于吉林大学经济管理学院，自 1992 年末游历欧洲。1994 年开始发表作品，至今已在国内外各大中文报刊杂志发表文章几百篇，一些文章曾被国内知名媒体和网站广泛转载。现为欧洲华文作家协会理事、中国微型小说家协会会员、海外华文女作家协会会员。闲暇喜欢寄情山水、博览杂书、观摩大片以及看肥皂剧。

郑伊雯 台湾屏东人。辅大中文系、辅大传研所硕士。资深旅游记者，目前旅居德国，从事欧洲生活杂记与旅游采访写作。著有《北台湾森林渡假情报》《尼泊尔》《德国·莱茵河》《德奥义阿尔卑斯山之旅》《德国玩全指南》《走入德国童话大道》《阿尔卑斯山旅笔记》等书。

谭绿屏 汉堡艺术家。南京市美协、江苏省花鸟画研究会海外会员、汉堡文化艺术协会《万象更新》（Alles wird schoen）名誉主席、德中文化交流协会会长、世界微型小说研究会欧洲理事。被慈济功德会汉堡分会长期邀约撰写报导。

林凯瑜 2003 年加入欧华作协。曾在日本文化古城京都修学日本文学。1996 年进华沙中文系进修，1999 年获硕士学位。现任华沙国立经济大学及华沙私立企业管理学院中文教师。2002 年自立一所中文学校，2004 年在私立企管大学任教至今，2007 年加入德国中文学校联合会，2009 年出版中波教科书。

李永华 笔名老木，旅居捷克。曾做过汽车装配工、服过兵役，学习电子、哲学、农学、法学。在中国农业科学院任职期间主持人参、西洋参储存保鲜研究，并发表论文。后出国经商，开农场、饭店、咨询、中介服务。创办捷克华文刊物《商会通讯》和《捷华通讯》。现任捷克金桥有限公司总经理，旅捷华人联谊会副会长、欧洲华文作协副会长。

郭　莹　国际问题评论员。著作有环球行纪实《相识西风》《老外侃中国》《一家两制——嫁给老外的酸甜苦辣》和文化纪实《欧洲如一面镜子》。曾荣获世界华文旅游文学征文奖亚军，上海《新民晚报》"我的第一本书"征文奖季军。曾参与凤凰卫视时事评论节目。曾任教于香港公开大学硕士生班文学评论课。

李寒曦　出生于云南昆明。老三届初中生，插队瑞丽时去缅甸参加缅共人民军五年，做卫生员，战地救护。回国后在医院做护士三年，上医学院后，外科医生十余年。之后莫斯科人民友谊大学肄业。现在莫斯科做中医中药推广工作。

丘彦明　现居荷兰。台湾政治大学硕士、比利时布鲁塞尔皇家艺术学院肄业。曾任联合报副刊编辑、联合文学杂志总编辑。曾获台湾新闻局金鼎奖最佳杂志编辑奖、联合报读书人文学类十大好书奖、中国时报开卷文学类十大好书奖。著有《人情之美》《浮生悠悠》《家住圣安哈塔村》《荷兰牧歌》《踏寻梵谷的足迹》《翻开梵谷的时代》等书。

王双秀 出生于台湾。文化大学德文系毕业。曾任德文系助教，汉堡大学艺术史博士班。现任顾问咨询，触及产业有纳米科技、风能、数字游戏等。1996—2002 年曾任欧洲华文作家协会秘书长，著有《汉堡散记》。

林奇梅 台湾嘉义县人。居住伦敦，欧洲华文作家协会理事，海外华文女作家协会会员。从事写作多年，喜作散文、诗和少年小说。著作有《伦敦寄语》《金黄耀眼》《晨曦》《林奇梅童诗选——女巫，风筝，小溪》《稻草人迪克》等。荣获华文著述奖作品有《厝鸟仔远飞》《美的飨宴》《青草地》《稻草人杰克》《稻草人贝克》。

潘缦怡 原名石缦仪，出生于湖北。1949 年移居台湾，台北一女中毕业，台大历史系获学位后供职于石油公司，翌年赴美留学。在印地安那大学取得图书馆员资格证，继而在纽约布鲁克林公立图书馆实习一年。曾在《世界日报》《国语日报》及台港各报章杂志发表文章，并于北京儿童出版社出译书。

赵　曼

本名赵曼娟，出生于台北，拥有主副业和多种头衔，典型新时代女性兼儒商。平日从事房地产、股票、科技、绘画、写作，旅游三十余国。擅运用丰富人生阅历，笔触幽默奇趣，文章散见国内外各大报，著有《版画名家金榜》《巴黎曼陀罗》《古董精品》《巴黎心咖啡情》等。现任昌盛国科技公司董事长。

黄德胜

1963 年出生于台北，中山大学电机系毕业，历任英业达、唯冠、光群雷射、鸿海等百大企业科技公司经理。擅写商业企划大案及国际经贸谈判。拥有武术及中医各两张执照，与赵曼 2002 年结婚后居于巴黎。曾参与中法经贸高峰会议、欧华年会、世界作协大会。现任胜歌计算机公司董事长。

蔡文琪

1961 年出生于台湾的雨港——基隆。世界新专电影编导科毕业，美国纽约理工学院传播艺术硕士，芬兰赫尔辛基大学博士班研究生。曾在美国、芬兰、土耳其居住，现住北京。曾担任台湾《中国时报》土耳其特约记者、《欧洲日报》土耳其特派记者。著有《TO GO 土耳其》。

吕大明 国立台湾艺专毕业，英国利物浦大学硕士，巴黎大学博士研究。曾任欧华作协副会长，著有《这一代弦音》《世纪爱情四帖》等十余种。翻译《天主的子民》戏剧《兰婷》并编写电视广播剧《梅庄旧事》《孔雀东南飞》《云深不知处》两百余集。曾获幼狮文艺散文奖，新闻处散文奖，两届华文著述奖散文，耕莘文教院两届文学奖，台湾文建会翻译奖等。

张　琴 自由撰稿人。曾获欧洲华人作家西班牙赛区征文首奖，法国《欧洲时报》征文三等奖，西班牙《华新报》征文二等奖。出版纪实文学《地中海的梦》《异情绮梦》《浪迹尘寰》《田园牧歌》《琴心散文集》《秋，长鸣的悲歌》，诗集《天籁琴瑟》。现为西班牙作家艺术家协会华人会员，欧洲华文作家协会会员，世界华文小小说总会会员。

李智方 出生于台湾淡水镇。国立艺专西画组毕业，马德里康普鲁登斯大学美术学院绘画系硕士。旅居西班牙，现任马德里三石市立文化之家儿童造型艺术班指导老师。自1993年起，散文及诗作散见《中央日报世华周刊》《宏观报》人间福报暨《笠》诗刊等。诗集《我多想告诉你》顷获2009年海外优秀华文作品文艺创作奖诗歌类第一名。

杨翠屏台湾斗六市人。政大外交系毕业，巴黎七大文学博士。译有《见证》《西蒙波娃回忆录》《第二性：第三卷》（联合报读书人非文学类最佳书奖）。著作：《看婚姻如何影响女人》《活得更快乐》（台北市政府新闻处推介为优良读物）《名女作家的背后》《谁说法国只有浪漫》《忘了我是谁：阿兹海默症的世纪危机》。

莫索尔大学外文、新闻系所毕业，长期从事新闻工作。早期在台湾曾任编译，为《新生报》撰写影评，并在此报发表连载之《西洋音乐史话》。1963年赴西班牙留学，三年后担任中央通讯社驻西特派员，后派至阿根廷数年。1990年代初期退休后担任中央日报驻欧撰述欧洲政情，间或为中副、台港及欧洲报刊写稿。

郭凤西出生于在温馨开明的眷村家庭。父亲郭岐是抗日将领。初中读北一女，高中北商，大学是文大商学系。凤西性情活泼开朗，兴趣广泛，多年来在阅读之余，也勤于写作，著作有《旅比书简》《黄金年代的震撼岁月》《欧洲剪影》，并曾获得中央日报创作奖。现任欧洲华文作家协会秘书长、比利时比京长青会会长、比利时中山学校校长。

文俊雅

1975年出生，祖籍广东。应用心理学硕士。曾任电台及电视节目主持工作，现旅居伦敦。2007年以来陆续在《科技合作论坛》《英中时报》和《华人文摘》等报刊杂志发表了《虎头虎脑的这一年》《昨夜曾飘雪》《轶事就在身边》《母亲》《伦敦奥运圣火传递》《伤逝》《我见到了总理》《望月》《随夫随任随笔》《人来人往的 Maida Vale 42》等文章。

高丽娟

1958年出生。毕业于台大中文系，曾任《八十年代》《亚洲人》《暖流杂志》编辑，1982年远嫁土耳其。1988年获安卡拉大学汉学硕士学位，历任土耳其国立安卡拉大学汉学系专任讲师、土耳其国际广播电台华语节目编译与主持人。2002年5月加入欧华作协后，积极从事写作，为《中国时报》特约撰述。2005年9月以《走过黑海的女人》一文，获得香港主办的世界华文旅游文学征文奖入围奖。著有《土耳其随笔》《从觉民到觉醒》。

俞力工

1947生于上海，祖籍浙江诸暨。1949年随父母迁居台湾。1964年初中毕业即前往欧美留学，先后在美国旧金山州立大学、奥地利维也纳大学、德国西柏林自由大学、海德堡大学、法兰克福大学政治系、社会学系学习与研究。著作有《后冷战时期国际纵横谈》《反恐战争与文明冲突》。国际政治学教授，政治评论专栏作家，欧洲华文作家协会会长。

李 震 1969 年出生。1992 年就读于北京外国语大学。1992—1996 年在中国社会科学院从事东欧政治经济研究。1996 年移居匈牙利，1997 年创办中文报纸《欧洲中华时报》，2008 年创办《欧洲华文通话社》。现任欧洲华文作家协会理事。

蒋晓明 笔名晓星。1964 年北一女高中毕业后，随父母侨居比利时。获比利时鲁汶大学大众传播硕士学位后，曾在行政院新闻局服务一年，并为《时报周刊》撰稿。曾多年服务于比利时旅游界，现在银行任职，最大嗜好是旅游各地。

朱文辉 1948 年 6 月 4 日出生于台湾台东。1972 年毕业于中国文化大学德文系。1975 年起旅居瑞士，现从事商务工作。1991—1996 出任《欧洲华文作家协会》秘书长，1996—2002 年当选会长，2005 年起担任副会长。亦以德文从事创作，作品以犯罪推理文学为主轴，曾获台湾多项推理文学奖，部分小说有德、日文版本。

于采薇 1952 年出生于台湾北投。文化学院毕业，柏林自由大学艺术史肄业。目前定居柏林，在旅行社工作。

目录 contents

第六篇　吃喝玩乐

第一篇

C entral Europe
C 中 欧

瑞士·奥利地·捷克·德国·波兰·匈牙利

瑞士 独登雪山

赵淑侠

登山访雪是突发的念头。

久别重归，时时都在忙着料理堆积的各类杂事。这天难得空闲，坐在湖边的茶座上品尝一杯新茗，抬头转眸之间，却瞥见遥遥相隔的雪峰尖顶，青灰色的山石上覆盖着成片成条的白色积雪。在正午的阳光辉映下，明暗深浅分外清晰醒目。行云过往时腾浮自如的悠然写意，流露出一种引人遐思的雅致，仿佛是古人笔下的雪山图，空灵深远，美得不沾一丝烟火气。我痴望良久，看那似傲然执意要抛下混沌尘寰，昂扬上升，高高自群山中孤立出来的银白色峰尖，有欲走入画中的冲动。

空灵深远，美得不沾一丝烟火气。（黄冠华 摄）

我真的往画中走去，坐上登山的火车，转换三次。因时近午后，上山滑雪的人潮已过，愈到高处人愈稀少。列车缓缓爬行，只觉得峰回路转，忽而由阳光灿烂钻进阴霾的山洞，忽而又从黑洞里窜出，奔向朗朗耀目的洁白大地。明明暗暗

Europe

的行走间，有如置身于时光隧道，岁月的河滔滔倒流，不禁忆起那些与孩子们上山滑雪的往事。

那些年里，应说年年与阿尔卑斯山的雪峰有约。每到冬季2月，小学开始轮流着放滑雪假，我照例在度假地租间公寓，提包携袋地带着儿女上山。每天早餐之后，我这个没有运动细胞的妈妈，穿上全副的御雪装备，领着肩扛滑雪板的小人儿，一脚深一脚浅地步上被厚雪覆盖的山岗，把他们送到滑雪学校的集合地，交给教练老师。当他们滑了一天雪，晒得小脸黝黑，双颊红似苹果，累得像小狗熊般回到原地时，身手笨拙的妈妈已提前到来等待他们。

孩子们上中学后，便逐渐地随滑雪冬令营去度假。我上雪山原是舍命陪君子，不得已而为之，此刻终得解脱，满心欢喜庆幸，就再也没去过阿尔卑斯山顶的滑雪胜地，日久竟淡忘了雪原秀色。当然，在漫长的冬季，城市里也会莅临大大小小的几场雪。但雪在城市，就像属于神灵世界的仙女走下云端，衣袂飘飘地徜徉在车水马龙的闹市街衢中，既不协调又辜负了她的出尘美态。

缆车跟着遐思前行，悠悠间到达终点，迎面的大钟正指着三点半。我未着雪靴不敢行远，在站台旁边咖啡馆的宽大露台上，找了个朝向斜辉又近栏杆，视野可极目驰骋的座位安顿下自己。滚圆的腰上束着镶花边的小围裙，脸上泛着山区居民特有的红润健康色的中年女侍已笑容可掬地站在眼前，用生硬的英语问我想要些什么。我用德语回答说想要一份蔬菜汤。她便用涂了红色蔻丹的手指，敲了两下那梳着雀巢式发型的脑袋，大叹自身有眼无珠，把归人当了过客。我说不妨事的，她有绝对的理由如此判断，她的职业本是在接待一批又一批的过客。

那女侍听了好像如释重负，笑得嘻嘻哈哈。其实我更想说，包括她本身，谁又不是过客？在这样连绵无垠的雪峰环绕中，人，显得何等的单薄渺小啊！时间的巨掌自然会慢慢地来收拾我们，最睿智的哲人和最强悍的英雄也无法改变这一事实。人生固然有限，所幸这条道路够长，并充满创造性。如果能走得坦荡虔诚执著，不曾荒废或失落重要的生命景点，就算丰满的美好旅程了。做个过客又何妨！

热腾腾的蔬菜汤端上来了。这是滑雪山区一种迎合时令特色的食物。汤是用牛骨熬的，材质是切碎的洋葱、西芹、青蒜、西红柿、胡萝卜、卷心菜、鸡肉和大粒的薏仁米，黏黏糊糊的炖成一锅，味美又富营养。滑雪的人不宜吃得过饱，中午休息时来碗蔬菜汤，加上两片全麦的黑面包，再叫一杯殿后的咖啡，即可称茶足饭饱，堪以应付下午几个小时运动的体力。

我慢慢品尝着香醇的浓汤，凭栏极目四望，只见不远处两个登山吊梯正在徐徐往上滑行。依梯而立的人像被串联成一条五彩缤纷的长龙，沿着峻险的斜坡，任由钢索牵引着攀上峰巅。原来这两千米的高度，对滑雪技术高超的好手仍嫌太矮，他们要站在离天空最近的地方，滑向熙熙攘攘的人群。

我静静地观赏着白色雪原上的红男绿女，看他们由高处飞似地惊鸿而过，姿态轻盈帅气得宛若鱼游于水，展现出无限的生命与活力，风驰电掣的滑下远不见底，被厚雪掩盖了整个秋冬两季的谷地。下去又攀着吊梯上来，再潇洒地倏然滑下，反复来去的匆匆挥洒之间，倒像刻意要传递佛家所言尘世轮回的消息。

我想，人能在有限的生涯道上活得愉快美好，是因可体会到人与人之间相互的关联，一代接着一代，绵绵延续承传不息。虽说人的肉身是赤裸裸地孤独来去，但在生存的过程中，却是充满着同为人类的温暖。呼吸着同样的空气，观赏着同一日月星辰，在同一块大地上活动，最后同归于泥土，彼此之间的关系是多么密切。

我再想，假若此刻没有周遭的人，偌大的露台上只有一个我在这儿环顾空荡荡的雪山，没有红脸蛋的女侍送上一碗浓汤，亦没有技术娴熟、姿态优雅的滑雪者供我欣赏，抬头是没有边际的云天，垂目是被阳光辉映白得透亮的冰雪旷野，既无人迹又无人声，那将是怎样的宇宙洪荒景象！于是，我心中溢满着感谢与感动。感谢上苍为我们创造了这个谐美的人间世界，更感动他用爱和关怀将芸芸众生串成一气，使每个孤独的个体，隐隐间都能感受到些许来自同类的和煦暖意。

夕阳随着我不着边的冥想渐渐偏西，我惊觉已是下山时刻，若待太阳落尽，黄昏来临，气温骤然下降，雪山变为冰山，我的这身城市装备怎够御寒？而且地滑鞋薄，弄不好滑上一跤，岂不是糟。正巧下山缆车轰隆隆地蓄势待发，一个靠窗的佳座虚位以待。冷傲凄艳的雪峰峻岭原非我久留之所，回到那个熟习的被污浊熏染、噪音充塞、琐杂事物纷攘，却住惯了的凡俗社会，此其时也。

朝着洁白纯净的雪峰做了最后一瞥，告别的语言是心中深沉的感触。何时再来？还来不来？都说不上。我畏寒冷又惧临高，纵扮雪山过客，也许只具资格获取这短暂相聚的缘分。山不在高，有仙则灵。两个小时的凝眸寻思，沉醉于自然的雄浑美景氛围已够永恒。在盛装记忆的提篮里，我确知不会缺少一颗与白雪奇峰有关的美丽果实。

瑞士　没有钟表的瑞士

黄世宜

那么你现在是怎样一个人呢？

我不知道。对此我与你一样无知，我仍在路途中。

——流浪者之歌，瑞士，赫曼·赫塞

是的，我们都仍在路途中，走吧。

从故乡的原点迈出去，抵达异地的某一点，我们的心思总是能为陌生的他国牵曳。所有的游记就是这个时候悄悄地从我们的心田走上纸端，旅游表面上都像单纯空间的直向挪移，然而深探下去，其实正是一分一刻时间的步履引领我们从过去的经验移动到现下崭新的印象，然后无尽延伸未来的想望期待。我们所惊叹感动的也正是这一段过程的记录。所以，行路人最悸动的瞬间并非欣赏名胜或品尝美食的刹那，而是在异方床上悠然转醒的一刻，在朦胧宁静的片刻，恍然领悟，啊，我原来醒在他乡。

2月的某个清晨，我在一个叫做瑞士的国家，醒来。

在瑞士不论何时何刻，也无论在城市还是乡村，都显得太安静。即使是大家忙着上班上学的时刻，也少了其他地方特有的车马声。让你怀疑生活在这样一个国家，是不是只听得见自己的呼吸声。所以，我总是习惯把闹钟设定在晨间新闻播报，不为听新闻，只是想确认原来我不是住在一个人的国度。即使有人在你耳边聒噪絮语，传播这个苦难人间的种种不幸，你也觉得不那么与世隔绝，即使你就住在瑞士，在一个号称世外桃源幸福富裕的国度，每天睡了又醒，日复一日。

但是今天很特别，我醒了，却是被播报员热切兴奋的声音惊醒。"头条新闻！我们瑞士的国民艺术家杰克梅第（Alberto Giacometti）的铜雕《行走的男子》（L'homme qui marche I）以天价在伦敦苏富比卖出。一举打破过去毕加索创下的纪录！"我醒了。播报员噼里啪啦这里联机那里采访，所有灌入我脑中的讯息是这是惊人的金钱数字，这是所有瑞士人的骄傲。瑞士，你看，不是只出产名贵钟表，不是只有财大气粗的银行，我们也是有艺术有人文可让我们自豪的呀。

国民艺术家杰克梅第 Alberto Giacometti 的铜雕《行走的男子》。（李筱筠 摄）

　　对于杰克梅第我并不陌生。我天天都要跟他打交道。不只我，所有在瑞士工作旅行吃饭睡觉的人都认识他。不是说住在瑞士这个美丽的国度就自动多了人文涵养，天天抱着艺术大师图册不放。而事实是，杰克梅第充满探索深思的眼神和他最出名的铜雕，也就是这一回大出风头的《行走的男子》，其人其作品老早就被瑞士政府采用印在百元纸钞上，以纪念大师。所以没有一个在瑞士行走的人对这家伙陌生。在瑞士就像世界任何一个角落一样，要活就得有钱。杰克梅第就是一百法郎，说白点差不多等于瑞士一个普通小家庭一个星期的买菜钱。当然，杰克梅第也可以是富豪大款们进出日内瓦、苏黎世这些大城精品店和大银行一分甚至一秒就能出手的小零头。所以，可以想象，在瑞士的每个人，每一天每一分每一秒，都有那个《行走的男子》穿梭走动的足迹。

　　行走的男子很瘦。他就一个人。

　　第一次见到他，是我头一次在瑞士打工挣了钱的时候，手心濡湿，兴奋地反复盯视我手上的钞票。钞票上那枯瘦贴骨，但仍挺步向前的形象，让我联想起苦行僧。对，就像佛陀悉达多。悉达多，不是有位欧洲作家也写过这位东方圣者的故事吗？他是赫曼·赫塞（Hermann Hesse），也是一个瑞士人。

流浪者的双足宛若鲜花。

——婆罗门

在台湾就读过赫塞的《流浪者之歌》，这是一本讲述流浪行者游走世界最后证道的书。从小在都市动物园长大的我，当时只觉得这简直就是一本充满哲思玄想，不愧是大师天马行空的神思之作。我俗，没甚慧根，吊不了书袋，赫塞文字精辟神妙之处简直无法领会，名著过目，天马就这样子一撒腿跑过，马上就忘了。

然而，自从长居瑞士，这一个满眼望去尽是山川河流森林田野的国度，我重新拿起了赫塞的这本书。他，到底是瑞士人，实际不花哨，不写没看过的东西。流浪者之歌描写行者眼中所观望的日月星辰，虫鸟花卉，四时交叠的美景摄人心魄，正是瑞士最独到而也最现实的风景线。书中写着这段一段心路历程，渺小的流浪者先从世间自然美景感受了时间消逝更迭的万般无奈，但接着从源源滔滔的河水万相中，面对无尽自然，这一位本来心怀犹疑恐惧，孤独迷惘的行走中的男子，最终了解原来自然本身就是一座看不见的钟表，它不停歇，永恒周复，流转圆回。

瑞士以出产钟表盛名，而它所拥有最美好最珍贵的钟表就是它的天然美景。长山和奔流是长针和短针，每一片花花叶叶都分分秒秒无声地提醒人们，时间走了又将回来。现代都会人们依赖科技仪器来刻画时间，强力定义了时间，把时间硬拉直成了一道冰冷残酷的直线，我们永远都在逼自己跑向那线的尽头。

可是在瑞士保留的自然美景仍是那么生生不息，即使冬天大雪封地，我们仍能预约来春盈眼满山满谷的柔绿。而秋季走在瑞士大城的街头，一步一步踩着地上的落叶，发出清脆规律的声响，行走的人一脚脚余音回荡游离在琳琅陈列华贵名表的橱窗之外，于是一座已然隐没时间人为刻度的时钟，在自然与凡世圆合中缓缓升起。

如果说流浪者的双足宛若鲜花，摊开地图追寻作家赫塞的人生足迹，正如同德国瑞士边境，年年 4 月，漫地开得无心而纯挚的春花点点，流浪到天边。他在德国出生，然几进几出瑞士德国之间。在那个不安的年代，数度在人为战火喧嚣和自然宁静风景的边缘间徘徊，在人类贪欲和自然至性间挣扎，最后归化瑞士。

走到这里，够了，流浪者的眼眸晶亮沉静得像瑞士山脚下的一汪湖水。

所以我丝毫不意外，为何瑞士国民艺术大师杰克梅第在巴黎接触了当代时尚，绕过一趟超现实主义，他仍然走回来并开创了自己独特的道路。看看西班牙名家达利的《记忆的永恒》吧，杰克梅第一个土生土长的瑞士人，来自高耸深山，伴随幽深湖水修业成长的瑞士人是不会留下那种多彩炫目的作品。杰克梅第在早期探索超现实主义时，曾用当时流行的象征手法创作出名为《时间的轨迹》的作品。单色调，极简约，空旷寂静。这和达利画中烈阳下疲软而富丽的时钟成了明显的对比。20世纪40年代后，杰克梅第更加彻底地扬弃了时间，他回归了更简朴的写实手法，回到了原点，平凡地去创作，目光投向了身边的平凡人。他不再刻意追求描绘时间本身的空虚和无奈，他像赫塞笔下的悉达多，最终以慈悲的目光观摩世相众生。

他所雕塑的凡人形象，如同瑞士本身的天然风景特质，静、空、简。你可以说他谦卑的步伐走向毁灭，但谁说他不是走在一块叫做时间的踏板上，凭借着希望永无止境地走下去呢？我曾经造访过杰克梅第的原乡瑞士东南山区，那里的裸石粗粝，植被都带着旷野的单色调，完全和巴黎精致多彩的人工氛围迥然不同，就像是一个旅程的极端两点。然而这一位艺术大师正是游走两端的流浪者，在现代城市的空无和山野森林无尽的生机中摆渡。杰克梅第曾说，他的创作在于尽力省去"空间的脂肪"。这话让人玩味，现代人怎样才能摆脱空间的重量，挣脱时间的枷锁，带着轻快的步履走向没有钟表的幸福国度呢？

是的，我将步入林中，我将步入万物的圆融统一中。

——流浪者之歌，瑞士，赫曼·赫塞

佛说：看山是山，看水是水，看山不是山，看水不是水，复又看山是山，看水是水。这一复一看，何尝不是行路的人一生追寻的旅程。

瑞士是个好地方。是个有山有水的好地方。世界大战期间，瑞士的山河曾经庇护抚慰了多少渴求平安和充满疑惑的心灵。比如说，那位创造出艺术品价值世界纪录的大师杰克梅第不是偶然；比如说，那位世纪心灵导师，曾获得诺贝尔文学奖的作家赫塞不是偶然；又比如说，那位对时间概念作出历史性颠覆的科学家爱因斯坦不是偶然。然而这个拥有好山好水的国度面对一个讲求名利，充斥数字和速度的当代，它传达给世人的物质形象只有更逐步强化。一百元瑞士法郎，一个大师手下的苦行者形象，你可以买到什么？你又还可以买到什么？

我捏着我手心上的纸钞，一个大师和当今号称最贵的雕塑像，其实不过一个星期的菜钱，一百元。我禁不住想着，瑞士真是个好地方啊，有富人银行，有名牌钟表，还能喂饱一小家子。日复一日，睁开眼睛醒来，我们都是人生旅途上奔波迁徙行走的人，赶路复赶路。谁又还记得，合该有个地方，是一个有山有水独独笑忘时间和钟表的好所在呢？

瑞士 红塔的故事

颜敏如

人们玩笑说，这城的年龄比上帝还老。城的东边是一条早已废弃的护城河，河的一边绵延着坚实巨大的高墙，另一边则是一大片青嫩得似乎要滴出水来的绿色草坪。

在安静土地上述说着两千多年历史的索洛图恩（Solothurn），人称瑞士最美的巴洛克城，位于瑞士西北部，是索洛图恩邦的首府，临近德、法边界，在公元前已有凯尔特族定居。由于索洛图恩地处从东南部西欧进入莱茵河的要冲地段，深具战略价值，罗马人便把此城建设成军事基地。而索洛图恩又被称为"大使城"是因为 1530 年至 1792 年间，它一直是法国大使的驻留地。面积约略 6 平方千米，人口只有一万五千左右的索洛图恩，就在属于汝拉山脉（Jura）的白石山（Weissenstein）脚下，城内有阿雷河（Aare）悠悠流过。大型综合医院、美术馆、音乐厅，以及无数个公私立博物馆，或矗立或隐藏地散布在小平原上。

索洛图恩城虽小，却有欧洲典型大城的气派。它的城墙厚实，一幢幢红屋顶、白灰墙凝重深沉的建筑，排排相连成纵列矩阵。并不宽阔的街道整洁严谨，领人步入幽静蜿蜒的深处。在旅人的宽心闲步中，有时出现一家全白装潢，亮着前卫艺术灯饰的商家，有时是门禁森严，只有一片小铜牌上书"旧天主教派联络中心"的机构。索洛图恩许多不经意的惊喜总是等着人去探采。

索洛图恩有四座拱形城门面向四方，我喜欢开车从东侧的公路向着它笔直前进，在到达东门之前，远远便可看见圣乌森（St.Ursen）大教堂墨绿的圆顶。从有着专为女士预留位置的地下停车场步上旧城中心，两旁全是商家店面，安静幽雅。晴天里，繁花的色泽更加突显深浓。周六早晨的市集，虽是人群擦肩磨踵，却也闲适无争。

站在圣乌森大教堂高高筑起的阶梯上，眺望笔直的石板路，我似乎看到了中古时代宫廷里身穿彩衣紧裤，戴着尖头小帽专门取悦国王的弄臣。在石板路右手边的面包店里咬一口刚出炉的牛角面包，到隔壁服装店里披上一条从中亚进口的缎质围巾，又急急忙忙穿过市集的蔬菜、奶酪摊子，撞倒了花农的紫色天竺葵，踢翻了盛满番茄的木盆子，轻盈地跳进对面的药妆铺里洒遍不同的香水，再到光盘店里戴上耳机听着轰隆隆的现代音乐。

我走在千年来不知有多少人踩踏过的石板路上，心中不禁有种奇妙而神秘的感觉。我想知道，千年前是否有人想过，千年后会是谁流连在同一路段？而从我开始的千年之后，又会是什么人踏在我脚下的这些石板上？

经过路中央身着罗马军衣、手持旌旗、配备盾剑的圣乌尔斯像喷泉，左侧便可看到一个书报摊。不认识索洛图恩市的人走过书报摊之后，通常会被旁边鞋店外摆的便宜时尚鞋子所吸引，却不知道自己已错过了旧城内精致高雅的"红塔"餐厅！

不怪旅人，是红塔自己独特深居的态势让人无法直接窥探它的容颜。然而红塔的傲慢，并不减损老顾客对它月月年年的青睐。相反地，正因为红塔有种奇特的过滤力量，去到红塔的人，总有些令人无法言说的相似之处。他们往往衣着端庄、举止高雅，不论年轻、年老，他们神情言谈所透露出的人文风范，在自由、多元成为主流而让当代人变得随便、涣散的西欧氛围里，并不见得是理所当然。

从书报摊的侧面长廊走入，推开玻璃门，便看到一个空间不大的前厅，墙上是红塔旅馆、会议室、顶楼雅座的广告，经过衣帽间后往前深入，才是宽敞的用餐大厅。放眼望去，白墙上无数个古典挂钟，似乎正记录着时光的无情。走在墨绿与白相间的柔软地毯上，深棕色原木桌椅错落有致地摆着，一股温暖踏实的感觉便从心中缓缓升起。着白衬衣、黑窄裙的女侍端着热食、甜点，熟稔地穿梭座椅间，不时问着食客，餐点是否对味。人们知道只要是红塔所提供的，不论是一杯附有奶精、糖包的立顿红茶或经典咖啡，一块不假外制、纯正质厚的黑森林蛋糕，或是厨房以新鲜食材细心烹调、装饰的精致餐点，必定和他们所付出的价位相称。

我爱来红塔是因着它的座位宽松，人人虽然说着话，桌与桌之间却不会彼此干扰。从入座到点餐有着适切的相隔时间，从点完餐到第一道餐食上桌，以及每道食物之间的相隔时段，也都是顾客所期待的。让用餐顺序流畅无阻，靠的是专业服务训练，在这一方面，红塔几乎是无懈可击。翻开菜单，红嫩的鲑鱼片就已在纯白的奶油浓汤里浮沉，主菜是冒着轻烟的焗烤马铃薯，配以淋上专制调味酱的小牛排及当季蔬菜，甜点当然少不了提拉米酥加红酒李子，而香浓的咖啡也并不完全宣告用餐结束，一小杯清水般透明的格拉帕酒（Grappa，意大利白兰地）才是让人步出餐厅后，仍然温辣到心底的完美与满足。

索洛图恩城古老悠远，红塔自身的历史也可上溯到 18 世纪中叶。集历史与神学知识于一身的索洛图恩人芬克（Urban Fink）在梵蒂冈机密档案室里工作相当一段时间，并发表了历来教廷与瑞士外交状况的一系列文章。在他的报告里就有发生在梵蒂冈与红塔餐厅之间的一段小故事。

1760 年的耶稣受难日，两名在罗马从事借贷工作的职员抢走了一批价值连城的珠宝后向北潜逃，他们经米兰进入瑞士。当时梵蒂冈派驻瑞士琉森（Luzern）的官员立刻接获通知，并转传瑞士其他各邦通缉这两人。两名抢匪在法语区的日内瓦将赃物脱手后，继续逃亡至德语区的索洛图恩，以假名住入红塔旅馆，并且"渡过最美好的十三天"，后来被认出而被捕，失窃的珠宝也得以物归原主。1760 年 5 月 6 日索洛图恩政府在给教宗克雷门（Clemens）十三世叙述事情经过的报告里，甚至提到"红塔"是索洛图恩最好的餐厅。教宗为了感谢索洛图恩各方的协助，在短短两周后便颁发了现仍存放在索洛图恩地方政府档案室里的重要通谕。

一个和煦的春日，我开车穿过林子，意图捕捉藏在青叶间的灿烂阳光，目的是要去红塔点一客粉红色的草莓蛋糕，并且在香浓的咖啡气味里展读袋子内那本粉红色的伊丽莎白·毕肖普（Elizabeth Bishop）诗集。我乘电梯到达红塔五楼的餐室，捡个靠窗位置坐了下来。和首都伯恩一般，索洛图恩旧城区的房舍大都不过一两层，我居高临下，放眼窗外是鳞次栉比的红砖色屋顶。等待咖啡的时间里，顺手翻阅在进门处拿到的观光小册子，吸引我的是红塔的另一个故事。

餐厅兼旅馆的红塔数度易主后，19 世纪 30 年代由梅濂家族所拥有。梅濂先生二十七岁的女儿卡罗琳娜在舞台剧演出时，和在同一出戏里演出年近四十的绘画好手马丁相恋。马丁在索洛图恩一地的名声并不怎么好，他曾让罹患肺病的德蕾西亚怀了身孕，就在她将要分娩的前一周，马丁才勉强娶了这名二十岁的农家女为妻。婚后所产下的女婴却只活了一天便夭折，马丁把这个婚姻看成是捆绑他手脚的陷阱，是他生命的包袱。1831 年德蕾西亚死于肺结核，马丁这时才发觉自己原来深爱着德蕾西亚。他曾画了德蕾西亚卧病期间的样貌，妻子死后他把这画作如同亡妻遗物般地保存着。

马丁原是个放荡不羁的人，他和红塔餐厅老板的女儿卡罗琳娜相恋之后，虽然大幅改变了衣着外貌，梅濂先生却不可能对这中年男子的行事举止视若无睹，而马丁的经济情况也是阻碍他和卡罗琳娜结合的原因之一。然而让早已私订终身的两人无法组织家庭的关键因素，竟然是卡罗琳娜自己一手促成的！

卡罗琳娜天真地写信告诉马丁，红塔有个女侍暗恋他。风流成性的马丁当然不会让自己有所发挥的机会平白溜走。相对于卡罗琳娜的矜持，女侍的大胆鼓励了马丁常在月夜时分潜入她的房里。卡罗琳娜知情后万念俱灰，于是决定下嫁父母另外为她物色的人选，并在婚礼举行前不久给马丁写了封心碎的信函，指出让她决定结束和马丁之间"不算短的、充满阴郁、只带来各种忧愁"关系的，不是父母的压力，而是马丁的不专情。她写道："……您了解我和家庭产生不愉快的原因，却从未寻找将我从这些桎梏里解放出来的办法。并不是我那可怜母亲的哀求与恐吓逼迫我做出这个决定，而是我深深觉得您对我缺乏真正的爱意才会让您对我这么冷漠……"

就在卡罗琳娜举行婚礼的那天，马丁像个野人一般放逐自己于山林田野之间。他几乎不吃不睡，只喝浓烈的咖啡和劣酒，企图把即将消失的生命精灵一鞭打上青天。

马丁绘画的天分让他名声大噪的同时，也正是他健康出现严重问题的阶段，他的身体与心灵剧烈受创，死时只有四十二岁。

细细读完的红塔故事多么令我唏嘘。从19世纪的爱恋神游回来，我望着远处的阿雷河粼粼，河面上的黑鸟群飞。一时间，不知道应该为卡罗琳娜的心碎伤神，还是为马丁的莽撞扼腕……

把伊丽莎白·毕肖普搁下吧，我心中浮现韦尔登·凯斯（Weldon Kees）的《魂魄归兮》。

……

而现在夜晚开始了。

你的缺席孵育一个更长的静默穿过房间。

我们被自己附身。

有个快门直敲打着脑门。

老旧的蜘蛛网在眼睛后头悬挂。

心里的哀悼执着地生出警告。

悠远的鬼魂，房子的朋友，留驻！

过往，是我们倾圮的乡愁？

瑞士索洛图恩。（城市旅游局提供）

瑞士 梦萦日内瓦

杨允达

　　我的学历和经历都很单纯，我的职业是新闻记者，四十年如一日，做了一辈子记者。当中有二十年在欧洲，退休后长住巴黎，已与欧洲结下不解之缘，真是此生一大幸。

　　在欧洲采访新闻期间，躬逢许多盛会，访问过许多国际要人，尤其是在巴黎能有机会单独访问邓小平、华国锋、撒切尔夫人、庞毕度、季斯卡、席哈克等风云人物，更有幸在退休之前被派到山明水秀的日内瓦，采访联合国欧洲总部和国际组织，在工作之余能朝夕亲近阿尔卑斯山和莱梦湖，至今回忆，神往不已。

　　我在日内瓦住了四年多，日内瓦州虽然面积不大，约有 282 平方千米，人口不多，仅有二十万人，名气却很大，是国际名城，国际红十字会的发源地。我在中央社任内，赁居日内瓦火车站附近的一座四层楼的公寓内，进出方便，距离联合国欧洲总部、世界贸易组织和世界卫生组织都很近，从寓所推窗远望就是白朗峰，每天出门采访都会经过莱梦湖，工作虽然很忙，但是感觉胜任愉快。

　　联合国欧洲总部的前身是国际联盟，又名万国宫，位于日内瓦莱梦湖滨的阿丽亚娜公园内，占地二十五公顷。从办公大厦的顶层可以俯瞰莱梦湖，眺望欧洲最高的白朗峰。园内有百年杉柏，花草繁茂，风景优美，建筑雄伟，远非纽约的联合国大厦所能相比。

　　万国宫是世界上最繁忙的会议中心，联合国在经济、人道、社会各领域的许多活动以及处理裁军问题，在国际上保护人类遗产的努力都在那里进行。平均每年在那里举行七千多次国际会议，而参加会议的代表分别来自全球一百八十多个国家。参加采访联合国要闻的记者每天更是川流不息，多达两百余人，我每天都不缺席。

　　万国宫内有咖啡厅茶座，采访之余在落地窗前小憩，来一杯咖啡，远眺莱梦湖的碧波和阿尔卑斯山峰顶的积雪，使人心旷神怡。

　　从日内瓦湖滨码头，可以搭乘渡轮到对岸法国境内出产矿泉水的艾未央城

（Evian），泛舟到魏微（Vevey）去参观卓别林的故居，或到洛桑去看奥林匹克总部，随你的兴。

瑞士交通极为便捷，火车、电车、公共汽车、登山缆车等四通八达，可以送你到大城小镇，也可以载你攀登阿尔卑斯山顶，白天在高山滑雪，傍晚在湖畔饮酒吃海鲜大餐，真乃人间一大享受。

我在欧洲寓居近三十载，内心最喜爱的地方是瑞士。我在瑞士时写了很多首诗，有一首《瑞士颂》已成为我驻外岁月部分的记忆。

瑞士颂

如果说瑞士是欧洲的心脏，
那么，
康斯坦兹的波登湖是她的左心房，
日内瓦的莱梦湖就是她的右心室。

左心房的大动脉是莱茵河，
汇集德、奥、瑞的血液。
一面奏着贝多芬的田园交响曲，
一面投进北海的怀抱。
两岸有风车展臂挥舞，
沿途相送。

右心室的大动脉是龙河，
聚合法瑞的血液。
一面高唱马赛进行曲，
一面流入地中海。
沿岸有冒着泡的香槟酒，
举杯相迎。

我，来自黄河北岸，

也来自淡水河畔。

心脏里流的是炎黄子孙的鲜血。

且坐在阿尔卑斯山顶，

先干一杯冒着泡的香槟，

把酒瓶抛向蓝天。

奥地利　多瑙河边的音乐王国

方丽娜

　　音乐的最高价值，并不仅仅在于悦耳，还在于其美妙的旋律汇聚了一个民族的内心记忆。这些从金色大厅里缓缓流出的地道的中国丝竹和管弦之音，犹如不死的精灵，穿越重重遮蔽，从西方人的殿堂里缥缈而出，丝丝缕缕，震撼着我们这些身居海外的中国人！

　　若干年前，一部脍炙人口的美国电影《音乐之声》打动了全世界的观众。影片不仅向我们展示了奥地利如诗如画的自然风光，也将我们带进了一片如痴如醉的音乐圣地。天籁之声可以战胜纳粹的阴影，这是发生在奥地利的神话，也是一段感人肺腑的真实故事。如今，我有幸生活在山环水绕的奥地利，每天都有机会感受到音乐在这块土地上的独特魅力。

　　在这个世界上，不知道还有哪一个国家能够像奥地利这样，和音乐有着千丝万缕的联系；也没有任何一个城市，能够像维也纳这样，集中了如此多的音乐家的故居和遗迹。奥地利首都维也纳，这座举世公认的音乐之都，犹如跳跃在五线谱上的音符，每天都在演绎着不同风格的乐章，或轻歌曼舞，或激越奔放！

　　来自世界各地的游客，每当走进花团锦簇的维也纳城市公园，总会流连于公园中央的小史特劳斯的金色塑像旁，驻足凝视，并且毫无例外地拍照留念。无论春夏秋冬，优雅而立的小施特劳斯塑像，始终闪耀着炫目的色彩，手中的那把小提琴，也永远倾泻出与这个城市相得益彰的乐曲，并随心所欲地把多瑙河染成了蓝色。

　　有人说，维也纳像一位千年修行的贵妇，举手投足间尽显贵族气质，也许这种贵族气质正是承袭了奥匈帝国时期一脉相承的荣光。如今，这种气质不仅从维也纳富丽堂皇的大小宫殿里彰显出来，也从金色大厅的各种音乐会上、从国家歌剧院玲珑精致的小包厢里、从一座座神斧鬼凿的建筑群中流泻出来，甚至从仪表堂堂的奥地利老人的款款步履中渗透出来。

　　坐落在维也纳市中心歌德式风格的斯特凡斯大教堂，从 13 世纪走来，一路饱经沧桑，如今坐看云起，俯视着广场上如织的游人和倾情表演的街头艺人们。教堂，我原本以为那只是用来做弥撒和祈祷的神圣所在，没想到在此举办的教堂音乐会竟是如此的非同凡响！——所有的人聚在一起，聆听的似乎不是莫扎特，而是上帝的代言，用我们熟悉的语言。教堂里宏大空阔，声音共鸣犹如春雷滚过。"在高大庄严的穹顶下，艺术退居次要地位，宗教性被大大凸显出来。这时，莫扎特是天使，更是圣徒。演奏者、聆听者都是神圣仪式的组成部分。我们的灵魂被洗涤，被抚慰，在迎来一番情感的冲击之后，复归于纯净平和的本相。"

走过维也纳步行街的东侧，可以看到举世瞩目的金色大厅。一年一度的维也纳新年音乐会，已成为国际性的音乐盛会——当新年的钟声敲响之际，金色大厅内便洋溢在一片灿烂的金黄和喜庆当中，一场精彩的音乐盛会以其独特的形式向全世界传递出吉祥的福音。中央电视台每年的1月1日都不失时机地转播这场盛会，使高雅音乐这一概念，渐渐在国人心目当中拓展开来。这里是卡拉扬、普莱特尔和小泽征尔等诸多大师云集的舞台，能亲临金色的音乐厅，听一场高雅脱俗的演奏会，是多少人梦寐以求的愿望啊！

走过维也纳步行街的东则，可以看到举世瞩目的金色大厅。（麦胜梅 摄）

记得 2003 年年底，我第一次步入这座金碧辉煌的殿堂，竟是来欣赏中国的歌唱家宋祖英的独唱音乐会。那是我定居维也纳的第一个冬季，我无意中从海报上得知宋祖英来此演出的消息，便立刻告诉先生，让他赶紧从网上订票。先生当时的反应有些不以为然，因为金色大厅是世界最高级别的音乐圣殿，来这里演唱的大多是世界顶级的歌唱家，他实在无法想象一个中国的歌唱演员能在金色大厅举办个人独唱音乐会！狐疑着他还是打开了金色大厅的演出节目表，瞅着瞅着先生顿时目瞪口呆。因为计算机显示屏上，赫然用德语写着：Liederabend von Song Zuying（宋祖英独唱音乐会）。

开演那天，我和先生着了盛装喜气洋洋地步入金色大厅。金色的舞台上，被五颜六色的鲜花装点一新。大厅，各色面孔的观众齐聚一堂，个个神采奕奕。金色大厅的屋顶为平顶镶板，两侧站着镀金音乐女神雕像。据说，这些装饰对直接撞击到墙壁上的乐音有延长和舒缓的作用。金色大厅的木质地板和墙壁犹如小提琴的共鸣箱，能起到自然共鸣的效果。坐在那里我不禁油然感叹，金色大厅不仅是演奏音乐的最佳场地，它本身就是一部音乐。我和先生置身于座无虚席的大厅中央，静心倾听宋祖英那嘹亮甜润的歌喉所带来的《茉莉花》《好日子》《小背篓》和中国歌剧选曲《海风阵阵愁煞人》，以及德国经典音乐作品《野玫瑰》等。

每年，我和先生都不只一次到金色大厅来欣赏各种各样的音乐会。如今的金色大厅，已不仅仅是演绎西方音乐的殿堂，也成了展示中国民族乐曲和东方歌喉的舞台。在这里，西方交响乐的浑宏气势、富于动感的奔放激情得以充分阐释；而中国民乐的细腻、委婉和悠长也得以尽情舒展。众所周知，在音乐欣赏方面，奥地利人有着极高的品位和素养，他们带着挑剔的耳目，欣赏来自中国的管弦之声和充满东方韵味的中国民歌。尽管他们的掌声中有时候包含礼貌的成分，但从他们闭目凝神的姿态和微微颤动的身躯中，可以感知中国小提琴演奏家吕思清手中流淌出的凄美绝伦的《梁祝》，二胡演奏家邓建栋演绎的如泣如诉的《二泉映月》，以及京剧选段《贵妃醉酒》、越剧《红楼梦》和黄梅戏《天仙配》，甚至豫剧选段《花木兰》等，这些带着浓厚中国元素的经典曲目跨越了文化和语言的障碍，同样深深打动了这些金发碧眼的人们！

音乐的最高价值并不仅仅在于悦耳，还在于其美妙的旋律汇聚了一个民族的内心记忆，这些从金色大厅里缓缓流淌出的地道的中国丝竹和管弦之音，犹如不死的精灵穿越重重遮蔽，越过高山大海，从西方人的殿堂里缥缈而出，丝丝缕缕震撼着我们这些身居海外的中国人！因此，在万里之外的异国他乡，每当我听到这些耳熟能详的中国乐曲都禁不住心潮起伏，热泪横流——"梦里不知身是客"，恍惚间犹如置身于遥远的家国。

音乐评论家刘雪枫先生，在他的《音符上的奥地利》中写道："在我看来，奥地利的音乐生活需要慢慢地、静静地、细细地享用。"

就像巴西人酷爱足球，美国人热衷橄榄球大赛和西班牙人疯狂喜爱斗牛一样，在视音乐如生命的奥地利人的心目中，音乐就是生活，伴随着他们的一日三餐。

斯特凡斯教堂。（麦胜梅 摄）

奥地利　梦幻音符之城

麦胜梅

　　3月仍然是个寒日，我来到音乐大师莫扎特的故乡——萨尔兹堡。

　　清晨，路上行人不多，这座素有盛誉的城市如此寂静，行行列列屋宇映入眼帘，在茫茫雾中山水朦胧。蓦然，一道带着轻快悦耳旋律的钟声来自华丽的市政厅钟塔，穿越山头丛林，飘逸于壮观的霍恩萨尔兹堡上空，余音袅袅。

　　后山一轮红日探出头来，密云不见了，大地款款从雪白绒毯中复苏，萨尔兹河起了一层白烟，将城市分成新旧两区，几座石桥隐隐横跨其间，仿佛延伸到过去和未来，无际无界，眼前的景色引人遐思，这里的居民不禁让我羡慕起来。

这里有巴洛式喷泉、花园、塑像、浮雕、宫殿、大教堂、圆顶尖塔等雄伟的艺术建筑物。（麦胜梅 摄）

河西南面的城区发展较早，城内重要的建筑物不胜枚举，耀眼亮丽的大教堂是旧城区重要景点，东北面的城区则是较晚发展的新城。这里蕴藏了无数动人的故事，孕育了旷世奇才和艺术文化，这里有巴洛克式喷泉、花园、塑像、浮雕、宫殿、大教堂、圆顶尖塔等雄伟的艺术建筑物，随着四季流露出不同的风情。

萨尔兹堡是让人一见就想在此度过一生的地方。

如果让我替这座山明水秀的城市取名，我一定称它为"梦幻音符之城"。然而，它在德文中却叫"盐堡"。原来一千多年前，借由迪尔恩山盐矿的发现而得名。盐是大自然中珍贵的资源，它改善了人类饮食习惯，促进了精致的饮食文化。荷马称之为一种神圣之物，柏拉图将它描述为天神的恩赐。发现盐矿就是等于发现半个金矿，小镇逐渐繁荣起来，大教主们纷纷以征收盐税充实国库，兴建宫殿城堡。

昔日萨尔兹河是运盐航线，货船商船往来频繁，一度成为壮观的河畔风景。

今日的萨尔兹河却很安静，河水还是不疾不徐地从深山流入大地，只是不见货船踪影，"盐堡"仿佛和迪尔恩山开采盐矿切断了脉络。想到这里不期然东张

今日的萨尔兹河却是很安静。（麦胜梅 摄）

西望起来，在薄雾烟云中搜寻着货船的身影，满载岩盐的船只似乎正在前方隐约浮沉。

寒风阵阵，吹得我冷冽心悸，3月的天气还是那么寒冷，漫长的冬天何时了？我毫不迟疑地走回市区，寻找一个温馨咖啡小馆取暖。

一杯浓郁的咖啡在手，窗外游人络绎不绝。假想着是一个艳阳夏日，我走入两旁绿草如茵的小道中，徜徉于莫扎特城中……

踯躅于米拉贝尔花园其间，深深地吸一口醉人幽香，醺醺然走到在园内的古希腊罗马艺术雕像旁。作为一个米拉贝尔宫探路者，我将会聆听16世纪大主教沃尔夫金屋藏娇的流言蜚语，浏览宫殿里号称全世界最美丽的婚礼大厅和莫扎特曾经为主教表演的室内音乐厅。

手中咖啡喝完了，感觉天气已经不怎么冷了。走出咖啡小馆，随着人潮来到一栋黄灿灿的六层楼高的排屋前。带着莫名的喜悦向四周眺望，熙熙攘攘中只见莫扎特故居就在眼前，在闹市中显得格外醒目，它是一个没有季节性的旅游景点。

踏入屋内，杜绝了喧哗，我浏览着莫扎特的相片、信函、练习用的乐器、乐谱以及舞台歌剧蓝图等，原来莫扎特的内心世界是如此丰富！

莫扎特有过不同凡响的童年。三岁即在钢琴键盘上玩和声，四岁学习演奏小提琴，才华纵横的他学乐谱时，总是比姐姐南娜乐来得快，五岁时还能作曲，六岁就和姐姐随着萨尔兹堡宫廷乐师的父亲到慕尼黑选帝侯宫廷中演奏，获得侯爵的赞赏。之后，他在父亲的策划和陪同下前往欧洲各地巡回演出，足迹遍及欧洲各国，从中吸收了异国音乐的养分。从他小提琴协奏曲的创作上来看，行板或快板速度变化多端，不断穿插小调，混合了不同民族色彩，交织成一种极为丰富而有非凡内涵的乐章。

在创作上不断求新是莫扎特当时得到大半个欧洲掌声的原因之一。在萨尔兹堡期间他的作品颇丰，其中还包括了为萨尔兹堡市长哈夫纳的音乐晚会而作的《哈夫纳小夜曲》与歌剧《牧羊国王》。偏偏一个名扬半个欧洲的音乐演奏家和作曲家，在大主教高罗雷多眼内却仅仅是一个卑微的管风琴师。

我仿佛看到年青的莫扎特不得志的身影，他那充满沮丧和愤懑的眼神，意味着他没走出创作路上挫折的阴霾。在低微的收入之下，处处受到大主教的约束，导致与大主教起了冲突，造成他永别家乡的原因。

回顾莫扎特在维也纳十年中，他为了生活不断努力作曲写歌剧，脍炙人口的作品如《费加洛婚礼》《后宫诱逃》《唐·乔凡尼》等多部歌剧，《魔笛》与竖笛协奏曲等四十多首交响曲，都是此时的代表作。在莫扎特的生命中，好的日子太短了，心力交瘁的他在创作《安魂曲》中逝世，那年他才三十五岁。

记得德国朋友总爱说，天使用巴哈的音乐歌颂天主，而天使们之间却用莫扎特音乐对话！这是我所听闻中最美的赞许。

室内很安静，我反复咀嚼朋友的话，微笑着走出莫扎特故居。至于爱慕莫扎特音乐的人们，他们自 1920 年起成立了每年一度的萨尔兹堡音乐节演出莫扎特作品，让它散落于城市每一个角落，让它成为世界音乐水平的重要参考指针。在欧洲 2006 年具备了特别意义，举凡莫扎特生前足迹所及之地皆纷纷推出音乐节、展览和礼品，大张旗鼓庆祝莫扎特诞辰 250 周年纪念。萨尔兹堡、维也纳、布拉格被称为三大"莫扎特城"。元月，萨尔兹堡这个美丽的城市拉开了"莫扎特年"序幕，隆重推出"莫扎特音乐周"。跟着整年陆续举办三十八项文艺活动，而到了 7 月下旬，莫扎特的二十二部歌剧在音乐戏剧季节演出，那时正是庆祝"莫扎特年"达到高潮的时候。

此际，走过大街小巷，总有动人的旋律伴随着，浓郁的浪漫气息挥之不去，原来这就是萨尔兹堡，非常莫扎特。

捷克　心动布拉格

方丽娜

当我想以一个词来表达音乐时，我找到了维也纳；而当我想以一个词来表达神秘时，我便想到了布拉格。

——尼采

春天去布拉格，别有深意。因为惠风和畅的春天里，布拉格的故事透着凄美。

从维也纳乘火车去布拉格，大约需要四个小时。旅途中，我和先生共同睁大眼睛注视着从奥地利进入捷克境内——由资本主义国家过渡到这个前社会主义国家所呈现出的诸多反差。虽然两国之间，山重水复的自然风光几近相同，但捷克境内的教堂和房舍明显破旧。年久失修的桥梁，沿途小镇的寥落，多少显示出捷克在国家治理方面的落后和财力不足。经过四个小时的行程，客车徐徐进入布拉格，车厢里陡然飘出了斯梅塔那（Bedřich Smetana）的交响诗《我的祖国》中的《伏尔塔瓦河》——抒情而优美的旋律，宛如从波希米亚密林深处奔涌而出的河水，一路浪花飞溅，在春光下蜿蜒流淌。

走出车站，酒店的司机举着牌子来接我们。跟着他一路穿过热闹的市区，来到一家玲珑小店。办了入住手续，我和先生拉着箱子来到三楼客房。没想到小小的酒店，房间竟是出奇的宽敞和舒适！装修的格调也非常精美。先生放下箱子，把衣物规规矩矩挂在柜子里之后，立刻躲进厕所里抽了一支烟，出来时神仙般地踱在松软的地毯上，瞬间找到了在家里的感觉，手舞足蹈地扭了一阵子，继而打开窗户伸出头去——下午的光线正好，布拉格街上的景致一览无余。我和先生刻不容缓地换了衣服走出酒店，沿着石块铺就的中古小道去寻找那条风情万种的步行街。

我们沿着步行街溜达，各种建筑之间的小巷古朴俏丽，蜿蜒曲折，摆放着各种精美礼品的商铺鳞次栉比。小街当中，不时有人一边放着动听的音乐，一边玩弄手中的木偶，声情并茂的表演，吸引了一波一波的游人。作为布拉格标志性建筑的老市政厅，经过几个朝代的兴替，模样被历代当权者由着性子改来改去，已

教堂上有两座尖塔高80米，如一对情侣相依，名亚当与夏娃。（麦胜梅 摄）

经演变成一个混搭多座哥特式与文艺复兴结合的建筑群。市政厅东面是哥特式教堂"提恩圣女"，教堂上有两座高80米的尖塔，如一对情侣相依，名为亚当与夏娃。广场的正中央，矗立着捷克宗教改革的先驱者——胡斯的塑像。当年，他曾在老城广场的伯利恒教堂传道，由于他公开指责教会的黑暗统治，主张宗教改革，于1415年被教会以异端罪名活活烧死。广场上，夕阳斜挂，云蒸霞蔚。背靠着神秘城堡的几处酒吧颇具情调，吸引了我们的脚步。先生扯着我转着圈儿在密密麻麻的客人中间寻找空位，性感迷人的捷克女服务生为我们觅得一处座位。先生立马要了两杯皮尔森啤酒（Pilsner Urquell），迫不及待地啜饮一口，闭上眼睛惬意地感叹："啊，捷克啤酒！"有道是："捷克，有世界上最好的啤酒和最具万千风情的美女！"

第二天一早，我们被广场西南角上一口奇妙的古钟所吸引。就在时间停在九点整的一刹那，古钟发出奇异的鸣响。紧接着钟盘左右的骷髅、死神和怀抱古琴的乐神随即出现一系列机械运动，生动有趣，爱煞人也。因此每当正点时，古钟下面都会被来自四面八方的游客围得水泄不通。在布拉格逗留期间，我和先生每天都不厌其烦地到这个古钟前，专为聆听它的鸣响，并领略那些动感十足的画面。

穿过圣像林立的查理老桥，我们从纵横曲折的古巷来到昔日的皇家之路。恍惚间，我看到了奥匈帝国的皇子——鲁道夫（Crown Prince Rudolf of Austria），正踯躅在眼前这条熙熙攘攘的小街上，并且在附近的一家面包店里结识了他的初恋情人——一位秀丽的捷克平民少女。但是，作为奥匈帝国皇位继承人的鲁道夫，他这样特殊的身份哪里容得了和这样贫贱女子的谈情说爱？结局注定是一场无法言说的爱情悲剧。而皇子鲁道夫从这条街道迷失之后的若干年，在他即将登上皇位的前夕，却不明究竟地在奥地利西南的一处森林里自行结束了他年轻的生命。

漫步在犹太区的有心人，决不会忘却一个人，一个对中国乃至世界文学影响至深的人——佛朗兹·卡夫卡。这个如雷贯耳的名字如今就镶嵌在他经常光顾的那家咖啡馆的招牌上，连同旁边那个小小的图书店。我不失时机地坐下来，打着喝咖啡的幌子，其实是为了凝视门上卡夫卡那清瘦而忧郁的眼神，并且企图走进卡夫卡的内心，再一次体验他那一系列扭曲的虚构和变了形的荒谬世界。

由卡夫卡会想到捷克另一位小说家——米兰·昆德拉。其实捷克前总统哈维尔也是位声名显赫的作家。我不了解这个总统作家，但余秋雨为他们做了总结：对于人类的生存处境，卡夫卡构建了冷酷的预言，昆德拉提供了斑斓的象征，而哈维尔则投入了政治的试验，三者都达到了旁人难以企及的高度。布拉格实在令人刮目相看！

布拉格也是音乐的，莫扎特都说布拉格人是他的知音。1787 年的布拉格曾经掀起过一场席卷全城的"费加罗热"。当时有人评论："有高度音乐修养的捷克观众，尤其是布拉格观众，比维也纳观众更能欣赏莫扎特的天才。"十几年前，我和先生相识在奥地利的多瑙河边，我们在瓦豪附近的梅尔克修道院的教堂里，听过一场妙不可言的音乐会。音乐会的曲目是捷克音乐家德沃夏克（Dvova）的《新世界》。当时，我在那场宏大的音乐场景中，感受到了乡间的微风和淳朴，以及作者那深藏的炽热情感——既流畅自然又充满了优美的细节。如今，布拉格作为欧洲音乐重镇的辉煌已经被维也纳所替代，但历史的印记和昔日的情调依然闪烁在波光粼粼的伏尔塔瓦河。无数音乐大师的灵感和激情，依旧在布拉格数以百计的音乐厅里和街头艺人的指间恣意流淌着。

1968 年的春天，布拉格街头的风是阴森可怖的，是充满了血腥的。四十年前的欧洲，曾经是青少年文化引领风骚的时代，大众媒介使人们的感受向广阔的全球范围延伸。始于 1968 年的巴黎学生风潮，一度席卷欧美大陆，也由此引发了捷克青年点燃的"布拉格之春"运动。然而，这场由捷克大学生发起的革命行动，被计划周密的苏联坦克瞬间碾为齑粉。

曾经，在几度和煦的春风里，我不止一次地渴望：让明媚的春光点亮布拉格留在记忆中的灰暗，并且涤尽伏尔达瓦河畔那层沉淀已久的血腥与悲情。尽管这只是我的一厢情愿。

风来撒缤纷，雨后化烟尘，不为秋硕果，叶落唤春魂。

——《布拉格之春》

德国 鲑鱼之乐

穆紫荆

那一年的夏天，我沿着黑森林大道去看望住在巴登符腾堡州的婆婆。在黑森林里，来到了著名的风景胜地特里贝格。那是一座笼罩在黑森林里的秀丽山峦，山上有瀑布从山涧顺流而下，当我们顺着林间小路往山上走时，迎面而来的风已透着明显的清凉了。

随着小路的渐渐深入，潺潺的流水声也渐渐的入耳。虽然在树林的掩映之下，还看不到一丝瀑布的踪迹，然而，那清清而舒适的凉意，那活泼而跳动的水声，却已像是一张看不见的绵网，顺着树荫爬满了游人的全身，灌湿了游人的耳朵。我看见那沿路的青苔，在树根和石头上越来越浓，越来越厚。我看见那蠕动的蜗牛，在路边的石头和草叶上，越来越肥，越来越大。终于，当我走到小路的尽头时，一道漂亮的银色瀑布，三折两弯的在游客的眼前倾泻而下。曾看见过莱茵大瀑布之宽阔的我，惊讶于这一道瀑布的狭长而丰满。当然，在德国除了莱茵大瀑布外，是没有任何一道瀑布可以用宽阔来形容的。然而，面对着它的窄小我还是被它那丰厚不息的水流感动了。

特里贝格的山道被铺设得平展而舒坦，之字形的坡道省去了人们抬膝攀登的辛劳。游人们从外面炙热的阳光走进这一片绿色的清凉，然后闲庭蹀步于流水和光影之间。不知不觉之中，或渐渐地登高了，一层一层地接近了高高在上伸手不及的蓝天白云，或慢慢地降低去了，一弯一弯地面向了无声无息顺着山道默默流淌的小溪。

我无意于高攀，便顺着流水来到了小溪边，清清的溪水，投映着水边的石头和枝蔓。我从溪边摘了一片绿色的叶子，把自己的心愿托付给它，然后把这片绿叶轻轻地放入水中，它立刻快速地顺着水流一路向前，犹如一条活泼而欢乐的鲑鱼。我一边跑着一边用相机捕捉它的身影，几乎每次它都从我的镜头里逃脱，令我感叹自己的愚拙。然而，正当我要收起相机准备任它自由而去时，它却突然停住不动了。原来，在溪边的石头上有一片红棕色的树叶静静地躺在那儿，树叶的颜色让我想到了秋天。如果那是一片从去年秋天便掉入溪水的树叶，那么不知它经历了多少的冲刷和奔波，直到在这一处寻到了歇息。我的那片绿色的树叶，就为了这一片红叶停住了，不再向前。连一片树叶都懂得要惺惺相惜，更何况我们这些在生活里奔波不息的人呢？在特里贝格的小溪边，在这小溪里的两片树叶前，我也如同一棵树般地生出了来自年轮的沧桑和霜须。

刘禹锡说："山不在高，有仙则名，水不在深，有龙则灵。"特里贝格附近的山貌，高高低低从海拔 600 ~ 1300 米，不算很高。然而它却因一个得过诺贝尔文学奖的名家曾经在这里住过，而在游客的眼里生生的多出了一层特别的游趣。在山道边一块硕大的披挂了点点青苔的石头上，我读到了一块说明牌。牌上说，1922 年欧奈斯特·米勒尔·海明威来到此山租了一条小溪以尽其钓鲑鱼之乐。海明威生于 1899 年 7 月 21 日，自杀于 1961 年 7 月 1 日。推算他来到德国的黑森林时年仅二十三岁。然而这一次黑森林特里贝格的经历，明显地在他的记忆中留下了深刻的印痕。以至二十多年以后，当他进入中年开始动笔写他以后称之为自己最为喜欢的那部小说《乞力马扎罗的雪》时，他在书中还特意记下了这年轻时的一幕：

"战后，我们在黑森林里租了一条钓鲑鱼的小溪，有两条路可以跑到那儿去。一条是从特里贝格走下山谷，然后浇着那条覆盖在林荫（靠近那条白色的路）下的山路走上一条山坡小道，穿山越岭，经过许多矗立着高大的黑森林式房子的小农场，一直走到小道和小溪交叉的地方。我们就在这个地方开始钓鱼。"

我要去看海明威钓鱼的小溪，于是我便沿着另一条陡直的路爬上树林的边沿，然后

1922 年，欧奈斯特、米勒尔、海明威来到此山租了一条小溪以尽其钓鲑鱼之乐。（穆紫荆 摄）

翻过山巅,穿过松林,便看见一片草地。在草地尽头有一座桥,桥下有一条小溪,溪边生长着白桦树。小溪很窄,然而水却极其清澈而湍急,它们轻轻而快快地流动着,在白桦树的根边冲出了一个一个的小潭。

海明威在书中还特意记录到了一家客店,他说当时"那店主人这一季生意兴隆。这是使人非常快活的事,我们都是亲密的朋友。第二年通货膨胀,店主人前一年赚的钱,还不够买进经营客店必需的物品,于是他上吊死了。"那间客店今天却已变成了一个百年老店。可怜了那当年因为通货膨胀便上吊自杀了的客栈老板,他可能想象不到如今的客栈因着这百岁的盛名,变成了游人必到此一歇的去处了。

在客栈的咖啡厅里,卖着著名的号称是真正的黑森林蛋糕。我们从山上下来后,便也自然的到那里休歇。品尝那号称真正的黑森林蛋糕,果然也是非常的与众不同。首先,在蛋糕上并没有我们通常所见的十二个大而黑的樱桃,而是一圈小得如珍珠般的红樱桃。其次,蛋糕上的惯奶油厚得难以形容,似乎是通常的三倍之多。而在这一层厚厚的惯奶油里,加入了很多的樱桃酒。普通的或者说外地仿冒的黑森林蛋糕,通常只是在蛋糕里埋入了在樱桃酒里泡过的樱桃(有的马虎者甚至连泡都不泡)。而惯奶油里却往往是没有的。而在这里的黑森林蛋糕,不仅是埋有在樱桃酒里泡过的樱桃,甚至连覆盖其上的惯奶油里也是充满了一股浓郁的樱桃酒的香味。让人整个的从上醉到下。

吃过看过以后,似乎特里贝格便只如此了?然而也不尽然。我所感受的特里贝格,除了它所带有的海明威的足迹,除了它那貌不惊人的狭小瀑布,更多的迷人之处是在于它的那份闹中取静的悠闲姿态。

特里贝格的山脚下缠绕了一条乡间公路,大的旅游巴士,小的私人轿车,沿途停满了泊车场。由游客而衍生出来的大大小小形形色色的旅游品纪念商店,也如一颗颗珍珠般的镶满了山脚。从那里你是完全听不到一丝瀑布声的,也看不到一丝林中的荫凉,所感受到的只是一份热闹而又略带一点俗气的熙攘。

然而当你跟着那些晃动着的人头,三三两两地消失于一条条沿山而上的小道时,你无法预知在那里面等待着你的却是一条银色项链般的美丽瀑布和洒满了绿色浓郁的森林道。这一切的美丽和动人是如此的深藏而不露,让你走过时并不觉得,只有走入时才会被迷住。如同一条并不显眼的鲑鱼,只是自在地潜在水里活泼地游着。这样的一份毫不张扬却内含芳香的魅力,是特里贝格让我难以离开的原因。它那有山，有水，有色，有味，然而却安静优雅的姿态，给过客的我留下了难以忘怀的印象。

　　走进特里贝格，犹如一条鲑鱼流入了小溪，所享有的只是一份如归如爽的自在。

德国 迷失在梦里

穆紫荆

在德国中西部靠近法兰克福的地方，有一个以秀丽的自然风景著称的陶努斯地区。每年它吸引来自法兰克福和莱茵－美茵兹区域的游客大约有 2000 万—2500 万人次。在一个充满了玫瑰芬芳的夏季午后，我和一对来自上海的艺术家夫妇驱车小游。艺术家夫妇对德国的民间房屋造型有着特别的兴趣，故此吩咐我不要去大城市，只管挑小村小镇走。于是我便驾车带他们穿行于陶努斯地区的田野农舍。在路过一个叫上魏泽的小村时，艺术家在车内一眼瞥见了路边的一所私家花园，便向我要求道："停！我下去拍个照。"

原以为只不过是对花园里的景色拍几张照片，顶多三五分钟的事情。不曾想艺术家这一去，就不见了踪影。大约过了二十多分钟的光景，我也进去了。如此，我便在无意中一脚踏进了那个从此让我无法忘怀的花园，因为无人能够想到我们所走进的这个花园，竟然是 1998 年在德国上了金氏大全的著名 3 H 手工艺坊。

这个私家花园的主人是住在上魏泽的瓦尔特·瓦尔岗德先生，他继承了父辈的祖业是个木匠。因此他不仅把住家的房子全部用木头打造，并且还用木头打造出螺旋木雕的窗框和多菱形的塔楼。他从小就喜欢手工艺里的童话世界，只是退休之前始终无法实现这一梦想。于是，退休以后他便开始把自己的家打造成一个童话世界。

首先，在花园里他用各种废木料和树枝做成了各式的人物和动物模型。比如卖花姑娘、扫烟囱的男人、织毛线袜的老奶奶和抽烟斗的老爷爷，还有兔爷爷和采蘑菇的兔奶奶以及猫头鹰、乳牛和大鸟，等等。他们形状各异，神态生动，或站或坐。在花园里配了石凳和胡桃树的枝蔓，置身其中如同走进了一个现实中的童话世界。

令我十分惊讶的是那些造型体现出了瓦尔岗德先生丰富的想象力。他用生锈的弹簧条做卖花姑娘的头发，胸前是十几个乒乓球做成的项链。她的身边站了一个扫烟囱的小伙子，小伙子的左手上站了一只白色的鸽子。鲜花和鸽子历来是人生中一首令人向往的旋律，让人一看便不知不觉地陶醉了。我们在里面转来转去，感觉仿佛回到了儿时所读的一本本童话书里，而此时瓦尔岗德先生则兴致勃勃地为我们打开了另一间貌似仓库的房子。

　　原来真正让他在金氏大全里出名的并不是那些陈列在花园里的角色，而是他藏在仓库里的足足有二百平方米大的用手工做出来的小镇模型。这些模型全部用木头按照一比二十的比例做成，把上魏泽全镇的建筑和地区概貌都逼真地展现了出来，连房子的砖瓦和墙壁的颜色都一模一样。这种以前只有在战争片里看见过的地形模型，到了这里变成了一个五彩缤纷的小人国世界。连运动场上所摆的足球队和两营对阵的足球队员也是各式各样，有倒在地上的，有正在挥手奔跑的。想象这位已经退休的木匠，是怀了怎样的一颗童心和执著走遍了全镇。拍照、丈量、推算、详细地记录下每栋房子的资料，然后回到家里又是如何一块块的把木料锯了挫了，一块块的把锯好挫好的半成品钉了漆了。其韧性和耐力真是令我感叹。

　　我问他："这个模型您花了大约多少时间？"他笑了说："这个问题几乎是

二百平方米的用手工做出来的小镇模型。（穆紫荆　摄）

人人都会问的。我花了大约三年的时间。"三年说起来并不算长，因为那毕竟是个 200 平方米大的立体模型啊。可是一个人如果在三年的时间里，只是做一件事情，那可真是要算长的。在今天这个时代里，谁还会有如此的耐心，用如此多的时间只为了一个爱好来做一件事情？

今天的这个时代，很多人要玩什么就到商店去买，而越来越多的人现在连商店都懒得去了，要买东西只要上网便都解决了。如此想来，这瓦尔岗德先生在那两三年的时间里，不顾家里的一切，埋头泡在自己的作坊里，用两只手做出那些除了他自己还不知道有多少人会有兴趣一看的"破烂"。那真是很需要一个人的耐力和执著的。

今日的瓦尔岗德先生已经年过八十，左手也不灵便了，然而他的脑子还很好，对我所带去的两位上海艺术家夫妇不断地说着英文，如此便省去了许多我的翻译。我惊讶于他的英文单词还说得如此的伶俐，因为毕竟是一个年过八十的老人，而且还是一个以木匠为生的手艺人。

我如此说并没有任何要贬低手艺人不擅长外语的意思。只因为我曾认识本村的一个油贩子，每年开着装满了柴油的油罐车穿街走巷。有一天，当他到我家里给我们的供暖系统加油时，不知何故我们说到了孩子的外语。只见他笑着对我说："我这一生只会两种语言，德语和黑森州方言，这就够用了。"言下之意是他的孩子将来继承他的家业，也同样不需要学外语的。

我相信这话对于一个只在家门口卖手艺的人来说，是的确如此的——够了。因此，基于木匠瓦尔岗德先生年过八十，还说得一口颇能沟通的英语，这不得不让我想到在他年轻的时候，他的英语一定是相当不错的。如此地想着、听着、看着、感叹着，老先生又为我们拉起了悬挂在墙上的一个个深色垂帘。在那垂帘之下，我们看到了很多由他自己从村里收集来的各家的老照片。一张一张泛黄的黑白照片，全部被他整整齐齐地镶在木质的镜框里，默默地陪伴那些木制的小镇模型。这些照片里的人虽然都无声无息，然而他们的神态，他们的目光却成了小镇生活一幅幅极生动的写照。令我感叹着一个木匠所要表达的创意：木制模型是生活的框框，而那些照片和照片里的人才是生活的内容。当一个人在拥有他的梦时，他希望的这个梦，绝对不会只满足于一个空洞的躯壳，而一定是一个充实的现实折射。

我们在展览室的边上，还看到了一间陈列了很多人物玩偶的房间。里面大大小小形象逼真的玩偶，穿戴了各种各样的衣物和首饰，令我对这位老先生再一次产生了惊讶，因为这些形象实在是太生动逼真了。让我甚至产生一个幻觉，那里面的人物玩偶都是一个个走进这里的好奇的游客变成的，似乎我自己也正在变成其中的一个。在一辆古老的童车前，站了一位正弯腰慈祥地照看着童车里的小婴孩的老奶奶。我一脚跨进去时吓了一跳，以为那是个真人。因为无论是从头和身体的比例，还是脚和手的粗细，一眼看上去都和真人没什么两样。特别是那老奶奶脸上的神态，一如她正对着婴孩在喋喋不休。

要说木匠在这个世界上是有很多，然而要说一个木匠同时又是一个富有想象力的艺术家，在这个世界上却不是很多。更何况还是一个上了金氏大全的木匠与艺术家呢，那就更加的凤毛麟角了吧。而如此凤毛麟角的一位，却在离法兰克福大约四五十千米之遥的陶努斯山峦后面的上魏泽小镇里生活着，不由得让人感觉如同一个童话故事般的令人难以置信。很多来德国只去大城市参观的游客，难免错失了亲眼目睹这一成人世界童话梦的机会，不能不说是一大遗憾。

当日落西山我们不得不离开的时候，我再一次用依依不舍的眼光，把那栋房子又看了一遍。不想这一看，我发现在房子的门楣上竟然还刻了一首诗。诗的大意是："谁在这里迷失了自己，他其实并没有迷失自己。谁在这里没有迷失自己，他却是迷失了自己。"迷失是没有错的。这首诗道出了一个人间的真义，一个成人在儿童时代的幻想应该被永远的保留在心里，而不应该让其在成人世界里消失。因为只有在儿童世界的幻想里能够迷失了自己的人，才不会在成人的世界里迷失自己。

这就是参观 3-H 手工艺坊带给我的收获和沉思。

德国 风情袭人

穆紫荆

　　似乎没有哪一座城市像弗莱堡（Freiburg）那样吸引我百去不厌，几乎每次当我来到巴登－符腾堡州时都喜欢到弗莱堡去看看。这座城市的老城以它特殊的风情始终吸引着我对它的兴趣，走在老城的街道上，一条一条小巷以各色的姿态招引着游人向它走去。有的沿巷挂满了葡萄的枝叶，开满了一间一间的酒吧和咖啡馆；有的光秃秃的在窄缝间只有两面高高的墙，然而墙内却有一盏接一盏的古老街灯。无论是在葡萄架下，还是在沉默的灯下，都有一道小小的水渠沿道伸延着。水渠里面流淌着清清的渠水，生生地把一条寂静不变的小巷变得生动活泼了起来。

> 走在老城的街道上，一条一条小巷以各色的姿态，招引着游人向它走去。有的沿巷挂满了葡萄的枝叶。（穆紫荆 摄）

很多时候人们走路时，是不太顾及脚下的路的，人们所关心的往往只是时间。在某时某刻要到达哪里，在某时某刻又要回到哪里。至于脚下所踏的是柏油路，还是青砖地；是沙石小道，还是软软的青草。只要能够让人走过去，只要能够让人到达目的地，似乎便是无关紧要的。然而，住在弗莱堡的人们却不这样认为。他们认为走在脚下的路是和看在眼里的风景，留在心里的感受同样重要的。因此他们在老城的青砖路上，用灰白甚至彩色的石块镶拼出了一个一个富有含义的图案。比如在裁缝铺前，地上所展现的就是一把裁衣服的剪刀；而在卖蜂蜜的店前，地上所展示的就是一只蜜蜂。对于某些著名的建筑，还特意拼接出两组年份，而更多的时候是各式各样的花，花，花。在弗莱堡走路的人们，不是走在辛劳的人生路上，而是走在了辛劳但却铺满了花朵的人生路上。这一份与别的城市所不同的独特情怀，是每每吸引我一去再去的原因。

走在弗莱堡的街道上，如同步步生花似的漫步过一段段的人生之路，两边的橱窗是路上的风景，而脚下的路是浪漫的情怀。路是青砖铺成，平坦之间充满了大大小小的沟沟缝缝。然而在那些沟沟缝缝之上，所展现给人们的却是一块一块美丽而又有寓意的图案。如同一个一个的印章，给每一段路都刻下了一个只属于这一段路的标志。就如同我们在人生里所走过的沟沟坎坎，在记忆里所留下的最终只是一个美丽或独特的纪念。

所展现到人们眼里的却是一块一块美丽而又有寓意的图案，如同一个一个的印章。（穆紫荆 摄）

弗莱堡的路是充满情调的，弗莱堡的大教堂也是优雅而不失平和的。因为在它的面前所展现的常常是熙熙攘攘，热热闹闹的农贸市场。水果、鲜花、蜂蜜，香肠、奶酪、蔬菜，形成了一道教堂前特别生动多彩的画面。它像一朵色彩艳丽，形态多姿的花，开放在通常是令人感到肃穆而又沉重的大教堂前。让置身于其间的人们，似乎同时置身在生活的阳光之下。

所有沉重的负担，在这一瞬间似乎都显得微不足道了。因着教堂的坚固和永恒，让人们看到生活除了自己，还更有一位掌管着世上一切秘密的上帝。而五彩缤纷的市场，则向我们展示了生活的多彩多姿。那些在市场里走动着的人们，大多是生活在这个城市里的人，这往往给旅游者带来一份置身于其中平和而脚踏实地的感动。因为从他们挎在臂腕上的购物篮里，感受不到人们对物质追求的浮躁，所领略到的只是一幅日常的生活图景，这一幅图景让你的心感受到居家小日子的温暖。在市场上我最喜欢的是一个草编摊位。秋天去的时候，摊位里是稻草人和稻草风筝。夏天去的时候，变成了熏衣草和红玫瑰做成的馨香包。而且大多都是心形的，看着美，闻着香，摸着却倍感朴实无华。

这一份朴实，同时又被一道道沿街的水渠装饰出了一份与众不同的典雅。弗莱堡古城以水渠著名，城市里面的每个街道都被流动着的清澈渠水环绕。如果想快快走向对面的橱窗，或者拍照取景时过于专注而不注意脚下的话，很有可能一脚踏入水里，变成一只穿了鞋的鸭子。不能忘怀的是有一年夏天，阳光格外的艳丽，我绕着弗莱堡老城的大教堂随便地走着，不知不觉地便走进了一条不太引人注意的小巷。在路过小巷的一个橱窗前，我意外地瞥到了用粗大的德语所写的"藏书票"一词。当时的我还以为自己是因为心里有藏书票便眼里出现了幻觉，不由得停下脚步，向橱窗玻璃里面望去，确认自己的双眼所看无误后，便抬脚推门走了进去。

我所走进的是一家普通的刻章刻牌店，店里只有白发老板一人。当我说明来意后，他开始抓头皮了。因为我并不是要做他的客户来刻章或者刻牌，我是想要收购他所刻的藏书票样板。抓了一通头皮，最后他说因为我是中国人便同意了。这倒又让我奇怪了问他为什么呢？结果他有点诺诺地告诉了我他心中的一个忧愁。他说他在中国有一个好友，一直叫他到中国去，可惜的是他怕坐飞机。他从来都没有坐过飞机，也根本不想坐飞机。因此，他说话的声音略略地低沉下去。看得出他为了这一无法完成，却很想完成的心愿而不知所措，令我也不知如何安慰他。因为我知道虽然也是有火车的，然而他有如此的一个店，叫他把半个月的时间扔在来回的路上是很不现实的。于是，我便对他说，我把他和他所刻的藏书票放到我的博客里，给中国人当然也包括他的朋友看如何？他大喜二话不说便把两整版的样板成交给了我。看得出当他把它们交给我的同时，也交出了他心里情系中国的一个负担。我捧着这两版意料之外的所得，差一点没在店门外疯掉。

在老城一圈圈兜完以后，通常我都喜欢找一个小而有特色的饭店坐下来，吃一顿不贵但是却又很有德国南方特色的菜肴。在弗莱堡可以品尝到撒了小葱丁的鲑鱼浓汤、细而带有辣味的煎肠、用鸡油菌做馅的大饺子、洋葱熏肉薄饼，以及浇了樱桃酱汁的奶油香草冰淇淋。这些小巧而别致的风味往往让人在吃饱喝足以后，即便什么都没有买，也能生出不虚此行的满足之感。

同时作为一个中国人，值得一提的是在弗莱堡还有一个名叫木兰的中国商店。因为这个店地处中心，往年也几乎每次必去。有一年，因为给汽车多添了一个导航器。人走车停，导航器不敢留在车里，于是一路想着给导航器找个合适的外套。找来找去，在德国的各种商店里都没有找到，却在这木兰小店里找到了一个丝质的绣花小包。一试大小刚刚合适，这个包又轻又薄，还极其雅致美观。本不知它的用途到底是女人的钱包还是化妆包，反正用来装导航器却是绵绵的包紧，如同定做的一般。拉链上还有一个丝做的穗头，悠悠地荡着，生出万种风情，就如同这弗莱堡的风情一样。

因此我说走在弗莱堡，如同走在一个浪漫而有风情的梦里。让第一次去的人在一份陌生里感受着一份亲和，让一去再去的人在一份熟悉的亲和里感受着随季节不同而不同的舒适。这就是每每说起弗莱堡时，在我心里所勾起的对它的喜欢和对它的感叹。

德国 我们骑车去！

高蓓明

2003年金秋的一天，我同丈夫说："让我们骑自行车顺着多瑙河作一次旅行吧。"丈夫点点头，事情就这样决定了。

从德国的帕绍（Passau）起沿着多瑙河直至奥地利的维也纳全程为330千米，是一条非常出名的多瑙河自行车之路，途中有许多美丽的风光，还有不少的名胜古迹。我们在10月3日德国的国庆节那日踏上征程，中途在六家旅馆过夜，最后到达维也纳，结束了一次辉煌的史无前例的假日。这期间每日早上有车来我们住的旅馆取行李，晚上当我们到达下一家旅馆时，行李已于我们先期到达了。

10月3日

一早我们从家出发，坐火车去帕绍，下午在指定的旅馆领到了两部自行车，一张地图和一本免费券。晚上我们去市内逛了逛，吃了顿晚饭。帕绍很美，有许多大教堂，这里是三条著名的河流汇聚之处，它们分别是多瑙河（Donau）、因河（Inn）和伊尔姿（Ilz），我们住的旅馆就叫三条河旅馆。

10月4日

今天我们要骑59千米，我们的目的地是阿峡赫（Aschach），一个小渔村。早上在旅馆里吃得很好，一共有三个家庭参加了这个节目。虽然如此我们却各管各的，相互之间没有任何关系。一个家庭很年轻，一对夫妇加一个十来岁的小男孩，另一个家庭是一对五十开外的夫妇，再加上我们。那个年轻的家庭骑车总是骑得飞快，每次在路上碰到时打个招呼，一转眼就没影了；那对年纪大的夫妇，女的可能体力不济，常常看到他们在路上休息，或在向人打听哪儿有火车或者船可以乘。我心想若是这样的话，何必要作自行车之旅呢，拖着自行车再去坐火车和船不是多此一举吗？按照地图上的标志我们先摆渡去了一个小渔村。不要小看了这张图，它可不一般，位置标得非常详细。哪儿有渡口，哪儿有景点，哪儿有饭店旅馆和营地厕所，还有自行车道和换自行车的地点都标得清清楚楚，这是专为骑自行车旅游的人量身定做的，据说小孩拿着这张图也不会迷路，一路上我们全靠它才能顺利地到达目的地。在渔村我们参观了一个十分古老的乡村教堂，在村口的咖啡馆里休息了一下。

那儿的渡口很小，一个女人带着条狗在船上来来往往地摆渡，以此维生。这第一天我就出了洋相，我的那辆自行车在到达目的地前不久轮胎坏了，丈夫只好不断地给轮胎灌气，每灌一次气，可骑上十来分钟，我可怜的丈夫做了不少的工，终于熬到了换车点，此后我俩的车再也没出过问题。这一天在途中我们还看到了著名的多瑙河大湾（Schiögener Schlinge）。

10 月 5 日

今天我们前往林茨（Linz），一共要骑 39 千米，这是所有行程中最轻松的一天。林茨（Linz）是多瑙河沿岸一座著名的城市。原本我们可以免费坐缆车上山观景，可是天不作美下了整整一天的雨，把我们的兴致都浇没了。

在林茨（Linz）住的那家宾馆非常好，是家商务宾馆，来来往往的宾客都衣冠整洁。我们穿着雨衣、雨裤，脚套雨靴，还推着两辆自行车，一副狼狈的样子，站在门口犹豫了良久不敢进去。客房里的浴缸很大，我放了满满一缸的热水，同丈夫泡在里面，嗨，一天的疲劳全都消散了。

这里的早餐特别丰盛，各式各样的鱼，鲜鱼咸鱼，生鱼干鱼，好像刘姥姥进大观园，看着眼花缭乱，吃着全不懂的鲜味，都搅在一起了。

我后来看那一天的照片，自己穿得像个大熊猫，房间内的高级沙发上摊满了我们的湿衣服，犹能回忆起当时狼狈不堪的情景。

10 月 6 日

今天我们前往霈尔格（Perg），途中要经过著名的圣佛罗立瑞亚（St.Floria）修道院．尽管我们有免费的参观券，但我们只有两人不符合要求的团体人数，又加了十几欧元。我们由一位老太太陪着参观了一下，里面有许多油画，金银器皿，木雕，都是好东西。老太太还带我们去了地下室，里面有一堆几米高的骷髅山，据说是婴儿的骷髅，到底从哪里来的我也没听懂。一路上老太太不停地抱怨，如今的年轻人没信仰，教会后继无人，连著名的男童合唱团都招不足人。这一天本来应该骑 52 千米，我们贪玩又去了恩斯（Emms）附近的农田。在那里休息时，

丈夫还同路边的一只猫玩了很长的时间。这一晚我们住的是一家农庄风格的旅馆，一进门就是个吧台，每人得到一杯迎客酒。房间的家具都是粗粗实实的厚木，住着很舒服。

10月7日

今天我们要去马丽亚塔菲尔（Mariatafel），那里是奥地利盛产葡萄酒的地区。我们要骑62千米，途中要经过格莱恩（Grein）。非常高兴的是我们在格莱恩看到了世界上最古老的剧院，看上去很旧，地方很小，却也有两层，椅子是非常简陋的木质椅无软垫。因为下雨参观的人很少，女讲解员看到我们很高兴，也难得有人对此怀有兴趣，所以很热情。为了感谢她，我们在那里买了不少的纪念品。这种木椅可以翻上去用锁锁住，从前看戏的人会买一把锁将自己订的位子锁住，因为他们看戏是连续看的，每个人都有固定的位子。格莱恩人爱戏剧的传统可追溯到18世纪以前。我们这天住的旅馆是在葡萄山上，很陡骑车是上不去的。我们到达山脚时就给旅馆打电话，不一会儿有个年轻的女人开车来接我们，车后有个小车斗可放自行车。那女人很热情友好，一路上不停地和我们聊天，看着陡陡的山路弯来弯去，和窗外的葡萄梯田，心情真是好极了。从旅馆的房间推窗望去，远处的多瑙河像一条带子在山谷中蜿蜒伸展。我们的身后是教堂的钟楼，钟声当当地敲起来，蓝天白云之下好一派田园风光，我真想拥抱它们，投身进去，这一世我什么都不要，这就够了。夜色渐渐地暗下来，我们在饭厅靠窗的位置吃饭，放眼望去远处是星火点点，多瑙河上有船儿在慢慢地航行，船上一串串的灯泡就像一串串的玛瑙点缀在水面上，多瑙河真是一条有许多玛瑙的河。

10月8日

上山容易下山难，今天要下山去克雷姆斯（Krems）。看着陡陡的山路，我没了勇气，只好推着自行车下去。脚是无法稳住的，一路跌跌撞撞地冲下了山。在去克雷姆斯的途中，我同丈夫失去了联络。他每天早晨总是很兴奋，将车骑得飞快，完全忘了我跟不上他的速度，这样的状况总是将近中午才会调适过来。那时才刚刚使用手机，俩人都设置不当，我打他没反应，他打给我我听不到，最终在埃默斯多夫（Emmersdorf）的火车站才碰上头。为了庆贺我俩的重归于好，我们骑往徐埔利兹（Spritz），在那里美美地吃了一顿。途中我看到一对男女，自行车坏了，那男的满头大汗地在大太阳底下修车，女的却站在一边吃吃地笑，我心里想这倒霉的男人。这也算是多瑙河自行车之旅的特有景色吧。这一天住的旅馆位置很僻静，前面是葡萄山，后面是修道院，我俩七拐八拐地问了很多人才找到。旅店是一个农家小院外带一个餐馆，环境十分美丽。这一晚三个家庭第一次聚到一起吃饭，饭菜很鲜美，可能材料都取自自家的菜园吧。几个大男人高兴地喝了不少酒，然后互道晚安，各自回房间睡觉去了。这一天我们骑了55千米。

因为是秋天景色十分得美丽。有时我们会沿着修道院斑驳落离的外墙快快地骑过去，有时又穿过农家的果园一路地欣赏。那儿有苹果树和梨树，苹果和梨掉在地上，红的、黄的、绿的，就好像一块天然的调色板在地上。我们尽情地让秋风吹拂着脸，让树叶掉在头顶，让多瑙河蓝色的波浪留在心底。有时我们必须在堤坝上顶着风骑，一次突然刮起了大风，堤坝又特别地窄，我骑着骑着人不自觉地就掉下来了，差一点掉进多瑙河。还有一次我从堤坝上冲下来，一时找不到路，"嗖"地一下拐进了一个运动场，由于速度太快只好就势绕运动场一周，让丈夫讥笑了好几天。有时我们坐在多瑙河边的椅子上，欣赏落日暮色，晚风阵阵吹来，凉意沁人心脾，蓝色多瑙河的圆舞曲从心底油然升起来。

10月9日

终于我们要到达终点站维也纳了，从克雷姆斯骑到维也纳是57千米。我们有两种选择，一种是骑到郊外，将自行车还掉，坐火车进城；一种是骑进城里，在旅馆还自行车。我们选择了后者。那天的路程特别地长，好像我们恋恋不舍的心情，想将这一路的美景都收下带回家。这一天我们骑了75千米，晚上八点半才到达旅馆。看到小服务生将我们的自行车推入地库，我大大地舒了口气，终于摆脱了重负，这辈子再也不要见自行车了。"三百六十五里路啊……"不是有首歌如此唱过？

这一晚两人累得无心外出吃饭，丈夫差遣我去觅食，我购得两张维也那肉饼（Wienerschnitzel），像锅盖那么大，我们捧在手里边啃边乐，心里像战士一样地骄傲。

第二天我们去了美泉宫，看了茜茜公主的房间，晚上坐十一点钟的火车回德国。

令人难忘的多瑙河自行车之旅就这样结束了。

德国 | 我心中的玛瑙

高蓓明

德国的南部有个小城叫茂瑙（Murnau），我与它的相遇实属意外。

1998 年的新年，原打算去爬德国最高的山峰楚格峰。1997 年 12 月 30 日下午到达那里时，我和丈夫遍地寻找旅馆，找了三个多小时仍无结果，那天整个加尔米施（Garmisch）和帕滕基兴（Partenkirchen）地区的旅馆全部爆满。后来经人指点，我们又开了一个多小时的车来到了茂瑙，那里有家旅馆叫 Angerbraue，还有空房间。这是家颇为不错的老房子旅馆，价格公道，旅馆附设有餐馆，菜肴味道极鲜美。老房子的建筑独树一格，从它的侧面看是一堵巨大的墙，其上部的两边似两排相向而行的阶梯，直爬到屋子的尖顶。在茂瑙有很多这样的民居，但就数这家最好看，现在这一块区域都划成了历史保护单位。我们住的房间很大，还有三人沙发，厕所和浴室在室外的走廊上，一看就知是未经改装过的原汁原味的老民居，窗户刚好临街。那天晚上，天下着蒙蒙细雨，茂瑙街上的店铺早就关门了，路上也没了行人，只有圣诞节留下的黄色灯光一圈一圈地照在湿漉漉的石板路上，影像和真像混成一片。听汽车在路面上刷刷地驶过，将水珠劈向四面八方，人的思绪飘荡得很远很远。在这样的一个夜晚同丈夫栖宿在这家陌生的旅馆，各人想着各人的心事等待新年的到来，真有一种漂泊的感觉。

稍事休息后，我们下楼去到餐馆用晚餐。餐馆里粗粗实实的家具旁已坐满了人，五彩窗格上人影和烛光幢幢，满耳是嗡嗡的人语声。这里有很多的女人，巴伐利亚的女人是很会喝酒的，晚上她们绝不会守在家里看着孩子做家务活，她们自顾自地来到酒馆，在那里抽烟喝酒，同男人聊天。巴伐利亚的菜肴也是出名的好吃，我们要了生菜色拉，像东北刀削面似的蛋面（Eierspaetzle）和碎猪肉片，浇上浓浓的稠汁，还喝了点南部的啤酒，然后上楼睡觉去了。

茂瑙的周边有一大片沼泽和五个淡水湖，这里风景美丽宜人，是国家自然保护区。也是上世纪初前卫画家"蓝色骑士们"常来之地，留有很多他们的印迹。丈夫好像对此不太感兴趣，于是第二天我们就徒步旅行。我们沿着最大的一片湖施塔费尔湖(Staffelsee)行走,湖边很静,人烟稀少,静默的树林在水边无声地伫立。天上的云彩不时在头顶飘过,时而像棉絮,时而像鳞片。我们越过田野,田野或黄或绿,远山在黛青中渐渐地退去。走累了靠着农人的麦垛坐下歇一歇,让阳光洒满全身。路上不时会看到农人搭建的简易木棚,不知里面收藏着什么稀奇的宝贝。有时也会有一条木质长椅,坐在上面放松一下,吸一口纯净的空气。偶尔会看到路边有座祭坛,耶稣被挂在木十字架上,头上有一个小屋顶,脚下放着一束鲜花,巴伐利亚的人们很虔诚,大多是天主教徒,他们要比德国北部和中部的人们更感知幸福,据说这和他们的信仰有关。这一天我们边唱着"徒步之歌"边走了24千米,德国民族是一个喜欢徒步漫游的民族,这首"徒步之歌"在德国家喻户晓,唱起来诙谐有趣,生动活泼。歌名直译为《徒步是米勒先生的爱好》。米勒是德意志民族的一个大姓,意为磨坊主。另有一首民歌中也唱到:"德国人必须徒步,必须徒步。"这次徒步历时六个小时,在茫茫的暮色中我们又走回了旅馆。

茂瑙给我的印象好极了,我把心丢在了那里,临走时我说,我要再来。

2001年的深秋,我和丈夫果真又来到了茂瑙,为的是寻找一段陈年往事。这次我们住在葛李斯布劳(Griesbraue),当年表现派画家康定斯基和他的学生情人茗芯(Muenter)从慕尼黑私奔到这里时,就住在这家旅馆。现在旅馆里所有的房间都挂着"蓝色骑士"的画,清晨醒来坐在床上,金色的阳光照进屋里,墙上光影斑驳,窗帘在掀开的窗边轻轻地摇动,康定斯基的画就站在那里对我微笑。康定斯基曾在这家旅馆画过一幅画,画上是他的学生情人茗芯站在阳光底下作画,茗芯的对面是一位姑娘,手扶一棵细枝,那是当年旅馆老板的女儿,身着火红的裙子,映衬着碧绿的草地,背景是紫色的山峦,粗犷的笔触,浓郁的色彩,真是表现画派的特色。我向眼下的老板娘打听,这幅画今在何处? 老板娘告诉我,这幢房子已被转卖了三次,她的丈夫是直系,分到他们手中时房产已被分割,原来康定斯基和茗芯所住的房间已经不存在了,至于这幅画的下落,她不清楚。

我深为她可惜,这么重要的事情,她竟不放在心上。

第二日,我们去参观了康定斯基和茗芯的爱情小巢——俄罗斯小屋,这是茗芯为了她和康定斯基的爱情在1908年买下的,他俩在这里一直住到1914年战事爆发为止。小木屋坐落在偏离市区的地方,淡黄和紫青的外墙,橘红的瓦顶,屋前是一小方菜园,康定斯基曾在这里种过菜,有一张黑白照片为证。最有名的是底层的楼梯，侧面有康定斯基画的抽象画。那个地下室被称为"万宝库"，是因为茗芯在二次世界大战期间将康定斯基的价值百万的画都藏在这里，躲过了纳粹的搜索，康定斯基因着战事离德回俄，之后另结新欢。茗芯在死前把这些画都捐给了慕尼黑市，并得到了荣誉市民的称号。这是件颇有争议的事，因日后康定斯基索要这些画时茗芯不给。"问世间情为何物，怨恨相缠几时休？"他们的故事就像罗丹和他的学生情人克劳黛的翻版，只不过茗芯最后没有变疯进疯人院。有一幅茗芯的画，见证了那一段浪漫故事，画上是康定斯基和茗芯坐在桌边喝茶聊天，左面是那个著名的楼梯，背后是个壁炉，壁炉上放着康定斯基收集的艺术品，画面上的生活是多么的美好甜蜜。康定斯基的好朋友法蓝兹马克（Franz Marc）就住在离这儿不远的村庄，后来我们也去那里参观了，他常常骑着马来这里拜访，法蓝兹和康定斯基就是在这里拟定了著名的《蓝色骑士宣言》。这个团体的成员常在附近的山区作画，我们也支过那些地方，他们当年画过的风景依旧没变，美得醉人。在茂瑙有以茗芯命名的广场，却找不到以康定斯基的名字命名的路，按理康定斯基的名气要比茗芯大得多，茗芯只是因着康定斯基的缘故留下芳名。是不是德意志人在为他们的女儿抱不平呢？这次在茂瑙时，我们又去了另一个淡水湖寇歇湖（Kochelsee）散步，晚秋的景色，处处是金黄，马儿在田里吃草，树叶在秋风中飞舞，远处的山峦层林尽染，层红层黄又层绿，麦穗儿沉甸甸地弯下腰肢，淡淡的秋日挂在云头，红色的野果吊在树梢，野鸭在泽边觅食，在这样美好的秋日里，修女们离开修道院来这儿散步。我们还去了沼泽地行走，那儿的风景更美，软塌塌的泥地里铺上了木板，人走在上面摇摇晃晃的使不上劲，路标上指出全程共 12 千米。

这一次我们又去看了一下原来住过的旅馆，可惜正在装修，心里有一丝淡淡的忧思划过，那个房间也许不再有乡间气息了。临窗的街道如今已禁止车辆通过，茂瑙已成了旅游名城。我很怀念那个晚上在这里听到的好听的雨声，和汽车在积水上划过的声音，这些东西如今不会再有了。

茂瑙不仅风景美，菜肴美，人热情，还有自己的悠久文化。比如，这里的玻璃画就很出色，民间艺人将颜料涂在玻璃上作成一幅幅画，因着玻璃透光的缘故，色泽变得更加纯净鲜艳。现代艺术家在这里撷取了前人的经验，推陈出新，在画坛上开拓出一片崭新的天地。我在这里买了一幅题为《晚祷》的玻璃画，画面上是一个农家在晚餐前作祈祷时的情景，男主人不在家，只有农妇和她的五个孩子在饭桌旁，三儿二女，最小的一个还抱在妈妈的怀中，孩子们有站着的，有跪在椅子上的，气氛祥和，这个家看上去虽然不富裕，但很温馨。每次我看到这幅画就会想到茂瑙和在那里度过的日子，茂瑙的中文发音与玛瑙很近，且让它变做一块晶晶莹莹的玛瑙常驻我的心间吧！

德国 丹顶鹤

高蓓明

在德国的东海岸，有一大片水草丰茂的浅滩，那一片地域叫做前波美拉尼亚（Vorpommern）。那里是丹顶鹤栖息的地方，也是受国家保护的自然公园。那里就像一块吸引候鸟的磁铁，每到秋天成千上万的鸟儿，在飞往南方过冬的途中来到这里暂时休息，补充营养。这里的水草种类丰富，又有安静的沼泽水滩，候鸟白天四处觅食，晚上就在沼泽地栖息。就是应着这样的一个主题，我参加了由Studiosus 组织的一个观鸟旅游团。

Studiosus 在德国是个久负盛名的旅游机构，他们的节目很有特色，导游都不是专职的，全是由各方面的专业人员组成，他们多半是大学教授、作家、演员、博士，等等，当导游仅是他们的副业，或者说是爱好。他们用自己丰富的专业知识，向客人介绍各种人文景观，历史渊源和自然生态。

2006 年 10 月初的一天，旅游团的成员从各自的家乡出发来到了斯特拉尔松（Stralsund）。这里从前属于汉莎联盟城市，老城中有联合国世界文物组织保护的景观。晚上我们聚集在旅馆的大厅里，在导游的安排下大家各自作了自我介绍，诸如自己的名字、工作、爱好和住地等等。这是 Studiosus 的传统，也是它不同于其他旅行社的地方，这样的活动使团员们感觉像是生活在一个大家庭中，人与人之间的距离一下子被拉近了。

这天晚上，我们先去了一个鸟类保护中心。那里的工作人员为我们做了个图片报告，让大家了解候鸟的习性，飞行路线，种类等，以及德国政府在保护自然和动物方面所作出的努力，会后大家还提出了许多的问题，由专家一一作答。我提了一个比较幼稚的问题。因为我是城市人，对候鸟一无所知，事先也没有在家好好阅读这方面的资料。德文中有两个词 Storch 和 Kranich，中文解释都是"鹤"，我仅知道我们这次来观察的是 KranicH，而不是 Storch，但它们的区别在哪里呢？前者是丹顶鹤，后者是白鹤。丹顶鹤因头顶的一块红斑而得名，羽毛以黑白灰相间，异常美丽，身高在一二米之间。那么 Storch 又是什么呢？那是一种体态娇小，全身羽毛洁白的鹤种，也称送子鹤。德国谁家要是生了小孩，就会放一个 Storch 的模型在家门前，邻人就会知晓并前来祝贺，这便是他们的传统。

接下来的一天，旅游团的成员组成了一支特别行动队，向丹顶鹤集结的地方进发。我们驱车来到了一大片田野，路边有一座座小木亭子，人不能在外面活动都要躲进这些小木亭子里去。人在这里也不能大声喧哗，以免打搅了丹顶鹤。这个打搅并不是我们人类生活中的意义。导领员向我们解释说，如果丹顶鹤受到惊吓会影响到它们的进食，严重时甚至会影响到它们没有足够的体力飞往南方，也许在半途中就会死去这是因为丹顶鹤能够一次不停顿地飞行两千多千米，即在严峻的情况下，它们会两天两夜不停顿地飞行，听上去够怕人的。它们在每年的 10 月—11 月间离开故乡斯堪的纳维亚半岛飞往南方过冬，途中经过德国的东海岸。

早在 20 世纪人类就开始研究丹顶鹤的飞行路线，途经德国的丹顶鹤的飞行方向主要有西线和北线两条，西线飞往西班牙，北线飞往北非。在德国这个中间驿站它们大约要积蓄 60% 的能量来完成接下来的飞行。小木亭里有一个个的小窗，团员大多自备望远镜在这里观看丹顶鹤的活动。在这里所看到的景象是终生难忘的，当丹顶鹤一群群地飞来，远远望去就好像天空中有一只大手，将一把把的黑芝麻从空中撒向大地。

丹顶鹤喜欢到收割过的麦田或玉米地里觅食，它们是杂食动物，即喜欢食小虫子，也喜欢食掉在田里的碎玉米粒和麦粒。动物保护人员掌握了它们的习性，就给它们提供条件，在它们到来之前，早早地就将地收割好，以便它们觅食。

我们这次一共去了三个地方观察丹顶鹤。其中的一次我们来到一片开阔地，在丹顶鹤聚集的对面，人们搭了一个很高的观察台，那里是观鸟爱好者爱去的地方，他们都有高倍望远镜，长长的镜筒像一台台小钢炮，他们会几小时几小时地守候在那里。

在城里长大的我，对于观鸟和钓鱼这样的事很久都不能理解。德国民族是个热爱自然的民族，在这里生活久了，也能慢慢地理解他们，在自然界中人类自得其乐。那些人很友好，招呼我使用他们的长炮镜筒观望。一开始我还真不会看，经过他们的指点，果然看到很多的丹顶鹤在镜头里涌动，一粒一粒地似小绿豆那样大。有一次我们的汽车在路上跑，丹顶鹤就在不远处的田地里走动，汽车刷刷地从路边驶过，它们并不感到害怕，但是汽车不能停下，人也不能走出来，如是那样的话，它们会很害怕。我们的司机将车开得很慢很慢，让我们能够仔细观看。

在海岸边人们还可以看到丹顶鹤晚归的情形，落日下丹顶鹤一群群从我们的头顶飞过，纷纷地降落在浅滩中。晚上它们是站在水中睡觉的，丹顶鹤是一种容易惊醒的动物，这样可以使它们及时地发现敌人。飞行时它们很有组织地排成八字形，每一群大约有二十至三十只，八字形的排法能最大限度地减弱风的阻力，又能方便联络。它们一边飞一边不停地叫唤，为了保持队形，又无法回头观望，它们必须这样做，而且父母和孩子也是不能分开的，父母在前，孩子在后，父母声声地呼唤它们的儿女，孩子们要及时地应答，以免父母担忧。这种场景真令人感动，自己多想成为一只飞鸟，在天空中自由地翱翔。这里每天有研究人员数鸟，多的时候一天会有二千到三千只，它们一般会在这里待上一周，养壮身体，然后继续飞行。从 20 世纪 80 年代中期起，整个秋季约有四万多只丹顶鹤从这里经过，随着人们不断地努力，自然生态不断地改良，有越来越多的丹顶鹤来到这里。20世纪 90 年代是六万多只，本世纪起达到了十五万只。

丹顶鹤为何如此地受到人类的喜爱呢？原因是多种多样的。首先当然是它们美丽的外表，其次是它们对爱情的忠诚。它们终生守着对方，不换伴侣，只有死亡才能够将它们分离。真像德国人在教堂举行婚礼时，在上帝们面前宣誓的那样。丹顶鹤发出的声音非常地好听，就像小号吹奏的乐音，它们还会表演双重唱，这种时候常常是因为它们找到了一处好的栖息地。它们还会将声音从前面一个个地往后传，就像战士传口令，可见鸟类是很有智慧的。据研究人员说，丹顶鹤的声音有各种不同的意义，如祈求、爱慕、警觉、联络等。丹顶鹤在交配期间多半会在晨雾中翩翩起舞，舞姿优雅，被称为"神秘的华尔兹"。

德国政府在保护动物方面真是不遗余力，他们资助着一群研究人员作候鸟的观察工作。每年这个时候，那些工作人员还会放飞一些带有标志的鹤群，不同的颜色表示不同的集团，相邻国家的研究人员会互相协作，便于观察丹顶鹤的生存状况、寿命、飞行路线等。在一些丹顶鹤的头上，他们还会装上一台小型的发射器，用作随时的跟踪。这样的一台仪器价值 1 万欧元左右，由此对政府所下的投资可见一斑。政府还资助在梅克伦堡—前波美恩（Vorpommern）建立了一个"诺亚方舟"，那里常举办有关的展览和报告会。

我们在那里参观时，看到很多美丽的照片和实物，也有绘画作品，其中竟有一幅中国画"松鹤延年"。丹顶鹤似乎在所有国家都是吉祥的象征。在中国的文化中，它们是长寿的象征；在日本有新年折纸鹤的传统，以祈祝新年吉祥；而在德国的文化中，它被喻为幸福、自由、智慧和崇高。有许多的文学题材涉及丹顶鹤，如诗歌、传说、童话、电影、小说等。德国伟大的作家歌德在他的作品《浮士德》中写道："越过旷野，越过大海，丹顶鹤向着家乡飞去……。"

假如乘坐德国汉莎航空公司的飞机来德国旅游，那么第一眼在看到的就是机身上丹顶鹤的美丽身姿，但愿丹顶鹤在我们的生活中留下美好的印象，也但愿人类成为动物的好朋友。

德国 巧遇拿破仑

池元莲

欧洲的美不单是在其文化色彩浓郁的城市，欧洲的美也在其风光明媚的乡间。

在我先生健康定斯基尚好的时候，我们最喜欢的度假方式是驾着敞篷跑车，在西欧的乡间作遥远游。我们一向选择地图上用绿线呈现的风景优美之路作为旅程，高速公路是绝对不走的。这样，村过村，镇过镇，不但能尽情享受乡间的美色，而且在路上总会遇到很多有趣的际遇，有如在路上拾到珍珠。

下面所写的就是一个有如路上拾遗珠般的巧遇。

当我们的车子到达德国与比利时的边境时，天快黑了，那里又比较荒凉，该找过夜下榻之处了。就在这时，路边出现了一家旅馆。

一眼看过去便知，旅馆是一栋百年以上的老建筑物，石头墙壁上有粗大的黑木条纵横交错其间。窗户外挂着花架子，鲜花垂吊。屋前放置着几部老式的木造拖拉车，车上放的是巨大的破轮子和旧得发黑的大酒桶。但是，旅馆最吸引人的是那块悬挂在屋檐下的招牌，上面写的是："拿破仑旅馆及餐馆"，牌上画了当年拿破仑越过阿尔卑斯山的著名画像。

旅馆的内部和客房已完全现代化。但无论我走到那里几乎都见到墙壁上挂的拿破仑的画像和图片。当我们下楼到餐厅吃晚餐时，我忍不住问接待台的女士，他们为什么会有那么多的拿破仑画像。

女士回答说："这里以前是拿破仑的皇家驿站。拿破仑也曾经在这里过过夜呢！"接着，她又加一句："我们的餐厅就是当年拿破仑的马厩。"

餐厅里的客人只有寥寥数桌，看来都是本地的常客。我一边用餐，一边放眼浏览餐厅四周的布置，实在特别。餐厅的面积相当大，看来可容得下数百匹马。天花板不高，保留了几百年前的粗壮栋梁。从天花板吊下来的灯全是古老的煤气灯灯罩。餐厅的墙壁、窗框、栋梁上放满了小物件，有的是古董和古物，有的则是现代的小工艺品。

在黑黝黝的古木质天花板和灯光朦胧的古灯下，周遭紧堆密集的小东西产生一种埋没空间的作用，使我想象到二百年前马厩里人嚷马嘶的情境。

当我上楼休息时又发现楼梯旁边有一道门，门上有牌子写着："波拿巴提房间"。（波拿巴提 Bonaparte 是拿破仑的科斯嘉家族的姓。）我们在二楼的房间恰好位于它的上面。在入睡前我不断地想，拿破仑在这驿站住宿过的次数一定不少，最可能的两次应是 1812 年的夏天和冬天。

是年的 6 月，拿破仑率领六十万大军浩浩荡荡地东征俄国。在这个小驿站歇宿的他是一个神采奕奕、雄姿英发的征服者。那年他四十二岁，正站在统一功业和个人生命的顶峰。

在功业方面，拿破仑统一欧洲的愿望已经到达行将完成的那一刻。那时，他所统治的疆域包括法国、比利时、荷兰、德国的大部分和意大利的北部。当年的欧洲大王国如奥国、俄国、丹麦、瑞典均是他的同盟。（今日欧盟和平统一欧洲是当年拿破仑所意想不到的。）

在个人生命方面，拿破仑多年来渴望得到儿子的愿望已经在一年前达到了。自从他在 1804 年加冕做了"法国第一帝国"的皇帝之后，便开始担心万一他去世皇位没有继承人，他十多年打下的江山不是要破裂了吗！他的第一任妻子约瑟芬虽然跟她的前夫生下一子一女，但与他结婚多年却无所出。约瑟芬的年纪已四十出头，生孩子的希望差不多等于零，要子心切的拿破仑终于要求离婚。

拿破仑所要娶的新妻子必须适合两个条件，除了年轻可生育之外，还要是一位能提高他身价的女子。拿破仑自己出身于科斯嘉的平民家庭，在他得势后他的政治敌人在他背后叫他"科斯嘉小家伙"。拿破仑对此耿耿于怀，认为只有和欧洲的皇家通婚才能巩固他的帝位和声望。他的第一个选择是俄国沙皇的妹妹，但婚姻谈判拖延太长。于是把目光转移到奥国的皇家公主玛丽·路易莎的身上，这次的婚姻谈判顺利成功。新妻子也没有使他失望，婚后次年果然产下一个儿子，刚做父亲的拿破仑自称是世界上最快乐的人。

可是，踌躇满志的拿破仑对沙皇有不满意的地方，存心想给后者一个教训，于是发动大军准备入侵俄国。在征途中经过这个边境驿站时，拿破仑心里没有一丝怀疑，他此去一定会大胜而回。在驿站的房间里，他一定是胸有成竹地向他手下的将军元帅们陈述他最擅长的沙场战略。

半年后，拿破仑又路过这个小驿站，但他的命运却发生了极端性的改变。此时的他与半年前判若两人，他心情沉重，心事重重。因为他是从俄国大败而回，

打败他的是俄国的冬天。他在莫斯科前果然打了一场胜仗，可是进到莫斯科发现那是个空城，他的兵士找不到粮食。当天晚上全城发生大火，致使他的士兵连扎营住宿的地方也没有了。眨眼间，俄国的寒冬来临，而且是一个异乎寻常的寒冬，拿破仑只好退兵回法国。

大军在冰天雪地的大平原上撤退，人与马皆缺粮，饥寒交迫，沿途又不断地遭到俄国骑兵的伏击。兵士伤的伤、亡的亡、病的病，到最后出发时的六十万雄赳赳大军只剩下一万名士兵，军衣褴褛、裹伤带病、失魂落魄地走出俄国国境。此时拿破仑又获得情报，巴黎谣传他在俄国阵亡局势动摇，于是他披星戴月地赶路回巴黎。当他赶到这个驿站换马时，他一定是披着他的军官大袍，在房间里来回踱步，深思苦虑回到巴黎要用什么样的策略来挽救大局。

拿破仑曾说过："野心永远不知足，即使是站在伟大的顶峰。"他自己在1812年的夏天站在伟大的顶峰，但他的野心不知足，结果在同年的冬天从顶峰摔下来，以后走的都是下坡路。他的被逼退位；他与爱子的永别；约瑟芬病逝行宫；他被放逐到爱尔巴岛；他的卷土重来，在滑铁卢作最后一场历史名战；他最后在圣海伦岛上度其余生都是日后事。

第二天早上，我们在旅馆吃过早餐便开车上路。夜间下过雨，旅馆前僻静的乡村路湿漉漉的，有一种荒凉感。可是，我对它肃然起敬，它是被人遗忘了的历史之路。它曾经见过多少世面！曾有多少战马的马蹄和兵士的步伐在它上面经过！旅馆前面的破轮子和旧酒桶也突然显得神气起来，说不定它们曾经跟随拿破仑上过战场。

我会永远记得这间边界小旅馆，它充满历史的影子。在那里我不但巧遇拿破仑，还有缘与他同宿一舍，是一生难忘的经历。

德国　魔鬼无法毁灭之都——纽伦堡

谢盛友

欧洲大陆刚刚在1815年结束拿破仑战争，突然天气反常，1816年欧洲无夏季，德国等地在8月出现霜冻。根据文献资料记载欧洲约有20万人死于这次天气反常，那时欧洲粮食短缺，普遍出现饥荒，各地都有抢夺粮食的情况。

在饥饿中煎熬的德国作家霍夫曼（1776—1822年）却获得灵感，完成童话故事《胡桃夹子与老鼠王》。

一个圣诞节平安夜，在纽伦堡市政厅，参议员杜塞梅尔送给他的教女克拉拉一个胡桃夹子，作为圣诞礼物。大钟敲了十二下，大厅里黑影耸动，突然间一大群老鼠闯进了客厅，到处乱窜，偷吃粮食，并开始攻击克拉拉。这时杜塞梅尔突然出现，告诉克拉拉胡桃夹子能保护她，接着又神奇消失了。此时大厅里闪起五颜六色的光，圣诞树不断长高。胡桃夹子活过来了，并领着他的一群玩具同老鼠兵作战。但老鼠们很强大，胡桃夹子的军队处于劣势。克拉拉捡起一把剑，冲向老鼠王并给了它致命的一击。老鼠们抬着它们的国王败走。胜负已分。

胡桃夹子也受了重伤，突然奇迹出现，胡桃夹子康定斯基复了，而且变成了一个英俊的王子，并要带克拉拉去糖果王国。

这个故事，后来被俄罗斯大作曲家柴可夫斯基谱写成芭蕾舞剧《胡桃夹子》，而名扬天下。它是圣诞节的传统节目，老少皆宜，而且常演不衰。

看芭蕾舞剧《胡桃夹子》时，应该想到这故事的源头。到纽伦堡一游，一定要亲眼看一看市政厅。

告别霍夫曼的浪漫走出市政厅，左边就是杜勒的故居，他生于1471年，1528年卒于此。在这里可以尽情地欣赏他的铜版画《骑士、死神、魔鬼》，纪念馆内部的陈列能使游客了解杜勒当时的生活状况，同时这里还收藏着他的大量作品。二楼还有工作人员做版画演示，游客还可以免费获得一幅杜勒版画的复制品，颇有纪念意义。

杜勒纪念馆周围的地域叫做杜勒广场，沿着广场可走到西泽堡（Kaiserburg）。那是霍亨施陶芬王朝的皇帝红胡子腓特烈在12世纪时所盖，15～16世纪建成现在的模样。在这里可以看到一个深约 60 米的古井和双重结构的礼拜堂，上到塔顶可以远眺全城的风景。西泽堡附近的男爵堡（Burggrafenburg）是 11 世纪时赛尔（Salier）家族统治时，所盖的第一座皇家城堡，另一侧已经作为青年旅馆之用的建筑，则是由当初的皇家马厩改成的。16 世纪城堡曾加强防卫工程，城墙上都带有枪眼，所有宫中的工作人员都住在外围城堡的半木造屋里。传说中将被处死的强盗 Eppelein，策马一跃，神奇地越过了西泽堡的城墙得以逃脱。

今天在城堡边有很多温馨舒适的小酒馆，走累时可以在这里小坐，享受纽伦堡著名的香肠加啤酒的美味。

也许真的像纽伦堡之子杜勒在其作品《骑士、死神、魔鬼》中的预言，纽伦堡果真如此难以摆脱魔鬼的蹂躏。

历史上，纽伦堡是"德意志民族神圣罗马帝国"皇帝直辖的统治中心城市之一。也是因此原因，纳粹党企图借助纽伦堡的历史传统，为其抹上一层灿烂的金色，于是纽伦堡在纳粹德国时代成为纳粹党一年一度的党代会会址。纽伦堡在希特勒德国时代风光无限，并因此使该城沦为英美盟军的重点轰炸对象，颇具中世纪古风的老城区就此夷为平地，虽战后重建亦不复当年风采。

第三帝国著名的反犹太纽伦堡法案就是在此处出炉的，掀起了种族清洗的腥风恶浪。第二次世界大战后，清算纳粹战犯罪行的纽伦堡审判也在此举行。此后，纽伦堡渐渐归于平淡，回复到地区中心城市的角色。

纽伦堡老城区的中央市场,每年圣诞节前几周就会开始举办圣诞市场活动,而纽伦堡的圣诞市场,一般被认为是德国历史最悠久、规模最大的传统圣诞市场。在圣诞市场中,可以品尝热红葡萄酒(Glühwein)与德式姜饼(Lebkuchen),据说这是 14 世纪中期就有的点心,可算是欧洲最古老的了。德式姜饼是用坚果粉加上各种香料制成的直径约 8 厘米大小的圆点心,上面裹有巧克力和砂糖。入口时味道一般,但越嚼越有味道,就像游览过的魔鬼无法毁灭之都纽伦堡一样,让人回味无穷。

德国 班贝格——黑格尔与拿破仑在此相遇

谢盛友

我把餐馆的窗户打开依窗外望，班贝格雷格尼茨河对岸的州立图书馆曾经是拿破仑的行宫。

黑格尔遇到拿破仑

1807 年，三十七岁的黑格尔是《班贝格日报》的总编辑，他亲眼见到了雷格尼茨河边的拿破仑。那时的拿破仑皇帝正率领他那支不可一世的法国军队与普鲁士征战，然而奇怪的是黑格尔似乎对这位"敌人"充满崇敬之情。有一天，身材矮小的拿破仑骑着高头大马，趾高气扬地从黑格尔和其他班贝格市民面前经过时，站在街边角落里的黑格尔发出了这样的感慨："我看见拿破仑这位世界精神在巡视全城。看到这样一们伟人，令我产生一种奇异的感觉。他骑在马背从此出发，要达到全世界，统治全世界。"

黑格尔的这句感叹变成了传世名言。

当年的黑格尔生活潦倒，在歌德的关照下，在耶那找到一份教书的差事，不过月薪才 100 塔勒（当时德国的货币）。拿破仑大军压城，士兵到处烧杀无数。黑格尔为了抢救自己的作品，带着未完成的《精神现象学》手稿逃亡。后来在尼特哈默（Niethammer）的帮助下他找到《任班贝格日报》总编辑的肥差。但是，由于黑格尔不满巴伐利亚的独裁统治，更加不满巴伐利亚的新闻检查制度，当《班贝格日报》总编辑一年后就辞职不干了。尼特哈默又给他找到纽伦堡文理中学校长一职。黑格尔在班贝格完成了他的《精神现象学》，但是他的生活仍然拮据，这时他和家庭佣人的私生子出生，他虽然尽职抚养自己的儿子，但儿子仍然认为黑格尔这个父亲"无情"，最后父子决裂。

黑格尔认为法国大革命是人类有史以来，第一次在西方社会引入真正的自由。但正因为是绝对的初次，它也是绝对的激进。因为在革命消灭了它的对立面后，革命所唤起的暴力高潮无法自我平抑，结局是无路可去的革命，最终自食其果，得之不易的自由自毁于残暴的恐怖统治。所以，黑格尔又说："历史往往会惊人的重现，只不过第一次是正史，第二次是闹剧。"

千年古城班贝格

班贝格（Bamberg）名城位于德国巴伐利亚，是一座千年古城。1993 年联合国教科文组织将班贝格老城列为世界文化遗产。

这座古老的大主教之城和皇帝之城矗立在七座绿岗之上，正处于法兰克地区文化景观的心脏。班贝格城市的重要地位是海因里希二世皇帝（卒于 1024 年）给予的，他把班贝格建成主教管区，从而把这座城市提升为了他的政权势力范围的中心点。

耸立的建筑物如大教堂、老市政厅、新主教府、圣米歇尔修道院，和雷格尼茨河的众多水道及桥梁一起勾画出班贝格的城市容颜。不管走到哪里人们处处都能体验到浪漫的气氛，而老城更以其独有的魅力使无数访客为之着迷。在保持其中世纪结构的基础上，班贝格被建成一座典型的巴洛克城市。几乎没有受到战争的破坏，今天的班贝格成了德国首屈一指的老城大全。

这座有着千年历史的花园城市，也是一座河流岛屿城市和山城，这些特色使整座城市成为一个文物保护区。保存完好的古建筑、没有改变的中世纪城市布局和城市风景河流的交相辉映，使班贝格作为世界文化遗产当之无愧。

1047 年罗马教皇克莱门斯二世（Papst Clemens II）逝世，安葬在班贝格主教堂，他是

千年古城班贝格老市政厅。（谢盛友 摄）

唯一一位安葬于国外的罗马教皇。1648 年班贝格大学成立，著名物理学家奥姆（Georg Simon Ohm）1812 年至 1817 年在此任教，他于 1826 年提出奥姆定律。

班贝格因有世界一流交响乐团而闻名于世，乐团经常到中国大陆、台湾、香港、新加坡演出。2008 年与郎朗在北京的演出好评如潮。卡拉扬曾任班贝格交响乐团指挥，他的学生、中国交响乐团总监汤沐海曾在此留学并曾任班贝格交响乐团指挥。

班贝格城号称法兰克的罗马，雷格尼茨河与美茵河在此交汇。从 10 世纪开始，班贝格城就是斯拉夫民族彼此联系的要地。12 世纪是班贝格城的繁荣时期，当时它的建筑风格对于北德和匈牙利产生了巨大的影响。它还是 18 世纪晚期欧洲启蒙运动的中心，南德的伟大哲学家黑格尔和浪漫主义作家霍夫曼就曾住在这里。

大战期间，班贝格古城很幸运未曾遭受战火，所以今天城内到处都保留着中世纪的景观。整座城市山丘众多，并深入到雷格尼茨河两条支流。灌溉的河谷里，河水横穿过市中心。班贝格古城也建于东法兰克地区巴本贝尔格伯爵家族的七座山上，连续多个世纪是天主教会强大的中心，且拥居住地，后由皇帝御赐给巴伐利亚大公亨利希。

班贝格逐渐变得富有强大，教会和世俗的公爵们在这里聚会，亨利希二世大帝把班贝格称为"世界的首都"。教会的强大地位在城市面貌中得到了清楚的表现，到处都有教堂的尖塔插入天空。在众多的上帝之家中，班贝格大教堂以其高耸的四座尖塔突出了自己的地位。这四座尖塔散发着罗马式建筑艺术的气息，而整座建筑的风格又具有罗马式向哥特式过渡的特征，大教堂正是班贝格的标志。

大教堂内部朴实无华，令人赏心悦目。其中有一座德国中世纪最著名的雕塑——"班贝格骑士"。迄今为止，人们仍不知雕像的作者是谁，也不知道那位骄傲地望着远方的青年的身份，但雕像的精美传神却征服了人们。教堂内还有祭坛以及坛下建造此教堂的亨利希二世夫妇的坟墓。

大教堂旁边是教区博物馆，陈列着从墓中挖掘出来的古代服装。教堂广场比较大，周围还有历史博物馆、新宫殿等建筑。班贝格城中还有当年宫廷大臣伊古拉斯·帕蒂嘎和康定斯基科尔迪的宅第建筑，都是德国巴洛克风格的杰作。漫步城中会感到整个班贝格城本身就堪称是一件艺术作品，如同一本活生生的欧洲建

其中有一座德国中世纪最著名的雕塑——班贝格骑士。（谢盛友 摄）

筑画册。浪漫主义、哥特式、文艺复兴和巴洛克式等多种风格像轮一样贯穿着整座城市。而除去那些众多的宗教建筑及雄伟的贵族宅第，还可见幽深的小巷、石板路与古朴的民居。沿雷格尼茨河前行，则可见一排排美丽如画的渔民之家，这使班贝格城又有"小威尼斯"之称。

　　班贝格这座雷格尼茨河畔的城市也是文化之城。在 1802 年被巴伐利亚合并后，班贝格变成了一个最重要的文化熔炉。黑格尔在这里撰写他的《精神现象学》，霍夫曼则在这里编纂他的荒诞故事。每年 8 月底，全城会举行包括集市和其他娱乐活动在内的热闹非凡的庆祝活动，欢度教堂落成纪念节。每年夏季举行的卡尔德隆戏剧节也同样是吸引观众的磁石，人们不仅可在露天观看迪伦·马特的《老妇还乡》，还可欣赏到"法兰克的罗马"著名的儿子 E.T.A. 霍夫曼的作品。

同时，班贝格又以其啤酒酿造之美而出名，它还是一座啤酒之城。著名的班贝格"烟啤"是用山毛榉木熏出特有香味而制成的带有强烈涩感的一种啤酒，也是只有班贝格才有的特色啤酒。城中啤酒酿造厂众多，有人曾一本正经地宣称，有三条河流经班贝格：雷格尼茨河、运河，以及啤酒河。

班贝格正是以其美丽如画的风景，百科书式的建筑及丰富多彩的文化呈现给世人一派闲雅静谧、富于魅力的中世纪古镇风貌。

世界文化遗产城市班贝格是欧洲规模最大，保存最完好的旧城群体之一。今天，古老的皇城和主教城焕然一新，昔日风韵依旧，魅力不减。大教堂、新宫殿和旧宫形成了一个高贵调和的建筑群体。14 世纪大胆创新的市民，在流经城市的雷格尼茨河中建起了老市政厅，成为班贝格的一大珍奇景观，也因此成为城市的标志。城内曲径幽深的小巷，分分合合的雷格尼茨的水流令人流连忘返。

德国 华格纳之城——拜罗伊特

谢盛友

华格纳与拜罗伊特

华格纳 1813 年出生于莱比锡。出世六个月后在警察局当职员的父亲就去世了，他母亲不久改嫁给一个演员兼剧作家，之后全家搬到继父工作的德勒斯登。华格纳在继父的关照下，受到了最初的艺术熏陶，他对戏剧和音乐十分感兴趣。1827 年，全家又迁回莱比锡。在莱比锡布商大厦剧院，他第一次听到贝多芬第九交响乐深受感动。1831 年，他进入莱比锡大学学习作曲，一年后他创作了具有贝多芬风格的《C 大调交响曲》。

1832 年，他经哥哥介绍到维尔茨堡任合唱指挥。同年他创作了他的第一部完整的歌剧作品《仙女》。之后，他又先后在马格德堡和柯尼斯堡担任音乐指挥。

1836 年第一次结婚，次年前往当时俄国的里加任一家歌剧院的音乐指挥。1839 年因为债务乘船逃往伦敦。1840 年至 1841 年在巴黎度过。1842 年返回德国德勒斯登，任萨克森王国宫廷乐队指挥。

1849 年在德累斯登参加五月起义，失败后被通缉，此后十二年在巴黎等地流亡。在巴黎期间，认识了李斯特，并娶了李斯特的女儿为妻。1861 年通缉令解除后回到德国，住在威斯巴登的布里希（Biebrich）镇。1865 年开始得到了巴伐利亚国王路德维希二世的赞助。

华格纳从 1872 年到 1883 年他去世都住在拜罗伊特。现名为华格纳大街 48 号的华格纳故居旺弗里德（Wahnfried）自然成了拜罗伊特最大的一个参观热点。旺弗里德别墅建于 1874 年，是一座开间很大，带有晚期古典主义风格的两层小楼。华格纳逝世后他的后裔一直住在这里，之后拜罗伊特市政府从其家属手里购买了这所房子。1976 年华格纳博物馆在此成立、对外开放，这里保存了大量有关华格纳的文献档案，是世界上研究华格纳的一个中心。在博物馆的正面有华格纳的大恩人巴伐利亚国王路德维希二世的半身塑像，而在庭院的另一面则是华格纳的墓地。华格纳的别墅是由巴伐利亚国王路德维希二世赞助建造的，二战之后别墅被改造为华格纳博物馆。

巴伐利亚国王路德维希二世一直是华格纳最重要的支持者和保护人，华格纳有多部作品是献给他的。而路德维希二世也是华格纳狂热的崇拜者，他以华格纳歌剧的内容为主题修建了宫殿新天鹅堡，其内部有齐格弗里德屠龙的金像，描绘《特里斯坦与伊索尔德》（Tristan und Isolde）故事的挂毯，以《汤豪舍》（Tannhäuser）故事设计的山洞和节日大厅，而且他计划将这一城堡作为礼物献给华格纳，当作歌剧《帕西法尔》（Parsifal）的背景。他资助了华格纳修建拜罗伊特节日剧院，并且作为贵宾出席了开幕演出。

拜罗伊特市政当局与华格纳精诚合作、全面配合。对华格纳来说，拜罗伊特为他提供了安居乐业的两大物质基础，一所大房子，一家大剧院。华格纳对拜罗伊特市的感激之情体现在他把最后一部歌剧《帕西法尔》献给了拜罗伊特。从世俗的观点看，拜罗伊特市也从支持华格纳的艺术事业中取得了丰厚的回报。华格纳大大提高了拜罗伊特在全世界的知名度，各大洲华格纳的崇拜者纷至沓来，极大地促进了该市旅游业的发展。在拜罗伊特旅游局的网页上打出的旗号就是"拜罗伊特——华格纳城"。

拜罗伊特音乐节 (Bayreuther Festspiele)

拜罗伊特的节日演出剧院位于城北的绿丘上，建于 1871 ~ 1876 年。该剧院有 1800 个座位，音响效果极佳。这个剧院的独特之处在于，专门建一个剧院，处处考虑到华格纳歌剧（特别是《尼伯龙根的指环》）演出的需要。一个剧院只演一个音乐家的作品，这在世界上所有的剧院中是极为罕见的。

每年七八月间举行的拜罗伊特文化节，专演华格纳的歌剧，形成了德国夏季文化演出的一个高潮。届时，各国政要、经济界大亨、文化界名人以及全世界华格纳的爱好者都聚集在拜罗伊特。文化节为期五至六周，演出三十场，最多可售票 58000 张，但每年欲购票者达 150 万之众，所以需提前六年申请购票。

自从"911"恐怖袭击以后，对剧院的结构有进行了改造。屋顶上可以降落直升机，车库安有加强防弹系统，而且政要的通道直接到达自己的座位。据说，每年的演出德国直接间接动用五万警力。

1876 年该剧院落成，8 月 13 日首次开幕，德国皇帝威廉一世、巴伐利亚路德维希二世、李斯特、圣桑、柴可夫斯基等都参加了这一盛会，观看了《尼伯龙根的指环》的演出。当时，华格纳对演出事必躬亲，作了全面指导。此时此刻，

他的事业也达到了顶峰。

自 1973 年起,音乐节的主办者为拜罗伊特理查德德·瓦格纳基金会,基金会成员有德意志联邦共和国、巴伐利亚州、拜罗伊特市、拜罗伊特之友协会、巴伐利亚州基金会、上弗兰肯基金会、上弗兰肯和华格纳的家族成员。基金会的负责人为拜罗伊特市长。音乐节从 1986 年起由拜罗伊特音乐节有限公司承担。

华格纳、尼采、希特勒这三个人被拜罗伊特连接起来。

据说希特勒曾叫人在拜罗伊特为他专门演出华格纳的作品,当时他感动得流泪,恨不得上台与这位天才音乐家执手亲谈。很多人在听华格纳音乐的同时要提到他的思想,无可否认音乐家本身的性格与思想对其创作作品有着很大的影响。华格纳的青年时期,其思想主要倾向于"德意志",他受到费尔巴哈和巴枯宁的影响,写过许多狂热激进的文章,甚至参加过德累斯顿的革命。1848 年革命失败以后,华格纳逐渐接受了叔本华的悲观主义论调以及尼采的超人论等思想,以及后来戈比诺(Arthurde Gobineau)的雅利安种族主义理论。晚年的时候,华格纳也受到宗教神秘思想的影响。

华格纳与尼采曾是关系很好的朋友,他们的友谊维持了十年,当华格纳改变其音乐风格之后,尼采与他决裂,称他是一个狡猾的人,称听他的音乐使人致疯。1878 年 1 月 3 日,华格纳将《帕西法尔》赠送给尼采,尼采写了最后一封信给华格纳,并回赠自己的新书《人性,太人性的》,1888 年,尼采写作《华格纳事件》和《尼采对华格纳》正式的表述出自己对这位昔日好友的看法。

华格纳是否为一个狂热的拜金者并不能说清楚,但他至少是有拜金倾向的。仔细阅读他的生平,我们可以得知,当他在幼年聆听过贝多芬的《第三交响曲》和韦伯的《自由射手》后,并打算终生为艺术奋斗时,是很指望着能从中获得名利的。1876 年《尼伯龙根的指环》在拜罗伊特节日剧院的首次演出,是华格纳名誉的顶点,尼采也出席了这场演出。但他看到的就不是宏大的演出,而是听到了"吵闹的、让人讨厌的"音响,和华格纳"最狂热的戏子"的本质:尼采当时对华格纳赢得的掌声和欢呼声是很厌恶的。

如果巴赫是深不可测的大海,那么华格纳就是延绵不绝的群山。华格纳是那种刻意去创造奇迹的人,幸运的是他成功了。他刻意要突破和否定贝多芬以来的浪漫主义传统,因此他将音乐的指向瞄准漫无边际的混莽。在他的音乐中很难找到一个歇脚点,必须随着他挥洒不尽的才华飞扬,如同漫步在云端。

华格纳还刻意成就了一桩壮举。经过他和有关当局的协商，他得以实现全世界所有作曲家都做不到的梦想，就是举办一个以自己作品为主的音乐节——拜罗伊特。他活着的时候，就享受到其他作曲家享受不到的荣耀，像国王一样被尊崇。

德国 三访海德堡随感

黄雨欣

　　德国名城海德堡曾被无数诗人讴歌诵咏，被无数艺术大师临摹描绘。除了众所周知的王宫古堡，还有那树木繁茂的海岱山川、那和缓沉静的内卡尔河水、那滚倒在碧绿的草坪上嬉笑打闹的孩子、那明媚阳光下跑步的大学生和挂在人们脸上明媚的笑容……这一切的一切都会牵绊你离去的脚步，难怪连歌德都会把他那颗浪漫的心毫不吝啬地留给这座美丽的城市。

　　海德堡对我来说，就像一个孩童面对一本色彩纷呈内容精彩的童话书，每一页都会令我惊喜赞叹，一遍一遍涉足那些美丽的地方从不厌倦；就像孩子临睡前聆听的美丽童话，那些字句即使已经倒背如流仍然喜欢听，因为这里面有顿悟有感动更有向往的地方。虽然已经是第三次来到海德堡，可每次的感觉都不一样。

一访海德堡——古堡探险

　　第一次投身海德堡的山林还是几年前的初春，对德国地理环境还不甚了解的我本来是和几位文友在曼海姆有个小小的聚会。分别时我们坐在地处城郊高地的一家小酒店里，一通高谈阔论之后，我不禁遥望远方那郁郁葱葱的青山出神。朋友告诉我说："那里就是海黛山，山脚下的城市就是闻名遐迩的海德堡。那是诞生哲学家和艺术家的摇篮，是歌德把心遗失的地方。那里美得……这么说吧，拿起相机不用取景，随便一按快门就赛过明信片。"

　　闻听此言我忙抬腕看表，离上火车的时间还有两个多小时，就匆匆忙忙地挥别朋友，临时改变主意踏上了开往海德堡的地铁。好在地铁站离小酒店不远，好在从曼海姆乘地铁到海德堡不到二十分钟。出了站台，我把行李存放在步行街口的一家中餐馆里，然后循着同胞指点的路径攀上了通往古堡的深山。

　　那时的海德堡刚刚下过一场清雨，山上树叶的颜色似乎都要随着水珠滴落，头顶明净的蓝天，脚下雨后的城市也是那样的清爽，还有那玉带一样缓缓流淌的内卡尔河水和那横卧在内河两岸那座古朴的老桥……我就这样一路攀登一路欣赏着沿途的风光，不知不觉就忘记了时间。终于攀到古堡时，才猛然想起还要回到曼海姆去赶火车，只好满心不甘地返身下山。因为要赶时间，便嫌走徐徐缓缓的盘山路太慢，索性越过山上护栏，试图在陡峭的地方找到一个下山的快捷方式。哪曾想，看上去坚硬的山地，经过雨水的浸泡竟然松松软软，而且又湿又滑，一脚踩下去整个人立刻失去了重心，轱辘辘直奔山下滚去。顷刻间，我真是绝望到了极点。心想完了，我命休矣！求生的本能使我一路滚一路手舞足蹈地胡乱抓挠，抓到手里的时而是一把草根，时而是一把树皮……终于，在慌乱中抓到了一棵幼树枝，那根树枝实在是太细小了，被我揪得摇摇欲坠欲断不断的。我屏住气息，拽着这根赢弱的树枝手刨脚踢地又抓住了树干。刚要定一下神，可怕的事情又发生了，我看见幼树的根正一点点被我拔出，显然它已承受不住我身体的重量。我忙腾出一只手抓住旁边的一棵略为粗壮的树，然后以最快的速度把悬挂的身体移过去，再拔脚踩到树根部，空出手来再向上寻找下一棵能支撑我的大树……就这样，我借助树的力量一步步又攀援到山顶，此时我的双手掌心已被那些大大小小的枝枝杈杈磨砺得血迹斑斑。

沿着盘山路下山的时候，我特意留心察看我遇险的山下，想知道如果当时自己没有抓到那棵小树会最终滚落到什么地方。当我看到就在小树下方不远的半山腰，竟然是一处两丈多高的石崖时，不禁倒抽了一口凉气。歌德把心留在海德堡算什么，我今天险些把命丢在这个美丽的地方。如此说来，第一次的海德堡之行虽然短暂，短暂得以小时计算都嫌奢侈，却是一个终生难忘的探险经历，海德堡的山川古堡使我迷失，海德堡的如荫树木又将我拯救。

二访海德堡——曲径通幽

一个偶然的机缘使我几年后重返海德堡和上次的行色匆匆正好相反，这回是像候鸟一样，有计划有规模地选在一年中最寒冷的时候，拍打着翅膀从德国的北端执著地飞向南方；和上次的单枪匹马正好相反，这回老鹞子的翅膀下还护着幼鸟。此行不是旅游、不是探险，而是像当地住民一样，租一处公寓安顿下来，在这个童话般的城市体验一段闲适惬意的人生。

海德堡的冬天虽不像北方那么严寒，可圣诞节的颜色也是洁白的。几场雪花飘落后，空气更加清冷，也使随处可见的树木松柏更加翠绿，绿树上又覆盖着一层薄薄的白雪，那是非常赏心悦目的颜色。

太阳出来的时候，我喜欢漫步到河畔去吹吹内卡尔河的冷风，让眼前明镜一般的内卡尔河水荡涤掉终日拥塞在头脑中的繁杂。然后到老街去拜见那些已经作古的名流雅士，在这条见证历史的街上，每走几步就会遇到挂有纪念牌的民居。这些房子虽然看上去平常，却往往是中世纪时不平常人物的住处。比如化学家本森，诗人莱瑙，音乐家舒曼……走累了，不妨到弥漫着浪漫情怀的大学生咖啡屋坐坐，据说这家几代主人都是年轻人自由恋爱的理解者和支持者。当年，为了帮助家教森严的姑娘向学府里心仪的青年学生传达情意，老店主可努塞尔先生还独创了一种香浓细腻的巧克力饼，人称"大学生之吻"，流传至今。巧克力固然香甜，可那里浓郁的咖啡和独具风格的蛋糕更令我回味无穷。

穿过大学广场，沿着圣灵教堂对面的小路又回到河岸。每次走到古桥头，我都会上前抚摸那只在此守候了三百多年的智者灵猴。遵循传说我抚摸了他手中冰冷光滑的铜镜，又抚摸了他同样冰冷光滑的手，心中祈祷自己诸事如意后重返海德堡。遇到游人不多的时候，我还会把头从灵猴空空的下颏处伸进去，试着透过他深邃的目光打量眼前的一切，也希望能沾染到他的智慧和灵气。同时，我还领悟到为什么灵猴的目光如此深不可测，是因为那里原本就空空如也。

告别了智者灵猴，踏上横跨塞纳—马恩省尔河两岸的古桥，来到河的对岸，这里有一条通往哲学路的蛇行小道。小道狭窄陡峭，两旁又被高高的石墙严严实实地遮挡着，沿着蛇行石阶盘旋而上，看不到前后的行人，只听得见别人咚咚的脚步声，那感觉就像被抛弃在深深的古井中一样。坚持攀登着走完这艰难的一段，虽然已经累得气喘吁吁，然而，见到头上豁然出现的那一线蓝天，精神就会陡然振奋起来，不由得加快了攀登的脚步。这时，头上的蓝天会越来越敞亮，周围的景色也会随着不断地攀登而逐渐浮现出来，直到脚步被期待中更美的景色牵引着，终于穿过这条艰难的小道来到著名的哲学路上。高高在上地俯瞰着依傍在海黛山下的海德堡城，俯瞰着古老的运河和河里的游船，还有河两岸川流不息的车流……对面的古城堡是那样的清晰，却又和它身后的山峰浑然一体，让我一时分不清是古堡属于群山还是群山属于古堡。站在这里我终于明白了，为什么说海德堡是产生诗歌的地方，是诞生哲学家和艺术家的地方，明白了自己对"哲学路"这个名称的误解，原来"哲学路"不一定就是当年哲学家们散步的小路，而是无论谁来到这个地方，面对眼前如梦如幻的景色都会陷入哲学家般的思索。美好的事物总会激发人们创作的灵感和表达的欲望，这种感觉仅仅充盈于心还远远不够，它需要与世人分享，那么最好的办法就是把这种感觉写出来、吟诵出来、描绘出来、放声唱出来……

三访海德堡——旅途顿悟

古桥头的那只灵猴果然灵验，我不断地拜访他抚摸他，不出半年我真的又踏上了这块人杰地灵的土地来到他的面前。像以往一样，我抚摸他手中的铜镜祈祷再次相见，我抚摸他的手祈祷健康定斯基平安。实际上人们说抚摸灵猴的手是祈祷财富的，经过了世事沧桑我已顿悟，究竟什么才是真正的财富？对我来说答案只有一个：健康定斯基平安！所以每回来此拜访灵猴时，我都会拉着他的手默默地祈祷我的财富：健康定斯基平安。

拜过灵猴，我又踏上了通往对岸哲学路的古桥。虽然通向这条具有传奇色彩小径的道路不止一条，市中心还有一条修得非常现代的缓坡公路直达那里，沿着那条大路上去要容易得多，沿途还能一直欣赏到美丽的风景。可我和以往一样，仍然选择了那条崎岖陡峭又阴森的蛇行石阶小路。不是为了寻求刺激，而是喜欢体验那种经过了气喘吁吁的跋涉才得以欣赏美景的感觉。没经过艰苦努力就能得到的东西，无论多么宝贵都不懂得珍惜，只有自己出力流汗辛苦换来的才更觉得珍贵。

天色将暗时，我们回到住处歇息。这是临时租用的度假公寓，一切陈设都非常简单却很实用。为了旅行便捷，我们一家出游全部的家当也不过就一只小旅行箱。烧饭时，没有中式的切菜刀就用公寓的长把刀替代，不方便精工细作就将蔬菜拦腰切上几刀扔进锅里，没有切菜板就把用过的牛奶包装盒剪开，里面的锡纸板坚韧耐用。后来，我们还用这套代用厨具包过一次美味可口的饺子呢，葱花是用剪子绞碎的，擀杖嘛，当然还用老办法——啤酒瓶。几只粗瓷茶杯早晨用来喝咖啡，午间用来喝茶，晚上用来装啤酒，几个硬塑饭盒又盛饭又盛汤有时还用来装牛奶。

回想起来，那的确是一段非常简单也是非常快乐日子。其实，人类生存的物质需求真的是很简单的，然而在现实生活中，我们往往为了追求物质享受而忘记了享受最简单的快乐。很多时候，快乐似乎和金钱无关，和地位无关，和学识无关，和财富无关，它仅仅发自于我们率真的内心。

德国 北德"新天鹅堡"之行

黄雨欣

今年的复活节虽没有像往年一样远行，但还是渴望将自己的身心在大好春光里流放，遂不顾幼崽缠身，呼朋唤友地约上一帮同道者赶大清早的火车，前往具有北德"新天鹅堡"之称的什威林（Schwerin）。

什威林是德国梅克伦堡—前波美恩（Mecklenburg-Vorpommern）的首府，因城市被大大小小的七个湖泊环绕，所以又被称作七湖之城。既然是北德"新天鹅堡"，顾名思义，当然像坐落在德国南部真正的新天鹅堡一样也是以皇宫闻名。德国旅游书上介绍说，什威林皇宫当时作为军事要塞始建于公元 973 年，1160 年被萨克森最强的公爵"狮子里昂"占领，并得到第一次扩建。大约两百年后梅克伦堡大公阿鲁贝利希选择此地作为行宫。而今则是该州议会的办公地点，也是德国唯一设在皇宫内的州议会。

由于这座城市坐落于水的环抱中，七大湖泊像七块翡翠镶嵌在周围。其中尤以德国第三大湖什威林湖最为耀眼。出发时柏林还是细雨蒙蒙，两个多小时后抵达什威林，大家惊喜地发现这里竟然碧空如洗。我们一行人笑语喧声地步出站台，映入眼帘的是明净的湖水和繁茂的树木，还有保存完好的普鲁士时代的建筑。据说那都是 19 世纪的天才设计师乔治·阿道夫·戴姆勒（GeorgAdolphDemmler）的杰作，当年戴姆勒曾受命改造了什威林皇宫。同时他也是当时什威林市政规划的官员，所以我们今天在什威林看到的很多古建筑都是出自他的手笔。

穿过古老的步行小街，美丽的什威林皇宫赫然耸立在蓝天白云下，皇宫四周被明净的湖水环绕。事其实，皇宫就是建在水中央的一块宝岛上，和陆地相连的仅仅是一南一北两座长长的吊桥。一方通向皇家外花园，一方通向市中心。必要时放下吊桥和外界取得联系，平时则收起吊桥自成一体，此时的皇室就是名副其实的孤家寡人。湖水中清晰地映着皇宫的倒影，和暖的阳光斑斑驳驳地荡漾在湖面上，恍惚间我们宛如置身仙境一般。难怪人称什威林皇宫是坐落在北德的"新天鹅堡"，果然名不虚传。如果说什威林碧绿色的湖泊是翡翠，那么什威林皇宫就是一颗倒映在水中璀璨的夜明珠。

我们此行受到了当地旅游局的热情接待，年轻的旅游局长是一位典型的北德英俊棒小伙，他以朋友的身份，邀请柏林妇女联谊会全体来访的姐妹乘坐城市观光车游览整个市容。同样年轻的中国部负责人小刘不辞辛苦地为我们担当了导游的重任，一个个优美的故事从他口中娓娓道来。他引人入胜的讲解更增加了这座城堡童话般的色彩，使一土一石一屋一木都具有历史的感觉。

在皇宫入口处有一大一小初看似两棵，细看又是一棵缠在一起的奇特的树，人称"连理树"。很显然，他们最初是两棵各自独立的树，不知从什么时候起，他们开始了天长地久的纠缠环抱，像一对难舍难分的恋人。伫立在树下的人，难免被这浪漫温情笼罩。当听说在在此树下留影的人都可以得到永久的幸福时，我们纷纷迎向它们，就像迎向自己的幸福。

皇宫的内花园虽然不是很奢华，可那色彩庄重的中世纪拱门与神情凝重的雕像和哗哗作声的喷泉相映成趣，给人一种古朴典雅的宁静感。尤其令人称奇的还是皇宫里规则地排列成几何图形的水道，那是城堡内部的排水和供暖系统，即使是今天皇宫花园里那些被浇灌得郁郁葱葱的植物，也是得益于这些既古老又先进的水利系统。看到这些让人怎能不赞叹日耳曼民族祖先的智慧。

那幅爱之女神和爱之天使的油画更加使人流连忘返，它的奇特之处并不在于画面的逼真和完美，而是无论从哪个方向而来，无论从哪个角度观察，天使的眼神都在追随着你，天使手中的箭头都在瞄准着你。这幅画似乎在警示世人，哪怕跑到海角天涯都逃脱不了爱神之箭。不管是王宫显贵还是布衣平民，爱情的机会人人均等，只要行走在人世间，或早或晚总有一天会被爱情一箭穿心。

我们谁也没有猜出雕梁画栋、金碧辉煌的皇宫穹庐，是出自何种材料。既不是金也不是银，更不是石膏和木头，谁能想到，象征皇族威严的宫顶穹庐竟然由纸张造就！华美的造型、那细腻的质感让人不得不佩服建筑大师的妙手神工。

我们在什威林最古老的饭店红酒庄（WineHouse）用过丰盛的北德风味的晚餐后，赶在夕阳西下之前返回柏林。幸运的是在通往火车站的小路上，迎面竟然遇到了传说中什威林皇宫的"护卫使者"——因身材矮小而终年头戴高帽的小精灵，虽然明知道那不过是当地旅游局用来吸引游客的招数，我们还是当仁不让地蜂拥而上，簇拥着"护卫使者"按动了快门。据说每年六七月份的什威林有城市庆典，届时会在皇宫门前演出露天歌剧，还会在什威林湖畔赛龙舟，别看这个城市不大，但要真正了解它还真要花点心思呢。

德国　追寻德国古老英雄史话

郑伊雯

　　翻阅德国史料之际，经常阅读到"条顿堡森林""条顿族"这些名词，究竟这些名词的地点位于何处呢？今日又是何种风貌呢？行万里路的乐趣，有时就在寻幽访胜实地走访之余，逐一验证读万卷书的穹苍史迹。

　　历史上，罗马帝国经过多年征战，终于在公元前58年将疆域拓展到莱茵河。当罗马人引进法律与税收制度时，引起日耳曼人的不满。对日耳曼来人说收税是对待奴隶的方式，他们又不是奴隶，为何要缴税呢！但在当时罗马人武力高压统治之下，日耳曼人还是顺从罗马人的居多，各部族敢怒却不敢反抗，一直到德国第一位民族英雄现身反抗，罗马人才知道日耳曼人的强悍。

　　此位民族英雄就是来自日耳曼舍鲁西部落（Cherusci）的首长贺尔曼（Hermann，拉丁文名为Arminius）。贺尔曼知道现阶段日耳曼人的武力根本无法对付罗马人，所以他必须布局设陷。首先，他先策动北方部族反抗，鼓励罗马军团出兵讨伐，逐步把两万多人的罗马军团往北引到"条顿堡森林"（Teutoburger Wald）。这一森林的地形正是山川纵横，地势高低起伏，高大茂地的橡木林居中生长，人与马当然可以畅行无阻，但罗马军团驰骋的战车就无法发挥作用。于是，人与车拉成长长的行军路线，罗马大军在此地势峡谷渐渐落入贺尔曼的圈套中，强盛的军团最终被打败。

　　历史上以"条顿（Teuton）"之名来称此民族，称他们是骁勇善战的条顿族。公元83～85年，罗马帝国为了防范日耳曼民族的袭击，顺着莱茵河作为天然屏障，于沿岸设立一座座军事镇守的堡垒，修筑一条如长城般的"防线"（Limes）。当时，统领莱茵河一带的行政中心就设于古城特里尔（Trier），由莱茵河连接莫色耳河（Mosel），成功地建立起严密的帝国防线区，用以坚壁清野东边的日耳曼各部落的侵扰。

　　现今所见设立于莱茵河沿岸诸多城堡的前身，即是罗马帝国的军事设施，连波昂（Bonn）与科隆（Köln）这些大城市的起源，也与罗马帝国的屯兵殖民发展有关。如现今在莱茵河畔的地名名称中有"…汉（…Heim）"的城镇，大多是昔日的罗马农场发展而成，许多城市之名也是从拉丁文而来。

就因条顿森林曾是征战杀伐之地，今日在条顿堡森林附近的地名,如"骨头路"（Knochenbahn）、"谋杀锅炉"（Mordkessel）似乎都与昔日的浴血征战息息相关。曾认识一位来自邻近小城的德国友人，他的姓氏是"冬战场"（Winterkrieg），也总令人想起那血淋淋的杀伐气息。

到底条顿堡森林位于何处呢？地名没变就在帕德波（Paderborn）与比乐菲尔（Bielefeld）之间的山林。1875 年在此地树立了一座巨大的贺尔曼青铜雕像，高达 53.46 米，真是仰之弥高呀！春雨走访，趁着阳光露脸春暖花开的好时节，赶快再次前往欣赏英雄的庐山真面目，贺尔曼英雄高大雄伟的身姿依然威风凛凛雄镇一方。临高远眺果真山林起伏，足以计诱罗马军团，杀他个片甲不留，留名千史而不朽。

虽因寻访英雄风姿而来，但真正的英雄也需活动训练而成，就在贺尔曼雕像的山后，设有一座户外攀爬公园。初次拜访，天雨路滑实在无法尽兴游玩。再次拜访，念兹在兹就是专程来玩树上攀爬学泰山的。听教练讲解与实地练习之后，就可以登高挑战。先依序爬上二层楼高的树上，然后开始迎接挑战。不管是走单绳、过独木桥、跨越高空障碍，从最初的害怕腿软，最后玩到欲罢不能，是当天耗到最后一刻才甘愿下树的父子三人组。实在手痒脚痒的我，恨不得纵身攀高涉险，奈何我家老三的年龄与身高皆不符合条件，老妈只好留守树下陪他玩玩低阶的游乐兼拍照。

位于条顿堡森林以北的"巨岩区"（Externsteine）具有奇特的地貌。峥嵘而奇特的巨岩就在平缓的丘陵坡地中，于林深之处耸然窜起一座巨大的奇岩怪石。平整的岩面历经千百万年来的风化消损，留下的是坚硬的岩石肌理，森然罗列在宁静的小湖边，安详而奇特的氛围，让人敬畏凛然。若非现代的人们徒以人工之力于陡峭的岩层间凿上小石阶，安上小铁梯，望之却步的高耸是极难让人亲近亵玩的。

因其难以攀登，因其难以想象，于是这大自然的特殊景观就被赋予神圣的气息。早前的凯尔特人、日耳曼人、罗马人等都曾在此崇拜祭祀，是散居此地部落人民的神圣之地。即使日后基督教思想取代了旧有的异教徒思想，此地亦纳入基督教文明的圣地。民族几番迁徙信仰几番轮替，圣地依然是圣地，百川纳流不减其神圣之威。

若非现代的人们徒以人工之力，于陡峭的岩层间凿上小石阶安上小铁递，望之却步的高耸是极难让人亲近亵玩的。（郑伊文 摄）

邻近条顿堡森林的帕德波（Paderborn）久闻其盛名，此次趁着复活节的假期，再次瞻仰德国第一位民族英雄容颜之际，我特别前来一游以悠久天主教历史闻名的千年古城。

古城虽然于古罗马帝国与日耳曼各蛮族交易之时，早已有聚落民居。但真正建城缘于卡尔大帝在此建立行宫，成为法兰肯王国君主巡视领土的行馆封邑地之一。行宫就是君王的宫廷、法庭与军事指挥站等最高指挥中心，君王们在此接见各地外交使节与各地诸侯贵族和领袖们，以及各地的求见者。与公侯伯爵、大主教和修道院长等讨论各领地之事，主持军事法律等重大纠纷的仲裁等。因此，帕德波的建城历史总会溯及1200多年的丰功伟业，这样的建城历史的确悠久古老。

但让帕德波在历史中留名，显赫至今的还有另一件重要大事件，那就是天主教的中心领袖罗马教皇曾到此避难请求协助。由吕丽琇所著的《德国史》一书中写到，当年李奥三世（LeoIII，795 ～ 816 在位）就任罗马教宗之初，受到另一批阴谋叛变人马的攻击，教宗不但受伤还被囚禁在一处修道院中，幸得另一伯爵的协助得以逃出罗马，翻山越岭地逃到帕德波行宫来向卡尔大帝求助。卡尔大帝不但安顿了教宗的身心，还派兵护送教宗安全地返回罗马，并且次年亲自前来主持叛变与宗教仲裁的大事。正因为卡尔大帝帮助李奥三世教宗弭平叛变，于是教宗李奥三世加冕卡尔大帝为罗马皇帝，不但为教宗自己安排了最有力的后盾与支持者，也通过查理曼帝国的扩张一并推广基督教义，所以帕德波的重要贡献直指罗马天主教廷。

　　卡尔大帝除了在帕德波建造行宫之外，也建造大教堂（Dom）与修道院，设立大主教区，设置学校推广教育与基督教义等，此举一并让帕德波的城市因为大主教堂与学校而得以长久发展，也让帕德波以虔诚与神圣的天主教城市而闻名。当然，对虔诚的天主教徒而言，此千年古城是神圣的；对讲求创新与跟得上时代的教徒而言，此城过于保守与传统；而对年轻一代来说，来到帕德波除了看教堂之外，还有什么值得欣赏的呢？没错，我们就是特别爱看大教堂。帕德波的大教堂，虽然奠基于 777 年，于 9 世纪时扩建，又于 12、13 世纪大型扩建成今日的模样，高耸巨大的石材赋予教堂庄严神圣的古老气息。建于 11 世纪中期的礼拜堂，右边有块玻璃笼罩处就是教堂始建于 799 年的遗迹，原本开挖出一处以为是卡尔大帝的石椅之处，后来才知仅是石

庇护过罗马教皇的千年古城大教堂。（郑伊文 摄）

阶而已。

右后方古老的小礼拜堂，由方堂拱廊所形成的回音效果真的优美动听。我们造访时正有美妙的歌者高声回唱，所谓"余音绕梁三日不绝于耳"的夸张形容，真实地感受聆听之后，真是一点也不夸张的贴切形容。

当然此城教堂无数，我们走出大教堂之后，进入帕德波大学的教堂，真是闪耀夺目的金碧辉煌其亮闪闪的光芒让我家小孩直说，他下回还要再来拜访这座教堂，欣赏如此亮晶晶的祭坛并仔细瞧瞧天花板上书写的姓名。

一处因君王远见而建造的古城，一处因教廷历史渊源而盛名的古城，一处因浓厚宗教气息而闻名的古城。即使周日的午后只容许我们拜访城中的大教堂和一两座教堂的身影，然而在大街上走走看看建筑风貌，一座古城的风采就此收纳在记忆之中。虽不知何年何月能再次走访游玩，然而游尽千山万水之余，帕德波宁静的宗教古城氛围，足以供我细细品味蕴藏许久。

德国 遥想德国圣人使徒的足迹

郑伊雯

　　冬末下着雪雨的午后，灰暗阴霾的天气真叫人打不起精神来。打开计算机网络，看着实时通讯上的友人名单，有位网友表示"目前有空"，就这样与远方的友人敲下了一段异地问候的简短谈话。我的心绪也飘移到那静谧安详的宗教古城，一座对德国虔诚教徒们具有神圣地位的朝圣之城，弥漫着古老而悠扬韵味的古城，那远方友人所居住的城市——富尔达（Fulda）。

　　尽管富尔达古城规模不甚大，景观也不是富丽堂皇的风格，但行走其间总有一股宁静安详的氛围盈满我胸怀。要了解此城的意义，就要深入德国天主教传教

富尔达老城区的美丽古宅。（郑伊文 摄）

史上的圣人——圣卜尼法斯（St.Bonifatius）的传奇故事之中。据德国史书记载，圣人原名温佛利得（Winfried，672－754年），教宗赐名卜尼法斯（Bonifatius），意为造福者。719年教宗格列歌二世（GregorII）委任他传教，先后到图林根与黑森（Hessen）传教，721年来到弗里茨拉盖了修道院。圣卜尼法斯毕生奉献给教会，五十多年来风尘仆仆地到各处传教，对日耳曼异教徒的传教工作不遗余力。732年被任命为大主教，746年担任麦兹（Mainz）该地的主教。公元754年6月，这位八十多岁的传教士决定到北海边的东弗利森（Friesen）传教感化异教徒，但在那里圣者与随从全部残遭杀害，遗体被运回富尔达（Fulda）修道院安葬，此后"日耳曼的使徒"圣卜尼法斯的墓地成为德国宗教朝圣之地。

正如《中世纪的旅人》这本书中所写，置身在中世纪旅行是一件多么辛苦的事，但偏偏身负传教使命的主教们，还要舟车劳顿地赶赴各教区视察探访解决纠纷。尤其是各地君王一声命令之下，教区主教们就要募集物资和武器随君征伐，真是辛苦不堪的大差事。

而于德国首位牺牲奉献的传教圣徒圣卜尼法斯，就与当时的卡尔大帝彼此互相支持帮衬共创大业，随军四处行动的卡尔大帝把王都定在阿亨（Aachen），而圣卜尼法斯的传教工作率先深入德国中部地区。从现今的图林根首府爱尔福特（Erfurt）开始筚路蓝缕，感化当时多神异教信仰的日耳曼族部落皈依上帝的怀抱。他首先于742年在此设立一个独立的主教区，不久该区被并入规模庞大的麦

安放圣徒的富尔达大教堂。（郑伊文 摄）

大教堂内圣徒的安眠圣地。（郑伊文 摄）

兹（Mainz）教区，于是教区幅员广大的主教们就得南来北往四处宣教。

就连位于"德国童话大道"路线上的小城弗里茨拉（Fritzlar），也因着圣人的事迹而留名千古。据说，公元724年圣卜尼法斯曾在此砍倒一棵日耳曼异教徒用来崇拜雷神托尔（Thor）的橡树，而开始建立起本笃会的修道院。及至圣卜尼法斯被封为麦兹城主教之后，弗里茨拉一直属于麦兹大主教的管辖区。其后，圣卜尼法斯受到卡尔大帝之后法兰肯王国君王们的重用，此小城也一直是法兰肯王国的重要城市之一。至今，弗里茨拉已有1270余年的建城历史了。

当时，圣卜尼法斯的传教中心就从爱尔福特（Erfurt）开始感化早期的日耳曼异教徒，于公元742年首先设立主教区，后来并入麦兹主教区的统辖范围。古城重心当然是首建于8世纪的大教堂（Dom），高耸尖塔旁的另一座教堂是埋藏另一位圣人圣塞维鲁斯（St.Severus）的圣塞维鲁斯教堂。然而，昔日的东德政权对大教堂的维护不若德西地区那样重视，虽然许多建筑古迹与古窗依然存在，但许多神圣的祭坛与华美的圣物早已付之阙如。

爱逛教堂的我，视线游走之际，对爱尔福特大教堂内部景物印象深刻的，倒是两幅古画。首先是一幅中世纪风格的祭坛画。画中圣母轻轻抚摸着一头动物，这栖息在圣母怀中的动物是什么呢？是马吗？不是，是独角兽。为何画作中会出现圣母与独角兽呢？原来这也别具意义。

据说，希腊神话中掌管狩猎的女神黛安娜，不只恩宠森林中的所有动物，独角兽更是她最爱的宠物。相传，只有内心纯洁善良的人才能见到传说中的此种生物，更是要纯洁无瑕的童真少女，独角兽才愿意与之亲近！既然黛安娜可以与独角兽一同嬉戏，可见象征贞洁的黛安娜内心也是非常纯洁的。也难怪神话中的阿克特翁王子只惊鸿一瞥黛安娜的玉体，就被诅咒变成鹿身，惨遭自己亲人放箭攻击，还被自家的猎狗咬死。

自古诸多画作上若要表明画中少女的纯真，只要画上一头独角兽就足以证明。为何圣母像前要画独角兽呢？其寓意很明显，为了象征圣母的纯洁无瑕，处女圣灵怀胎的神圣信仰。

圣经中也曾形容耶稣基督如同独角兽般降临，独角兽可以说是耶稣的化身。当独角兽把正义且无邪的角放在圣母玛利亚的腹前时，就代表着圣母接获圣告，以纯洁的童女之身怀胎诞下耶稣圣子。这幅出现在爱尔福特大教堂中的圣母与独角兽的画作，不但表示出圣母的圣洁之意，更是明显地昭告信徒们，此教堂所信仰的教义。正因为独角兽象征着永恒、纯洁与坚定等各种光明的寓意，而这座奠基于中世纪，位于德国中部的教堂，又是传播天主教信仰的重要代表之一，所以其传承传统与保守的天主教思想的涵意就极为明显了。

在大教堂的巨大石壁上，还有一幅高大的《旅行者的守护神》的图画呢。

这幅作品于1499年绘制在教堂石壁上的巨幅油画作品名称为《圣克里斯多福》。教堂的简介中介绍，这幅作品描绘的是圣人传教时越过溪流帮助人们的景象，而这位朝圣者膜拜的圣人是保护旅行者的象征。

对于我这位很喜欢观看教堂的异教徒而言，实在不清楚其中的典故。回家后，特意查阅相关典故，原来这位原名为欧佛罗（Offero）的天主教殉道者，长得十分高大，堪称巨人之列。他曾在众人无法涉水前进的溪流中，运用自己高大的身体背人过溪，行善助人。有一次，他在涉溪途中背到一名小孩，但这小孩却是沉重不已令他难以承担，询问之下才知道小孩正是身负全世界重责大任的耶稣基督。当下，耶稣以河水为欧佛罗受洗，改名为克里斯多福（Christopher），名字意为背负耶稣之人。因其传教与殉道的圣绩列名为天主教救苦救难的圣人之位，为外出旅者的守护圣人。于是，绘画中圣人的形象总是身拄拐杖、赤脚涉水而过的模样，如爱尔福特大教堂出现的这一幅15世纪的壁画一般。对于爱旅行的我而言，祈求圣者蒙恩赐福平安快乐的旅途，就成了我此后常虔诚肃穆的衷心祈祷了。

思绪绕了一个大圈，点滴寻访记忆深处的圣人踪影，一瞬间又是千万里的旅途遨游。眼见窗外邻人的窗台闪烁着温馨的圣诞光环，就在这12月的圣诞感恩时节，敲着与网友的问候话语，思绪游移在宗教气息浓厚的诸多朝圣古城，遥想着富有宗教气息的古城在圣诞节日里不知是何风貌。

德国 旅途中邂逅的惊喜

郑伊雯

秋雨萧瑟，秋风冷冽，爱玩的心依然充满着期待，整理行囊径自奔赴一无所知的远方。究竟遥远的他方城镇市集有何种风情？留给旅人的行囊何种回忆？未知数就是一种迷人的吸引力。

从家中出发，沿途并没有预订任何旅店作落脚处。一来是想步履行走在易北河边，夏季单车旅行盛行，沿途一定有很多小旅店；二来开车移动也很方便，找家旅馆不会很难。临近傍晚，接近维特堡（Wittenburg）时，在一小城绕行没有找到我们中意的住宿地点。于是又开往寇藤（Köthen），此城中也有一座城堡，希望能找到中意的地点。沿着单行道的标志绕呀绕，找呀找，刚到市中心的商业区，在天色微暗中一眼就瞧见了这栋可爱的古老建筑。

看它写着"老德国宅院（Altdeutscher Hof）"，心想应该有房间可以住宿。一问果然有客房，但只有少少的三间，我们运气不错，再隔一天就全被预订光了。

这间老宅院始于 1598 年，由商贾卢卡斯·布伦比（Lucas Brumby）所建。1874 年即改成小旅店和小啤酒厂。1900 年之后的

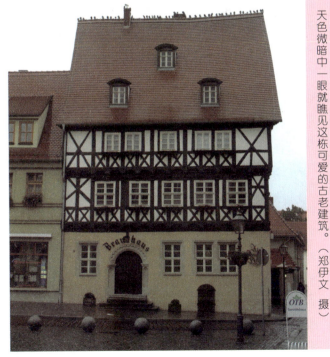

天色微暗中一眼就瞧见这栋可爱的古老建筑。（郑伊雯 摄）

整修把原本的木造衍架结构显露出来，从而成为今日所见的风貌，1945年改名为老德国宅院（Altdeutscher Hof）。我喜欢这种古老的气息，料想他们应该有不错的晚餐可享用。而我家老爷喜欢的是他们从2003年恢复营业至今的自制小啤酒厂。

正当我们一边吃、一边拍照、一边做笔记时，我瞄到店长与服务生不断地往我们这瞧，他们一定心想："这是哪里来的食客呀？行径真怪异啊！"。但他们又不便打扰我们用餐，一定是满腹疑问吧。隔日，年轻的女服务生对我们倒是有问必答，因为这些小城最迫切的问题就是家乡的年轻人无处就业。寇藤小城虽然有所高等学院，有一群学生族群，但是市中心只有两三条街的商店，没有多少工作机会。她自称很幸，能在家乡找到旅店服务业的工作，能待在家乡就业，她乐在其中。

寇藤的名人足迹

曾有哪位名人在寇藤驻足过呢？答案是音乐之父巴哈。巴哈在四处谋职时，曾在此地的王侯城堡内谋职，当时就在此处创作了他的六首《布兰登堡协奏曲》。虔诚信主的巴哈，生育众多孩子的巴哈，为了生计也须四处谋职，赚得微薄的收入抚育家庭孩童。巴哈停留在寇藤期间并非最得意风光之时，然而四处的辗转流浪迁徙和生活的困顿转化为创作的能量，成就了日后巴哈的盛名。

车行途中，原本只是想找个可以留宿的可爱小城，随着地图上标示有宫殿的优美标志，先来到福来堡（Freyburg）。车行途中，不时出现酒乡特有的景致，成排的葡萄架。原来此居于萨勒河（Saale）及其左边支流乌斯图特（Unstrut）河的丘陵坡地，是德国最北边的葡萄栽植区。

穿越小城，绕到葡萄园边停车，沿着小阶梯走向该城的教堂时，抬头看到前方墙壁上大大地写着这几个字"弗里德里希·路德维希·雅思学校"（Friedrich Ludwig Jahn Schule）。咦！这是谁呀？还有一所以他名字命名的学校。

原来是德国体操之父（Turnvater）雅思（Friedrich Ludwig Jahn）的故乡。雅思生于1778年，卒于1852年，其间正是拿破仑率领法军占领德国领土之时。与当时的学术圈对德国统一与强盛的呼吁相关，德国知识圈产生一股德国浪漫主义的思潮之后，雅思率先建立第一座体操场所（Turnplatz），也首先在高级文理中学（Gymnasium）推行体操运动。所谓强国需强兵，雅思便以这样的信念，开启

在旅途中夜晚散步就这样与静夜中的巴哈偶遇了。（郑伊文 摄）

来到德国健身之父的故乡，就是这样被这招牌吸引了。（郑伊文 摄）

德国年轻人健身强国的社会改革之路。

原来这位体操之父正是来自福来堡，今日该城还设有雅思纪念博物馆，我们虽未在福来堡多加停留，却因此多知道一处名人之城，也是小小的意外收获。

瑙姆堡的哲人故居

不想在福来堡住下，继续来到瑙姆堡（Naumburg）原也是为了找寻住宿地点。看到壮观的大教堂，很想进去参观。一边翻看明信片一边察看参观票价时，惊见我喜欢的艺术家画作这里也有收藏。碍于时间紧张，只好先到教堂的圣物地下室观赏我心仪的艺术家作品。之后，带着点遗憾又很惊喜满足的心情，开始找落脚处了。

看过两家旅店，比较价钱后找到一家小旅店。除了价钱合适之外，只有八间房舍的小旅店一楼就是传统的德国餐厅，我又可以深入民间品尝传统美食了。冷冽微雨中，点上一碗菇类浓汤，享用扎扎实实的猪肉肋排餐，小孩点上美味的煎鱼排，一顿愉快的旅途晚宴惬意地展开了。

隔日，原本想去圣彼得与保罗教堂欣赏，大教堂赞助者埃克哈特（Ekkehard）和乌塔（Uta）的雕刻自13世纪的哥特式风格浮雕作品。可惜周日12点前不开放，只好绕道别处游览。突然瞥见一个牌子上写着"尼采房舍"（Nietzsche-Haus）。

哎呀！此地的名人是尼采（Friedrich Nietzsche，1844—1900年）。走，去瞧一瞧！

　　此处的尼采故居是尼采母亲的房舍，他童年与青少年时期都是在瑙姆堡的这栋房子内度过。少年的求学就在离瑙姆堡不远的舒尔佛特修道院中学校（Schulpforte，1858—1864年）内学习，之后转往莱比锡与威玛等地执教研习。管理的女士说，尼采的母亲一直住在这里，所以尼采每年的寒暑假与年假都会回来陪伴母亲。这座瑙姆堡的房舍是尼采的亲情所系，行脚全欧洲讲学研究之际，仍会回到这心系的故乡，这里是尼采一生中度过时光最长的地方。

　　但一代哲人的晚年，却如这张照片的病历所写住进了精神病院。思维的辨证

瑙姆堡的尼采故居。（郑伊文 摄）

反思的确艰难，我还是囫囵吞枣就好了。翻阅尼采的生平，一生饱读神学、哲学、文学的艰深学说，伴母陪妹一生未娶。既有恋情不遂，姻缘难寻的不如意；也有亲情牵系，知音难寻的无奈；更有埋首理论创见，却遭政治力运作引用标榜的污点（纳粹政权曾经标榜尼采的强人学说）。尼采之于德国，尼采之于世界，尼采个人的生平足迹，尼采个人的晦涩情事，尼采个人的精辟学说，我不甚理解。旅途偶遇的惊奇邂逅，虽不为哲人而来，却为哲人感伤而去。这旅途的感怀遥想，足以点滴蕴藏心中，久久不忍离去。

德国 吕贝克周末赏秋

谭绿屏

　　秋高气爽的吕贝克赶在寒冬长夜的萧索凉寂之前格外诱人地发放清丽的秋波，吸引着四面八方的游人情不自禁地信步前往赏秋。汉堡中华妇女会召集会员们携夫带子全家出动，热热闹闹地聚合在汉堡中央火车站，乘坐四十五分钟的专列，来到位于汉堡东北的古老小城吕贝克。

　　古城虽小却曾经有过傲人的经济发祥时期。二战重创之后的复建即使是局部的修复和比较简化的装潢，仍可窥得昌盛时期不可一世的繁华光彩。

　　古城之小，足可以步代车。在整洁如新又古风久远的旧城街区，顶着蒙蒙细雨和云边透出的微微阳光，大家开始了不疾不徐的漫步之旅。

　　走出吕贝克火车站过街回望，第一个惊喜就叫人忍不住举起相机，原来不大的火车站竟藏身在一座古雅气派的砖砌建筑内。

不大的火车站竟藏身在一座古雅气派的砖砌建筑内。（谭绿屏 摄）

沿正前方向一直向东走来到吕贝克的城市象征霍尔斯登城门（Holstentor）。宽阔的大街汽车奔驰，草木丰盛的广场整洁如新，滋润的空气一派宜人景致。要不是眼前这座二战中侥幸保存下来的双子塔门楼，那13世纪雄浑的砖砌结构和哥特式门洞印证着它的久远，谁能想象我们正踏步在千年古道之上。

不远就是老城中心壮观瑰丽的市政府大厦，整个建筑是由彩色瓷砖装饰的砖砌结构，兴建于13～15世纪。其典型的哥特式拱形门廊组合，成为北欧许多市政厅效仿建筑的模式。八百年来，这里一直是政府办公的风水宝地。站在露天新集市广场（Neumarkt）可一览无遗整座大厦。

广场边角一台精致的铜塑立体地标图，供人饶有趣味地细细揣摩辨识景物方位，吕贝克"七座尖塔之都"美称的七个教堂尖顶在这里一目了然。广场临街有一家老字号糕点店，每天下午4时之后都有半价的糕点出售。附近的一家杏仁糖（Marzipan）制作专卖店打出吕贝克的牌子享誉全欧。

吕北克的制高点，著名的圣玛丽亚大教堂（St.Marienkirche）位于市政厅北侧。由高达125米的一双尖顶塔组成。40米高的中堂据称为世界最高的砖砌结构拱顶。1200年由商贾政要决定开建，使用本地烧制的青砖和红砖代替天然石料，相当长时间成为波罗地海地区教堂建筑的范本。教堂内有世界最大的机械管风琴和以十二生辰星座排列的精美天文钟，还有许多圣经故事栩栩如生的壁雕。特别令人触目惊心的是南尖塔楼下地面的大吊钟残片，静静地控诉着战争的残酷，不灭的烛火中闪动着无数无辜丧生的幽灵。我想这就是常使来客感到精神压抑的原因所在。二战时联军的炮火炸毁了五分之一的城市建筑，巍峨的圣玛丽教堂在劫难逃，1942年3月被击中焚毁，大火烧红了长夜。1959年政府在原地基残墙上进行重建，直至1980年中堂屋顶的小尖塔修复完成，整座教堂的重修才算竣工，从而面貌一新。

圣玛丽教堂的东北角，临街排列着山墙楼屋。其中一座白色带雕塑的四层精致建筑，有一个不同凡响的命名 "布登勃洛克之家"（Buddenbrookhaus）。吕贝克出生的作家托马斯·曼（Thomas Mann）以它为背景描写吕贝克生活的同名小说《布登勃洛克家族》，在1929年荣膺诺贝尔文学奖。

吕贝克这座仅有20多万人的城市，孕育出两位获得诺贝尔文学奖的大作家。另一位是1999年获奖的君特·格拉斯（Günther Grass）。他的《铁皮鼓》（Die Blechtrommel）被拍成电影，20世纪80年代初中国大陆知名作家丁玲访德时看了这部影片，其中文译本早为中国读者熟悉。

之后，我们鱼贯进入号称欧洲最古老的餐厅"海员协会"（Schiffergesells-chaft），并不开阔的大门立在独具当地特色的棕色临街山墙中央。后院具有欧洲风格幽雅别致的花园餐厅倒是相当开阔，秋意笼罩而倍显恬静，温暖时节这里日日高朋满座。随后我们又鱼贯走出密集盈客的餐厅和窄门。

后院藏有欧洲风格幽雅别致的花园餐厅，倒是相当开阔，秋意笼罩而倍显恬静。（谭绿屏 摄）

隔着一个广场就是圣灵养老院，也是当今保存最完善的中世纪僧侣宿舍。前厅空置，墙壁装饰着圣灵故事雕塑。看守老人热情招呼大家。每年圣诞节前这里有热闹的圣诞市场和各种艺术表演。

已是午后时刻，大家又重回到"海员协会"餐厅小憩，围坐在厚实的长条木桌旁，品尝海味或咖啡茶点。借着荧荧烛光观赏满墙海洋油画和大大小小手工精细的海船模型。

由于是集体行动，我没有能够去吕贝克的木偶博物馆，只是在巷口遥遥观望一眼，抢拍了一个远景。这家博物馆收藏着中国古董木偶，二十多年前我应邀在这里修复残破的中国木偶，工余时画了一批水墨木偶画被博物馆收藏。对汉堡人来说近在眼前的吕贝克之游竟一拖再拖。二十多个寒暑过去，青石小巷古道仍同昔日一样丝毫没变。

吕贝克小城四边河水环绕，地形有如一只头脚潜水的乌龟，龟背上街区横竖四方排列像龟纹。虽然早已不是昔日皇家重镇和经济枢纽，但其丰厚的文化沉淀，精心的文物修缮，不愧成为联合国科教文组织授予的世界遗产保护之城。小小城区保留了古代建筑上千处，宛若一个中世纪博物馆。如有闲暇，大可小鸡啄米般一一细审细琢，在健步养生中大长见识品味。游客到晚上睡前还会欣喜地发现逛了一整天街市，白衬衫衣领依然洁净。

不弃一砖一瓦，不放一木一石，吕贝克在战后的废墟上还原出自身最亮丽的本色，笑傲于世界文化遗产之林，丰容靓饰，经久不衰。如果当初一切推倒改建摩登楼宇，吕贝克也就灰飞烟灭，无处可寻了。

波兰　奇迹之都

林凯瑜

波兰的首都华沙在第二次大战时，被打成平地。但最神奇的是在华沙之南的一座城市——克拉克夫（Kraków），竟没遭受到任何的破坏。人人都说克拉克夫是座神奇的城市，那么她的奇迹在哪儿呢？

大战时，这座城市是唯一没被战火夷为平地的文化古城。（林凯瑜 摄）

自从我知道这个故事以后，就吵着老公陪我去。他总是好啦好啦的拖着，一直到 2009 年 7 月他住在克拉克夫的侄子结婚，才不得不带我去。克拉克夫（Kraków）位于华沙以南约 300 千米处，从华沙的中央火车站坐特快火车大约两个半小时就能到达，开车则需要五个多小时，很累人，我们决定坐火车去了。

在火车上老公给我讲述了克拉克夫的历史。从 14 世纪起到 17 世纪止，克

拉克夫一直是波兰的首都，此时也是波兰的强盛期。波兰人称克拉克夫是座奇迹城，她的奇迹在于她的幸运。大战时，这座城市是唯一没被战火夷为平地的文化古城。这时隔壁一位七十多岁的老爷爷也开话了，他说："克拉克夫的古迹随处可见。据说德俄两军一直想要彻底毁灭她，也好几次计划军事攻击，但最后都因临时意外而改变战略。我们波兰人认为这是上帝的旨意，让文化古都屡次逃过劫难。"

克拉克夫早在 8 世纪—9 世纪就已建有斯拉夫人的村落，10 世纪起更成就了高度的文化历史，在 13 世纪时曾三次击退入侵的东方鞑靼人，克拉克夫在欧洲文化中担任了重要的角色。现在的克拉克夫是波兰的第三大城市，是工业及文化重镇。

在火车上听着波兰人东一句西一句的赞美这座古城，更激起我想快快游览这座圣地的期盼，两个半小时后总算到达了。出了中央火车站，看到的却是矮矮的、灰灰的房子，一时有点难以适应。老公的侄子来接我们，一阵热烈的亲吻后才开车去往他家。这侄子一路上像导游似的为我们介绍。这座城市到处都是文化古迹，市中心自中古时期建成之后，至今大多保持原来的风貌。从中央车站往东走能看到要塞（Barbaka）及旧城门（Brama Florianska），歌剧院在西边，然后在往前走就到了市集广场。克拉克夫大学（Uniwersytet Jagie To ń ski）就在右边，是波兰最古老的大学，建于公元 1364 年，有名的科学家哥白尼就是毕业于此大学的。这所大学占地广大，有哥白尼的雕像竖立其间。大学的左边有古教堂、老建筑、博物馆——啊，我终于知道为什么波兰人以她为傲了。

广大的市集广场就是城市的中心地带，侄子把车停在广场的外边，带着我们走进去。广场中央聚集了许许多多的摊贩，有卖花的，有卖玩具的，有卖画儿的，有卖吃的等等，五花八门，各式各样。广场的正前方矗立着深褐色的圣母教堂（Koscilol np. Marli）建于 14 世纪。在高耸的钟楼上每个小时都有人吹号报时，但号角声总像是没吹完便中途停止了。据说 13 世纪鞑靼人入侵时，瞭望台上的一个士兵发现后立刻吹号报警，但号角尚未吹完就被射死。因为这位士兵城堡才得以拯救，所以为了纪念他直到现在还是以没吹完的号角做为报时。

国立博物馆（Museum Narodowe）在最高的建筑物——克罗斯大厅里，博物馆里收藏不少波兰名画。除此附近还有一座查脱利斯基博物馆（Czartoryski Muszeum）也很值得参观，里面展有达芬·奇举世闻名的画作。

在广场的角落有圣母玛利亚升天教堂（Koscilol Najsw.Maril Panny），建于13～15世纪。教堂里有一件晚期哥特式的杰作，是1477年至1489年间，由维特·施托夫沃滋（Wit Stowz）雕刻成的祭坛。

圣母教堂（Koscilol np. Marli）建于14世纪。在高耸的钟楼上每个小时都有人吹号报时。（林凯瑜 摄）

我最喜欢的是广场右边的纺织品市场（Sukiennice），那里是琥珀的天堂，两边的商店都卖琥珀。有的能让顾客讲价，有的不能；有的店有质量保证书，有的没有；有的是免税店，有的不是。除了我最喜欢的琥珀外，还有皮店及木雕，波兰的皮货也很出名。我也很喜欢广场上等待游客的马车，那些马真高大，把头抬得高高的神气极了，似乎在说欢迎入座，我的服务一定令你们满意。我爱极了这些马，不忍心让它们工作，所以没入座。

我最喜欢的是广场右边的纺织品市场（Sukiennice），那里是琥珀的天堂。（林凯瑜 摄）

　　广场上除了古建筑之外，还有一流的咖啡馆加玛·密哈立克瓦（Jama Michalikowa），是艺术家聊天聚会的地方。在格罗得兹卡街的街口有一家数一数二的餐厅叫维耶任内克（Wierzynek），也经常吸引不少游客。在这里顺便介绍一下好吃又有特色的波兰美食给各位。波兰人都喜喝热汤，最有名的是红甜菜汤（Barszcz），喝起来有点甜酸的味道，口感真好。第二种是白汤（Zurek），是由粗粿麦粒煮成的汤，汤里加有蛋、香肠，很有地方风味特色。除了汤之外还有波兰饺子（Pierogi），种类有包熟肉馅的，蘑菇加高丽菜的，白奶酪加马铃薯的等。吃时需要和酸奶酪，或是炸猪油一起吃，味道大致上还不错，就是饺子皮太硬，因波兰人做饺子皮时习惯加蛋。最后一个有名的菜是酸白菜烩肉（Bigos），这道菜煮越久越好吃，也越香醇。

　　克拉克夫市不大，只要参观几个重要的名胜以后，再去郊外参观几处景点，便有意想不到的惊喜。宏伟的瓦维尔城堡矗立于山头，风景秀丽，最吸引游客的是古代国王加冕的教堂及钟塔。

　　游完克拉克夫市，坐上侄子的车，他告诉我们在中央火车站（Krakow

Glowny）的正对面是汽车总站，有车去奥斯维辛（Oswiecim）集中营和盐城维耶立奇卡（Wieliczka）。

从克拉克夫搭长途巴汽车，约一个半小时就能到达奥斯维辛集中营门口。绝对别坐火车去，因为车站离集中营门口有一大段路程。相信很多人看过美国导演史蒂文·斯皮尔伯格拍的电影《辛德勒的名单》吧，就是在此处拍摄的。在这个集中营屠杀了四百五十万犹太人，真恐怖。

盐城维耶立奇卡是距拉克夫约 13 千米的车程，它虽不是世界最大的盐矿，却是非常有名的一座。因为这里不但将盐的开采数据收集整理建成盐博物馆，还有雕塑艺术家用盐矿雕出的一座大皇宫，非常的壮观，值得参观游览。

这两个地方离克拉克夫都不远，来了克拉克夫一定要去这两个地方看看。我们打算参加完侄子的婚礼后再去。

侄子的家离克拉克夫市 20 千米。那儿有一座小教堂，第二天的婚礼便在那里举行，一个小时后新郎新娘出来让所有的亲朋好友祝福。然后最亲近的亲人好友被邀请去吃喜酒。波兰人吃喜酒时又吃又喝又跳舞，老老少少疯狂地跳一夜舞。累了没关系，那儿的饭馆里有房间可以睡觉，真是服务周到。

这趟古都之旅，真让我永难忘怀。那传统的婚礼，那伟大神奇的文化古都——克拉克夫，使我沉湎于她 14 世纪的神奇中，啊，她总是波兰人最引以为傲的古城。

匈牙利 三会布达佩斯

于采薇

我一共来过布达佩斯三次。第一次是在1982年，那时我刚来德国，暑假与几位同学开车去希腊玩。我们那辆二手破车，一路上走走停停，风星夜宿。过境匈牙利时，我才知道首都是布达佩斯。

那时的匈牙利，还是个共产国家。在我记忆里，好像都是一片灰。灰色衣服的匈牙利人，畏畏缩缩的在街上晃来晃去。灰色制服的警察，背着武器面无表情地来回巡逻。连在翻垃圾箱的狗，也是灰头灰脑的！

我们经过一条好宽好宽的河，坐在驾驶座位前的尧克抓了抓他的长发说："这应该是多瑙河吧！"

"这么灰！哪里是蓝色多瑙河！"我失望地大叫。

"布拉姆斯一定是色盲。"不知谁接了一句。

我们在城中毫无目标的开来开去，念戏剧系的卡特琳娜说："你们瞧！布达佩斯人穿得真的好土！"何曼叼着烟说："这些房子也是破破烂烂的！好多阳台都快倒下了，甚至长满青苔！我毕业后，给他们作城市规划。"他是我们年纪最大的，二十七岁，已经念了好几年建筑。我也不甘示弱马上回了一句："我用我的画笔，轻轻地一点，布达佩斯马上就变样了。"

经过一大片广场，有一些雕像，旁边有座公园。我们下了车，坐在草地上，分了最后一瓶可乐。卡特琳娜的低胸大花裙，尧克的披肩长发，何曼的嬉皮打扮，我的紧身牛仔裤，引起很多人注目。

这时有一个人走过来，彬彬有礼地说："要不要换钱？你们有车，去我家换，比市价高十倍。"我们当然一口答应，由两个男生陪他一起去。临走前，念社会系的尧克做了个"V"字。

荷曼用力踩着油门，叼着烟说："等一下就好，今晚我们可以大吃一顿了。"我们就是这样。等了一下，等了两下，等到太阳下山，等到急得全身发抖，终于等到了他们。远远地就看到尧克的披肩长发，在银白色的月光下，突然显得好滑稽。他喘着气说："这个人一上车，就叫我左转右转的，最后开到城外一小村落里。下了车，说了一句'谢谢我们送他回家'就消失得无影无踪，连个鬼影子也找不到。"

何曼把烟蒂丢得远远的，咬牙切齿地接着说："这狗屎的布达佩斯！连一个德文路标都没有，真蠢！"

第二次去布达佩斯是带着十五岁的女儿，坐了十八小时的旅游汽车，到达旅馆后，我躺在床上已不能动了。安雅打开电视，看着 MTV 里那种绕嘴歌，喊个不停："砰！砰！砰砰！砰砰！"我抱着发胀的头，用尽丹田之气："关上电视！我们是出来是度假的，我特意买了好几本旅游书，你可以看看吧！"她翻了两下，把书一丢，翘着嘴巴说："好无聊！既是度假就该让我做我喜欢的事。"

第二天起来，我全身酸痛。拖着沉重的脚步去用早餐，喝了两杯咖啡后，我才注意到安雅又穿了件露肚上衣。

"安雅！现在马上给我换掉！"

"妈！你已经老了！"

我感觉到血液一下子冲到脑门："我是为你好，你会得到肾脏炎，膀胱炎，尿道炎，子宫炎，到时我又得照顾你。"

她突然改用中文说："妈！小声一点！每个人都在看你，让我多丢脸！"

安雅终于同意去参观国会大厦。出了地下车站，就看到高约九十六米的新哥特式砖红色屋顶。真不愧是佩斯城最大的建筑物，里面有六百九十一个房间，两百座雕像，十八个大小庭园，无数的小回廊、小尖塔，还有数不尽的壁画、雕刻、壁毯、珍贵的古董家具。建筑材料许多采用黄金与大理石，金碧辉煌，真让人眼花缭乱。

我们坐在多瑙河畔，6 月暖暖的微风吹来，碧蓝色的河水映着晴空中的朵朵白云，美得让人陶醉。我指着对面的老城布达市。

"安雅！你看那半山上的白色城堡是渔夫堡，要多漂亮就有多漂亮。"

"妈！我肚子饿了，去吃麦当劳！"

"一——二——三——四——五——六——七——八——九。"我数着。"真的有九条桥跨越多瑙河，连接布达与佩斯呢！"

"Pizza hot 好不好？我可以合分，你胖，我给你大块！"

"有狮子头的那座桥叫镰桥，白色的桥叫伊丽莎白桥。"我聚精会神地读着观光手册，"在河中间的那个小岛叫马格丽特岛，有花园、修道院，不过晚上最好少去。"

"妈！妈！妈！妈！我陪你去中国餐馆啦！"女儿说。但午饭是标准的匈牙利菜，有炖牛肉，浇着厚厚的浓汁，配着酸黄瓜、青椒、色拉、马铃薯。饭后每人一杯意大利咖啡，精神又来了。

我们来到 Aiicsy-Zsllinsky 街，这是布达佩斯最热闹的大道。已独立十年的匈牙利，房子在粉刷，道路在拓宽，一片欣欣向荣之气。经过国家歌剧院，圣史蒂芬大教堂和路德教堂，我提议进去看看。

"妈！这些都是老掉牙的东西，有什么好看。而且德国到处都有！"

经过李斯特博物馆，我几乎是低声下气地求她："他是匈牙利最有名的音乐家，里面有他的书籍、手稿、钢琴。你小时学过钢琴，弹得好棒呀！李斯特生前又是个有名的美男子，安雅，你一定会喜欢看的。"

"妈！你好虚荣只注重外表，再说我早已不是小孩子了！"我望着她那抹得红红的嘴唇，擦得蓝蓝的眼睛，真想一巴掌打下去。

"可惜，现在是 1999 年，我们又住在柏林。"

"那你来布达佩斯干什么？"

"是你叫我来的呀！我早就与妮娜、丽沙、阿尔备特约好租录像带，开睡衣Party。"

五年后，我坐飞机又来到了布达佩斯。

踏出干净摩登的机场排队等车时，机场服务员问了我要去的地址，写了 1600F，刷的一下就来了一辆出租车。半个小时就到了旅馆，司机照单收费，彬彬有礼地帮我开门。有钱真好。

这次是为了开会而来，行程安排得很紧凑，有许多专题演讲，如匈牙利作协的、匈牙利观光局的，还有从瑞士、土耳其、奥地利、德国，法国来的会员。也有观光节目，比如马术表演，一位骑士站在马背上，可以驾驶八匹马飞奔而驰。只是到现在我还不知乐趣何在，好像站着骑脚踏车，八辆一起开？不过，也因此我记得牢牢的，匈牙利人是公元 896 年从乌拉山来的游牧民族——马扎尔人。

我们参观了圣齐尼温泉。泡温泉是罗马人占领布达市时，发现了布达山下的温泉所引进的文化。在土耳其统治的 150 年中，更把此嗜好发扬光大，今天已成了匈牙利最盛行的国民运动。

我们又参观了歌德乐皇宫，这是茜茜（Sissi）最喜欢的皇宫。一部电影《茜

泡温泉，今天已成了匈牙利最盛行的国民运动……（麦胜梅 摄）

茜公主》让她扬名于世，至今还被人津津乐道。

从 17 世纪开始，哈布斯堡王朝就统治匈牙利。1867 年，茜茜加冕为奥匈皇后，她努力学习匈文。她最忠心的女伴伊达（Ida）是匈牙利人，伊达与匈牙利自由派领袖安德腊西伯爵（Gyula Andrassy）、凡斯·帝雅客（Ferenc Deak）均有密切的来往。茜茜也间接地受到影响，所以茜茜极受匈牙利人的爱戴。

那段时期，布达佩斯大兴土木，建了国家歌剧院、西洋美术馆、现代美术馆、匈牙利博物馆等。当然还有最让匈牙利人骄傲的欧洲第一所地下车道。

二次大战后，匈牙利像所有东欧国家一样，受制于俄国，但第一个反抗成功的是布达佩斯人。十四年前，成千上万的东德人投奔到布达佩斯的西德大使馆，使馆人满为患。这条导火线间接地促使了柏林围墙的倒塌和两德的统一。

东欧的其他国家，也因此像多米诺骨牌一样一张一张地倒了。现在人口一千八百万的布达佩斯，除了城市建筑稍嫌破旧外，街上行人的装扮与西欧城市没什么差别。

今年 5 月 1 日，匈牙利加入欧盟。记者访问布达佩斯居民："你们想去西欧吗？可以赚到三四倍的钱。"多数人都说："不。"他们的答案很简单。因为在这里可以讲匈牙利话，跳匈牙利舞，看匈牙利文。这也是我这次在布达佩斯最快乐的事，讲中文，唱中文歌，听中文演讲。

回柏林的飞机上与一会友同座，我与她不熟，她是中国大陆来的，我是台湾生的。可是两个人坐在一起，连呼吸声都能听到，所以我想她和我一样很尴尬，很头大。不知谁先开了口，打破了僵局："今天天气——好——。"

一个半小时后，飞机降落柏林，我们已约好了去吃柏林最好、最便宜的寿司。如果海峡两岸都能像我们一样，那该有多好！

第二篇

E 东欧

Eastern Europe

乌克兰·苏俄

乌克兰 　到基辅去（之一）车站

李永华

　　乘火车从我们居住的捷克小城到基辅去必须到"科林"市换乘国际列车。在小城火车站的普通售票口就可以订到任何开通火车的国际国内火车票。显然买这种票的人不太多，售票员又问了一次，然后在键盘上敲敲打打一阵才把火车票递出来。随后还附带一句："先生如果你要卧铺也可以订铺位，那可是不短的一条路。"当然，那正是我想要的。

　　没想到1000多千米国际软卧铺位的价格只相当于500元人民币，按照这里人均800美元的月工资来说应该不贵。

　　捷克所有车站的管理竟和国内的乡村小站差不多，完全是开放式的。人们可以从车站的四面八方到站台上去，只是进站上车时没有人查票和剪票。尽管可以自由出入车站，但是极少看到有人任意横跨铁路。似乎大家有一种默契，那种横跨铁路的事，与自己内心道德的损失比起来要不合算得多。在这方面欧洲人与国人有着明显的区别。

车站

查票是上车以后的事。一般捷克的国内列车只有四五节车厢，长的也不过十节。整列火车没有乘警、列车长等"官人"，除了司机就只有一个检票员，除非有特别的情况或者有实习生时会多几个人。查票人一般都工作认真，少见与熟人计划好故意逃票的。一方面他们国家小，旅行路线短，票价便宜，不大值得逃；更重要的是因为铁路系统或者国家检查部门有不定时的便衣检查人员随机抽检，一旦发现有人徇私舞弊，就记入个人的社会档案，以后很长时间之内都会影响到社会各个方面对于这个人品格的评价。他们这种利用制度和文化养成人们自觉意识与自尊心态的方法颇值得我们效仿。

通常车站与乘客数量相比显得宽松得多。尤其是一些中小车站，除了每天很短的一段高峰时间之外，偌大的车站基本上是空的，显得几分寥落。由于车次多、路途短、公共汽车交通发达，使得因为转乘而滞留车站的机会减少。没有见到像北京车站里的许多旅客歪歪倒倒一大片那样，为了转乘在车站滞留半天半夜的。

晚上十二点以后，基本上没有客车了，车站也就归于沉寂。大概是为了以防万一，捷克的火车站都设有一个小间的，放有扶手椅的候车休息室。到了冬季，那里能够保持温暖达20度以上，完全能够帮助少量赶错车的旅客度过冬季的寒夜。

这和几天后在乌克兰见到的情况很不相同。在乌克兰一个总人口约一百万的城市，火车站的候车室只有七八十平方米。里面比较密集的摆着坐满了旅客的连椅，靠墙的地方还有人站着或蹲着。候车室两端各有一个食品摊，从那里不断有烹调的味道散发出来。不少人似乎已经等了不短的时间，显得有些疲劳。有人在吃东西、喝水、看杂志、嗑瓜子，乍一看到还以为自己回到了国内，在小火车站候车。整个房间看上去很拥挤并有些杂乱。而另一侧约有500平方米的候车室则宽敞明亮，座位疏朗，还有电视机。里面很少有人，因为门口有一个告示"休息室收费3个赫利温"（乌克兰货币名称，4.9元人民币相当于1个赫利温）。那状况颇似国内的候车录像厅或者候车音乐茶座。谁知楼上还有沙发座位的高档休息室，超过200平方米的大厅只有区区八个双人沙发和十几个座位。真不懂得乘一回火车，为什么要分这样多的等级。

科林是一个有五、六万居民的城市，在捷克是一个"中等车站"。当我登上换乘国际列车的站台，天已经黑透了。好在这几天天气回暖，气温从零度上升到14度。温暖潮湿的微风吹过，让人感到一种春天似的舒畅。不远处几位来送站

的家人，一闪一闪地抽着烟，轻声地向被送者嘱咐着什么。

欧洲的气候因为大西洋暖流沿着地中海深入到腹地，整个乌拉尔山以西都明显地表现为冬、夏两个雨季。由于极地寒流与大西洋暖流的交互作用，这里的春秋季节会有多次反复的升温和降温回合，因而显得春季和秋季的时间比国内黄河以北的春、秋季长很多。记得在北京的时候，往往 11 月初前后会有连续的几天冷风天气，几天之前还绿油油地挂在枝头的树叶，似乎一夜之间便枯黄萎地。每逢那种肃杀的时刻来临，便会令人好几天不适应。

欧洲的秋冬季节来临时几乎没有大风，只有连绵不断的阴郁和淅淅沥沥的淫雨。即便是 1 月份的冰冻季节也常会下雨，所以很多树、阔叶草、攀缘植物的叶子都不会一起掉光，枝头上会留下许多淡绿、墨绿、杏黄、深红、紫青色五彩斑斓的叶子，如同晚秋我们在江南山间看到的一样。所不同的是，由于这里雨量充沛，各种植物形成的植被不用任何人工栽种、修饰，就把这个国家一年四季都打扮得绿绿茵茵的。这与冬季在北京街头看到那些经过精细种植的一片片枯黄的"绿地"形成了鲜明的对照。不必到风景区，在深秋季节的原野里，随便举目四望，远远近近的山林如同一幅幅在绿色被底上的泼墨画。五颜六色、团团簇簇地兼容其间，让人真切感受到什么是天然造化。尤其是在阴天的时候，那画面在一层薄薄的雾气笼罩之下，更显得朦胧和神秘。此刻我站在科林车站的站台上，望着并不显示颜色的暗影中的树丛，不禁想或许这会儿上帝正在舒服地闭着眼睛缔造着那些美丽呢。

站台上没有任何工作人员，更没有卖小吃、饮料的商亭与推车。一排静悄悄的灯和一个镶着钟表的列车进出站电子广告牌，在略带雾气的夜色中安然地发出柔和的光。车站值班员只有在列车进站前一两分钟才来到站台上接车、发信号。

广播里一个毫无情感但并不令人讨厌的女声，反复播报着将要到达的车次以及将要进入的站台，每逢有晚点的列车次，总是先说对不起，然后才报告列车晚点。好像列车晚点的责任应该由她负似的。即使再急迫的旅客听到这种道歉也无法着急和抱怨。

当列车进站的时候，隆隆的声音把车站搞得热闹起来。但是听不见嘟嘟的哨子响、听不见老人孩子大呼小叫的喊声、看不见急促的脚步和拥挤的人流。一切都静静的，如同缓缓的溪流，安静得像个乖女孩，但能感觉到它在不停地向前走。

乌克兰　到基辅去（之二）列车

李永华

　　带了两个不大也不重的包上车，竟然出了一身汗。原因是这节国际车厢大概是为了将来挂、甩方便，挂在了车尾，而且凭票对号上车，其他的车厢不让上。所以只能放弃上车后再找车厢的主意，使劲跑到它停靠的地方。

　　按照习惯的想法，国际档次的软卧车厢应该是最高级、最先进的，至少应该比上世纪 90 年代初我乘坐过的北京到莫斯科的列车好一些。但是当我气喘吁吁地登上列车后，我看到的一切就像进入了科幻片里的时空隧道一样，一下把我带回到发生东方列车谋杀案的时代。暗淡的灯光下，过道里典型的东方地毯上，绣着叫不上名字的各色花、叶和几何图案，深紫红的底色泛出一种高贵和神秘，浅褐色的木版墙壁和银白色的门把手使整个环境更显得幽雅、古老。窗纱和窗帘都已经很旧了，但是看得出它们是很精致的。让人感到难受的是地毯上又铺了一条稍微窄一些的布，大概是为了减少行人对地毯的污染。这布有些脏，一付不能再洗干净的样子。像是小帆布或者早年国内乡下大娘自己制造的粗布，纹理糙糙的。它的作用让我想起过去许多家庭有过的"小床单"。那时大多数家庭没有客厅，来了客人就进卧室，坐在床沿上说话。虽说局促点，却显得亲切贴心。因此，很多人家为了保护需要花不少"布票"才能买到的大床单，就用一条窄花布做成"小床单"，把床沿常被人坐的地方保护起来。

　　房间的门是拉开式的，当房门打开便会像船闸一样把整个过道截成两段，影响他人通行。明显没有现在卧铺车厢的推拉式门方便。除了普通门的功能之外，包厢的门上还有一个常在美国电影中看到链式防盗栓，那种可以保证房间通气又安全的装置。如果挂上它，任凭列车员、乘警谁也休想把门打开。

　　卧铺房间里是单面的双层铺，而不是通常对面双排双层的那种因此一个包房只可以容下两个乘客。让人想起早先贵族们常使用的夫妻包厢。

　　床铺很厚重结实的样子，比通常见到的那种现代式的宽很多，不用担心会掉下去。铺面不是方便清洁的仿皮革面料，而是深紫色的丝绒面料。第二层吊铺的双镀铬吊链厚实别致，掂了一下好重。躺在这样的床铺上面，舒服之余会感到有

一种不可抗拒的力量拉着思绪向古时游荡……

铺对面靠窗的一端是一个很标准的扇形小桌。桌面是实木的可以打开，翻开桌面下面是一个水池！分别有冷热水开关。水池下面有一个小木柜，打开门以后里面的灯就亮了，那容积正好放两双鞋。小桌上面半米高处也挂有一个小吊柜，里面同样是有灯的。两层的空间里有些不同形状的环型支架和凹槽，一看就知道是放酒瓶和杯子的。

从小桌的一侧到门口是一个拉帘式的布质软衣橱，里面除了衣钩和挂衣服的架子之外，顶端还有一个放帽子用的平台。想来以前那些带着插有长羽毛帽子的上层女士们旅行起来真是够麻烦的。

床头灯旁边有一幅不大的古典油画，在床头灯的侧光下显得非常典雅。让人联想到设计者细致的匠心。细看却发现那画是如同挂历一样的印刷品。很想知道那里最初挂的是一幅什么油画作品，欣赏过那作品的又是怎样的一些人。

整节车厢两端各有一个卫生间，除了厕所整个车厢还有十个房间。其中一个是工作间，里面有茶炉和办公桌。两个列车员每人一个房间，真正供乘客使用的只有七间包厢，也就是说只能有十四名乘客。

列车服务员是两个快乐的年轻人，勤快而和善。列车开动不一会儿，便送来了"卧具"。与国内一样，包厢里本来就有毯子、褥子和枕头，所谓卧具不过是它们的套或罩。放下手里的东西，小伙子用不太熟练的捷克语客气地对我说，如果我有什么需要，他很高兴为我服务。他嗓音有些沙哑，摩登并且很有味道，听上去也很实在。

在欧洲，不仅是在卧铺车厢，就是普通列车也看不到列车员立正、敬礼、自我介绍、表决心等国内常见到的形式。更没有选举列车群众安全员，组织大家评选优秀列车员的活动。就连送开水、打扫卫生、整理行李架等基本工作也一律全免。大家对于列车员工作的认可和评价，都在各人认真维护公共卫生和对列车员的真诚、尊重和善意的交流之中默默表达了。

欧洲列车的另一个特点就是不报站名。无论白天黑夜，无论是列车广播还是列车员，谁都不报告将要到达的车站站名。开始乘坐欧洲的火车时，报不报站名对我都一样。后来就觉得不如国内随时报站名的习惯好。可仔细一想，不报站名大概也有不报的道理。一来欧洲人经常出门旅行，一般来说行程和时间都不会很长，有自己把握下车时间的习惯和可能；二来不报站名与欧洲人更加重视自律、自主的心理特点有关；另外，欧洲人的平均文化水平较高，车内安静、明亮、座位疏朗，他们喜欢在列车上阅读，不愿意被干扰、被打搅。列车不报站名让我闹过笑话。曾经有几次，我因为坐的位置不恰当，没有看到站牌而坐过了站。每逢坐回程车，列车员都示意不必补票，说坐回去就是。每次，我都被这种善意和信任所打动。素不相识的列车员凭着他的直觉，用他的正直与信任给你一种温暖，一种感动。使心底的正义、理解、善良得到很好的滋养，使人格尊严和言行自律获得绝妙的维护。

卧铺车厢的情况则不同，因为在下车之前，列车员要把车票还给乘客，等于通知乘客准备下车。这一点倒是和国内完全一样。

国际列车上的服务员提供茶、咖啡、烟。如此，我们喝绿茶的中国人便当不成他们的"客户"。于是找个借口唤来服务员，让他代我斟几次热水，给他些服务费。其实服务员也不光是为一点钱，而是希望得到一种眷顾与尊重。

乌克兰　到基辅去（之三）基辅

李永华

我们是早上 6 点左右到达基辅的，毕竟是 11 月底，天气很凉。我们凭借软卧车票，在车站"豪华"候车室的酒吧喝完奶咖啡加热兰姆酒，身上暖和了许多。

基辅火车站是近几年刚翻修的，很新也很气派。宽敞的门厅足有 20 米高，面向广场的一面是巨大的门窗。门大约有 3 米高，实木的，给人一种庄重、质朴的感觉。进门后面对的是链式升降电梯，两侧是电子布告牌和步行楼梯。电子布告牌下和大厅两侧都是票务或问讯等服务窗口。两侧窗口的上方是用水晶玻璃砖砌成的足有 10 米高的透光墙壁，水晶砖块之间的金属支架是金色的，在大厅中央那盏巨型水晶吊灯的辉映下，整面墙壁闪烁着柔和而优雅的光芒，显得沉稳而高贵。两侧水晶墙再向上各有四幅彩色壁画，是乌克兰最著名的八大建筑。东正教的风格、乌克兰的笔法、墨绿与淡紫的主色调，在射灯的照耀下，赫然洋溢着浓厚的民族色彩。穹顶是彩绘的，色彩朦胧而神秘，有种空灵、飘逸的感觉，与水晶吊灯、水晶墙和壁画浑然一体，显示出设计者的大气和不俗。

当人们有心情稍事休息时就会发现，距地面两米的空间，熙熙攘攘的人流，是天底下不知所以然的芸芸众生，埋头忙着各式各样的人间俗务。而 3 米之上则是完全艺术、精神的世界。人们可以在那绿色的"原野"里放牧自己的灵魂，让它沐浴着温暖的阳光与和煦的微风，徜徉在古老、高贵而美丽的时空里，暂时脱离尘世的紧张与喧嚣，得到内心片刻的安宁。

与利沃夫车站相似，大厅两端分别是普通和贵宾候车室，以及餐厅小卖铺之类的去处。这让我想起北京东站，也是大致相似的建筑格局。

电梯上来是横跨整个站台的宽阔天桥，天桥两侧是旅客通道，中间是各种各样、大小不一的商店。布局有些杂乱，装修风格、色彩搭配、灯光布置明显不一致，给人一种自由集市的感觉。

基辅的地铁站与火车站相临，不像捷克的地铁，与火车站连成一体。基辅地铁建造得很早，电梯大多有四道。电梯底下有专人守候着，根据人流情况决定开几路电梯。站在足有 100 米深的链式电梯上，听着巨大的隆隆声，顺着宽宽的通道往下沉，给人一种沉重的感觉。站台很高、很长也很宽阔。人少的时候显得有些空旷、肃穆。不像北京的地铁：浅，少有电梯，永远人头攒动。但是接近地面的部分与北京的地铁很相似，入口、门厅和地下过街桥显得有些狭窄，收票有专人看守。普通乘客要先买乘车牌，将牌投入检票机才放一个人进入，进入后不限时间。不像捷克地铁，一张普通交通票可以在90分钟内乘坐各种公共交通工具，并且只有不定时抽查车票的，没有检票的，进入地铁、上下电汽车靠自觉打票。只是对于逃票处理非常严厉，除课以25倍罚款之外，多次逃票者依刑法按盗窃罪处理。

多次听说过在奥地利和捷克有华人因为多次逃票而受到刑事处罚（一般为若干天有期徒刑，缓期一年执行并不真进监狱，一年之内不犯就算了事），第二年因为有了刑事犯罪污点，就得不到法院的未受刑事制裁证明，因而不能继续延期居住，被驱逐出境。

在地铁的入口处和过街地下通道有许多无照摊贩随意摆着地摊。卖花的、卖烟的、卖书报的、卖瓜子花生小食品的……乱七八糟的一片。市场管理人员、警察一来，立刻作鸟兽散。使那些从静静的地铁里刚出来的人刹那间眼花缭乱地感到不适应，感到拥挤混乱。

在比较偏僻的楼梯处，一位看上去很有修养的老者在投入地吹着单簧管，听来令人感到美得舒服又牵肠挂肚。他面前的乐器盒里，零星有几枚铜币。

按照朋友的建议，我们乘旅游大巴士环游基辅。穿过基辅的第聂伯河很宽阔。由于初冬的原因，显得些许寂寥和沉闷。几座大桥气势恢宏地横跨在河上，远望近看都堪称壮观。与布拉格玲珑秀美的古桥相比，给人以开阔疏朗的感觉。

在城市的中心，很多地方立着高高的塔吊，马路两侧也常见到挖开安装修理的坑穴。已经建好的不多的几幢高层建筑，突兀地立在一片灰暗的古老街巷之间，如同穿了西装却配了条短脚裤一样，让人觉得有些扎眼。望着这些怪怪的庞然大物，我真心地为乌克兰的经济复苏高兴，但无论如何发不出由衷的赞叹。看来国家的经济状况并不仅仅决定于机遇和时代，还离不开执政者的品位和修养。

我是第一次到基辅来，却看着几个景点面熟。尤其是典型的东正教特有的，闪着富贵而威严光芒的荸荠型房顶，最是过目难忘。仔细一想，是在车站的壁画上见过的。

在圣索菲亚大教堂和安德烈·拜尔沃兹万尼大教堂之间的广场上，有两座看上去很普通的三层建筑，朋友说右边的一座是警察局和监狱。正奇怪为什么在城

市中心设置监狱，朋友告诉我，监狱在第五层地下室里！那里自古就是关押重犯的地方，直到现在！地下五层真可以说是地狱了。虽然比起中国的十八层地狱来还差很多，但是毕竟这是真正暗无天日的地下监狱。

朋友又指着左边一幢说，这边有好几家富人商店，卖的全部都是名牌服装。他见到过一件缀有钻石的长裙，当时一看价格就吓了一跳，标价 13000 美元！要知道，我们利沃夫乡下的一个售货员每个月才拿 25 美元哦！

来乌克兰之前，曾经听说这里贫富悬殊，两极分化严重，看来绝非讹传。自然我不想去验证有没有 13000 美元的裙子。只是禁不住想，传说到最后审判时才有天堂与地狱的选择和驱遣，没想到在这样两幢外形没有多大区别的建筑之间便是天堂与地狱了。是天神故意这样安排给人类看的，还是人类自己无意中阴差阳错地放到了一起呢？

沃娜海涅修女院是旅程的最后一个景点。身着黑衣的修女们像影子一样滑来滑去，走路、说话都几乎听不见声响。她们步履匆匆、目不斜视。给人的感觉是对于世尘的诱惑充满恐惧，而不是那种看破红尘、青云独步的洒脱、坦然与轻松。高高的常青树差不多遮蔽了本来就黑透了的天空，只有小教堂的深色门里透出暖色调的光束。

小教堂是开放式的。不高，里面的空间也不大。与捷克的乡村小教堂不同的是它四周的墙面上，几乎从顶棚一直到地板全都挂满了信徒赠与的各种圣人画像，其中最多的是圣母玛利亚和她的儿子耶稣的画。或许是香火过于旺盛的缘故，（奇怪，在天主教和耶稣教的教堂里看到更多的是蜡烛，而在这里却看到与佛教相似的贡香。）高处的画经过多年的烟雾熏染，已经有些模糊不清了。不断的人流出出进进，卖贡香、贡蜡的年轻修女额上已经有细密的汗珠沁出。在捷克我曾经多次陪别人进教堂。那里门口有募捐箱，在做弥撒的过程中还有拿着绑有木杆的网兜（真的网兜，中国大陆老头捞鱼虫的那种）远远伸过来收"人事"的。就那么明明白白的要钱，从来没见过上香的。在我看来，虽然燃香浪费，还是比直愣愣地向人要钱显得温和与自愿。

基辅给我的整体印象是辽阔、大气。犹如一位历史老人，正注视着乌克兰的崛起。

站在城市的高处，看着基辅那不凡的广场、教堂、公路、桥梁和湍湍的河流，不禁感叹：有这样胸襟和气魄的民族，必定不会是一个自甘沉落的民族。

苏俄 清秋望不极

郭莹

西伯利亚火车六夜

苏联刚解体后的 1993 年 2 月，我曾乘六天六夜的北京——莫斯科火车探访俄国。数月的俄罗斯生活经历，体验到前苏联总统戈尔巴乔夫的名言："七十年的苏联共产主义历史，令我们落后到世界文明的末端。"当时的新俄罗斯满目疮痍、百废待兴，显得十分惨淡。

2009 年秋天故地重游，见证俄式十多年改革开放的硕果。

从北京站一上火车照搬当年经验，立马进贡俄国列车员一袋茉莉花茶和一副玉手镯。头等车厢卫生间里淋浴喷头放喷热水，女列车员娜塔莎只好给了我一个中国大铝缸作为淋浴工具。隔壁俄国倒爷包了三个包厢做货仓，全是童装和牛仔裤，一路都忙着在过道上理货。记得当年此趟列车是火爆的流动中国货车，曾一票难求。那时中国倒爷们沿路开窗售卖羽绒服、皮夹克、牛仔裤。1993 年 2 月当我乘的车晚点九个小时抵达西伯利亚一个小站时，深夜 2 点的站台上，黑压压一片等待购物的俄国人群伫立于冰天雪地之中，安静肃穆得令中国人咋舌。俄国人为自己、家人、邻居购买当时商店里短缺的服装，据说有些俄国人开车十多个小时赶来抢购，若错过了此趟车就要再等一个星期。眼下此趟列车再不见中国倒爷，再不见俄国人追赶着启动的列车眼巴巴地翘首中国人抛下皮衣。

第二天清早 7 点，火车经中国边界满洲里后抵达俄罗斯境内。由于中俄铁轨宽度不同，下车等换车轮的 3 个小时。我们去西伯利亚边陲小镇溜达。碰到街头卖菜的东北大姐换了卢布，400 卢布换 100 元人民币。事后听两位在乌兰乌德学芭蕾舞的深圳女孩说，在满洲里 450 卢布换 100 元人民币，常跑此线者都在满洲里换。俄边界小镇狂风肆虐、飞沙走石，如同北京的六七级大风。行走在沙石土路上，感受到流放西伯利亚的滋味。前苏联持不同政见者萨哈罗夫回忆录里提到，他在西伯利亚被拘禁六年，期间不许与任何人交谈。终于一天通知他接电话，电话里传来前苏联总统戈尔巴乔夫的声音："现在你自由了。"小镇中心石阶上，俄罗斯老妇贩卖一双旧鞋及一袋自家后院产的西红柿，旁边是几本旧书摊以及售

卖三五件毛织品的妇女，老妇们都戴着电影里见过的俄式包头巾。镇上冷清荒凉，店铺寒酸简陋，粗犷原始的白桦木门似数百年古董。迎面遇见一个十一二岁的男童，脚上的黑皮鞋似曾相识，想起了小时候看的小人书《我的大学》中高尔基外祖父穿的鞋。西伯利亚火车之行，经过去索尔仁尼琴《古拉格群岛》的悲情中转站塔什特（Tayshet）。当年的流放者在此站换车，向东前往惨无人道的劳改营，过了此站真是"西出阳关无故人"，多少条生命从此有去无回。今天广袤的西伯利亚仍旧天苍苍、野茫茫，俄式木屋菜园里最流行的是洋白菜和土豆，可见西伯利亚人自给自足的田园生活。深秋金黄、绛红相间的白桦树林及墨绿的沼泽令人想起《齐瓦哥医生》中出没的游击队，"生活——在我的个别事件中如何转为艺术现实，而这个现实又如何从命运与经历之中诞生出来。"《齐瓦哥医生》的作者帕斯捷尔纳克如是说。秋明站之后，我们的车厢只剩下我和先生以及一位港男，另一节头等舱只有一位法国人和一位比利时人，三节头等舱共五位乘客。俄国餐车质次价高无人问津（我们用过一餐后再不光顾），次日餐车关闭。每停一站乘客就涌到小卖亭补充干粮，车行俄国境内两天后，站台上开始有俄国妇女兜售自家食品，一袋黄瓜、西红柿和香肠。火车在塔什特站只停留两分钟，当娜塔莎打开车门的一刹那，七八位年轻美丽的俄国娜塔莎们手举着熏鱼涌到车门，探着头争先恐后地将货物摊在乘客脚下叫卖。对比之下，西伯利亚老太摊贩恐怕是世界上最用功的儒商，老太坐在行李货车旁，架着眼镜静静地阅读文学作品，完全不瞄顾客，也不叫卖。

莫斯科五夜

六天六夜后的傍晚，我们抵达莫斯科亚罗斯拉夫斯基车站。一俄汉凑上来，从裤兜里掏出的士证要我们跟他出站，的士车前一位似黑社会老大的人开口要50美元车资，我还价30美元，他坚持35美元，上车后没开多远司机比划着要再加5美元，先生担心若不给恐怕他会当即撂下我们，先前付的35美元也打了水漂，我晃悠着5美元坚持到了酒店再付。车臣司机绕来绕去，我们越看越可疑，终于趁司机下车打听道时决定逃跑。下车即发现车顶的出租车标志失踪，打开行李厢见炮制的假出租车牌躺在角落。路旁恰好停着一辆警车，车臣司机转回来要求5美元，我拒绝并向他指指警车，他看到警车仓皇而逃。记得1993年时，俄罗斯警察对车臣人格外凶狠。我们托着行李询问路旁一对莫斯科情侣，对方热情地领我们走街串巷来到酒店。先生请年轻人进来喝酒，他们客气道："你们刚到一定累了，需要休息。"

莫斯科故地重游，红场旁多了兜售旅游纪念品的摊贩。新版旅游画上，列宁一手叉腰，一手举着可口可乐；斯大林举着美元挥手。一对装扮成列宁和斯大林的表演者忙着与游客合影，收费 5 美元。

圣彼得堡五夜

乘夜车去圣彼得堡。同车厢的莫斯科人安德烈曾是中学历史教师，苏联解体后下海做生意，生产工业用的传送带，成为新俄罗斯市场经济下先富起来的一部分。午夜时安德烈请先生去餐车喝伏特加，其格言是："伏特加是哲学。"清早5 点半抵圣彼得堡，这次学乖了先预约了万豪酒店的车接站，价钱仍旧是 1000 卢布，虽贵但得到了有保障的服务。

酒店房间未收拾好，我们去涅瓦河岸边欣赏黎明日出。清早七八点钟街道上居然找不到一家营业的咖啡馆可以吃早餐，酒店的早餐是 700 卢布一位（30 卢布换 1 美元）。1993 年时一位俄国教授的月工资是 10 美元，讲师只有 5 美元。酒店前台通知中午可能有房，先生生气了要求见经理，会哭的孩子有奶吃，当即升级到商务间。1993 年光顾圣彼得堡时觉得它比莫斯科美，今天看来却是相反的印象。莫斯科处处修整一新，而眼前老帝国首都许多房屋仍是十多年前破败的模样，仅冬宫粉刷一新，还有俄式洋葱头教堂漆得金碧辉煌。

圣彼得堡地铁票也比莫斯科便宜 2 卢布，20 卢布一张。涅瓦河畔万豪酒店是前帝俄建筑，旅游过一些东欧国家发现，许多前帝国时代保护级的辉煌建筑，如今都被西方公司占据着。酒店附近有家中餐馆名曰"人人楼"经理是山东人，经理说俄国目前下岗者多，卢布贬值。卢布辉煌时曾 22 卢布换 1 美元，2008 年惨淡到 38 卢布换 1 美元。整天在涅瓦大街上荡来荡去，感觉商品比莫斯科便宜。典雅古建筑的百货公司里周末顾客稀落，购物者更少。中餐馆经理说圣彼得堡人就在超市买点面包、香肠度日。圣彼得堡街头的餐馆也不如莫斯科精致。常光顾一间莫斯科马雅可夫斯基剧院咖啡馆，原帝国建筑改造成半帝俄、半法王朝风格，令人恍惚置身前朝《战争与和平》和《安娜·卡列尼娜》场景。

傍晚冬宫广场上十几个皮衣青少年飙着摩托车取乐，个个衣着光鲜时尚。遥想 1993 年，中国朋友当街遭遇俄国青年持刀抢劫皮夹克，报案时俄警察叹息道：

仅冬宫粉刷一新还有俄式洋葱头教堂漆得金碧辉煌。（郭莹 摄）

"眼下俄国人道德沦丧，旧体制、旧道德一夜间摧毁，新秩序尚未建立，俄国人的道德处于真空状态。"

眼下，俄罗斯真是翻天覆地了！

苏俄 加里宁格勒

李寒曦

昨夜我梦见波罗的海的海水，

搭起高高的波涛的楼梯，

想要摘下天空那秋季的月亮。

18 世纪德国古典哲学奠基人，伟大的百科全书式学者伊曼纽尔·康定斯基德的诗没有一点晦涩，直白而清晰，像一幅画印在我少年的印象里。几十年间，海的楼梯、头顶上的星空和心中的道德律一起，让我越来越强烈地期待着对那个生长了康定斯基德、哥德巴赫、希尔伯特，和以"七桥问题"的论证，开创了数学史上著名"拓扑学"的数学家欧拉的哥尼斯堡的探访。

2010 年放假十天。朋友思维塔和我从莫斯科舍列梅季耶夫 1 号机场出发，1

加里宁格勒风光。（李寒曦 摄）

小时 40 分钟后，飞机稳稳地降落在加里宁格勒机场。免了陆地立陶宛和波兰的签证。当晚下榻陇岗上的加里宁格勒饭店。旅游淡季，一个标准间 1900 卢布，合 60 美元。屋里灯光柔和，弥漫着温暖和松木的幽香。从九楼的大玻璃窗前居高临下，欣赏蓝天白云下远处气势恢宏的霍理士顿升天大教堂闪光的金色穹顶，它不像俄国内地的洋葱头，也没有鲜艳的色彩。眼前的民宅多是三四层的老式建筑，高楼不多，错落有致。厚厚的白雪，像奶油蛋糕覆盖着屋顶和车顶。小区里偶尔有行人或推着童车的年轻女人，人们的步履显然不像莫斯科那样永远匆匆忙忙。几只鸟儿在屋顶上低低盘旋，天寒地冻应该只有乌鸦和鸽子。

"海鸥！"思维塔一阵欢呼。可不是已在窗外，有的翅膀拍打着窗框，没等站稳却又展翅离去。我只在昆明翠湖见过贝加尔湖戴脚环标记的红嘴鸥，而从我们头上掠过的却是白肚皮、淡灰色长羽翼、黄嘴的海鸥。一只接一只，在夕照的微光里编织着大海精灵的翅膀。

幽暗笼罩了大地，只见天幕下工厂烟囱的一缕白烟在天空飘荡。立在胜利广场（原名阿道夫·弗里德里希广场）纪念塔的塔顶发出顶殷红而神秘的光，使整个塔柱半透明，能看见基座的红砖碑体。

750 年哥尼斯堡经历了不平凡的历史。由条顿骑士团建立于普列格利亚河口，为了纪念与骑士团一起参加十字军东征的波西米亚国王而得名，意即"国王山"。1772 年成为东普鲁士王国的首都，分为老城和新城。在人类的争斗中哥尼斯堡数易其主，二战后按"波茨坦协议"划归苏联，时值苏联部长会议主席加里宁逝世而更名为加里宁格勒。1990 年苏联解体，各加盟共和国独立而与本土相隔了波兰和立陶宛。它是俄罗斯最西部的领土是通向欧洲和世界的窗口。

汽车转弯抹角地缓缓走在风格各异的桥上，就像信步于江南的水乡画廊，驶向小岛中心的康定斯基德墓。思维塔指指车窗外闪着白光的冰河告诉我，那就是普列戈利亚。我们正走在著名的"七桥"上，像所有人一样，永远不可能把架在两条支流之间，连接小岛的七座桥不重复地一遍走完。

1 月的清晨，带纹饰的黑色大铁门内，宽大的石板院子结满薄冰。光秃秃的树，空无一人。严寒罩在哥特式大教堂的尖顶和红砖墙上，愈显肃穆和庄严。生于哥尼斯堡，葬于哥尼斯堡，八十年从未离开过故乡一步，伟大的哥尼斯堡之子康定斯基德之墓就在大教堂北边的墙外。高大的方形石柱，厚重的石墙，同样方正朴素的暗红色花岗岩墓顶上写着：

伊曼纽尔·康定斯基德（1724-1804）

墓志铭

那最神圣恒久而又日新月异的，

那最使我们感到惊奇和震撼的两件东西，

是天上的星空和我们心中的道德律。

诗人们在众石像间绕行，

他们被光芒融化，

他们赞美和歌唱。

我只看到了星空和它的黑暗，

我没有被光芒融化，

我没有赞美和歌唱，

我浑身战栗。

哥尼斯堡大教堂顶端的避雷针，

让众多闪电从自己身上经过，

好像我安静的生活。

是的，他没有被光芒融化，他没有赞美和歌唱，他在这里写了大量关于哲学、美学、道德、国家与法、天文学等诸多论题的著作。他关于太阳系起源学说，被恩格斯誉为"从哥白尼以来天文学取得的最大的进步""是在形而上学思维方式的观念上打开了第一缺口""标志着一切继续进步的起点"。在哲学史上，他是第一个系统分析认识能动性的哲学家。他的《三大批判》是人类思想宝库中不朽的瑰宝。

我想知道，215.7平方千米的偏远小城，何以充满着德国式的深邃思想和精神源泉，密集出现了如此众多在世界科学史上举足轻重的人物？土地、人文、德意志精神？或是文友谢盛友先生在《德国天才是怎样炼成的？》一文中的观点，

海边的琥珀城博物馆。（李寒曦 摄）

再或许是各个国家、各个民族的文化在这里交汇的缘故。

博物馆不开门，12 点的飞机，告辞了！我同样惦念着琥珀，她为何兼具光华、美丽、温润、沉静、内涵？加里宁格勒的琥珀驰名全球，储量占世界总量的90%，于是我们向海边的琥珀城博物馆驶去。道路两旁屹立着庄严的橡树和菩提，这些道路曾经通往普鲁士官僚们精致万分的庄园。如今空无人迹，房倒壁塌。天很冷，路面结冰，乌云压着道边的破楼和门窗，一个多小时才到。穿过一个小镇，阒无人迹，只有飘飘扬扬的雪花。博物馆外唯一一个系毛围巾的女人，冷清清地守着她品种不少的琥珀店。50 米外径直走上几台石阶，一座造型别致的红顶石墙的德式建筑。

有人开门迎接了我们，这是俄罗斯最著名的琥珀博物馆。推开第三道厚重的橡木门，宽大的展厅里突然一片光华。像阿里巴巴藏宝洞，稀世琥珀极尽华美高贵的展现在面前，让人惊叹不已。壁上的琥珀名画，从春夏秋冬俄罗斯的自然风光到花鸟草虫，古往今来的名人，静物……除了名画的特征以外，更有琥珀柔和、光亮、润泽等特点。十几个高大的展柜里陈列着各种饰品，原石，雕刻和三千多件内含苍蝇、蚊子、蚂蚁等昆虫的珍贵的虫珀，令人目不暇接。

一只蜘蛛多足伸开，爬在鹅蛋大小，橙黄色透明细润的原石里，口中还衔着一只正在挣扎的蚊子，连脚上的毛都清清楚楚。周围有很多大大小小，清晰如生的蚊虫，漂亮的树叶。它们都保存完整。那些扬帆待航的船，似乎还散发着香味的玫瑰和百合。哥尼斯堡的教堂及民居、水手、农民、国王……工艺巧夺天工。地下室一根镶满珠宝琥珀的哥尼斯堡国王的手杖。一个小乐队的 15 名乐手，弹钢琴的、指挥的、拉小提琴的，简直就是缩小了比例的真人。列为世界八大奇迹之一的琥珀办公室，由 22 个大小不同琥珀墙面组成。1716 年普鲁士国王将这个琥珀办公室赠送给彼得大帝。伊丽莎白女王命令将它的复制品运往皇村，以后为著名的叶卡捷琳娜宫琥珀厅。1941 年德国纳粹占领皇村，1942 年将琥珀厅运往哥尼斯堡展览。1945 年初再次展出后琥珀厅即销声匿迹，至今下落不明。琥珀是活化石，是半宝石。

五十多岁的琥珀专家阿列克桑德拉维奇介绍。白垩纪时期,这里是一片汪洋,大水退去后留下的水洼成了波罗的海。5000 万年前，这一带曾是一片茂密的森林，由于一时气候变暖，促使松树分泌出大量树脂，树脂落地后聚积在一起并黏裹住周围的昆虫、植物及动物毛发。

而后，天气突然转冷，随着冰川时期的到来，汹涌而至的海水吞噬了凝固的树脂。数千万年的演化，它们终于变成了琥珀。

我买了一些琥珀饰物，手链、玫瑰花形项链、戒指，和可入药安神镇惊的珀末。放在手里，我知道了中世纪贵族为什么如此珍爱琥珀。

车沿着硬滑的路转两个弯慢慢下到坡底，但见白茫茫一片雪原，两面靠山，周围几间小屋，看得出这是一个停车场。小屋就是零星的琥珀加工厂，再下去是海滨浴场，夏天必定白鸥逐浪，笑语欢声。此时，除了车里的思维塔和司机外，天和地之间只有我一人，海和天之间也只有我一人。如此渺小，又如此巨大。我站在亿万年前的瀚海中，我站在千万年前的莽林里。我听见自己剧烈的心跳，我的血液在身体里沸腾。西北风浩荡万里，凌厉如割。风声中夹着勇士的呐喊，也夹着哥尼斯堡夷为平地时母亲和孩子的呼号。波罗的海怒吼着，黑色的海水翻起滔天巨浪。海中腾起闪电，波塞冬的神戟直插云天，海水随之冲上九霄，那是康定斯基德梦中的塔，镶满了小人鱼的眼泪。那是远古的信息，那是哥尼斯堡辉煌的过去，那是战争贪欲和残忍的记忆，那是活着的宝石琥珀。

昨夜我梦见波罗的海的海水，
搭起高高的波涛的楼梯，
想要摘下天空那秋季的月亮。
在星夜里我仰望银河幽暗，
但是一旦我的目光与它相遇，
我就分辨不出，
看到的是它的脸还是我的面庞。

飞机该起飞了。别了！哥尼斯堡。

第三篇

Western Europe
西 欧

荷兰·比利时·卢森堡·英国·法国

荷兰 一个书的城市——荷兰戴芬特

丘彦明

艾塞河（Rivier de Ijssel）自戴芬特（Deventer）城边蜿蜒流经，自城外白色拱形铁桥上向城市眺望，一段厚实的古城墙，数重层叠的红瓦屋顶簇拥着高塔耸立的中心教堂，一幅典雅庄重的中世纪城市景观。戴芬特 8 世纪时已经建城，属荷兰最古老的城市之一。

戴芬特 8 世纪时已经建城，属荷兰最古老的城市之一。（丘彦明 摄）

第一次造访，走进城中心便立刻爱上了这座小城。狭窄街道铺设的石头或红砖路面，长年累月被来来往往的脚印磨蹭出明显的凹陷，油光滑亮。一家家小店铺保持着历史的面貌，百年老店的陈设温馨而不沧桑。一幢幢古老建筑在大街小巷里自然自在地耸立，过去一千多年如此，现在如此，想必将来数百年也仍会如此，让人冥生地老天荒的坚信与感动。

一幢老建筑前立着"旧书市场"的广告牌，信步而入。挑高宽敞的大厅，整齐排列了几条书摊，大约近百个摊位。书籍呈黄褐色调，照明的灯盏泛散柔黄的光亮。室内明明充满了人，却安静极了，似乎只剩下翻书的细微声音。卖书的书贩和淘书的顾客各自埋首书丛，空气中浮游老旧纸张的特殊气味，令我心摇神驰。

小城咖啡馆的布置，大部分以老书作为装潢，各具风格。书本穿插在各种酒罐之中、夹杂在吧台与座位之间，一长遛书架在靠墙椅背之上……书本在谈话与香烟的缭绕间朦朦胧胧，在此连书都成了蓝领、白领阶层情调的催化剂。坐在咖啡馆里，饮啜浓郁香醇的热咖啡，品尝本地特产的"戴芬特饼干"，欣赏书本构成的室内装饰，再来杯小酒，人越发慵懒，只想永远坐下去，沉浸于虚幻的文学想象与现实的口腹享受之间。

从此常带朋友同游戴芬特。且因为书的缘故，积极加入了赶"书市集"（boeken markt）的行列，几乎每年定时必来这里。

印象最深是2005年，8月初接连几日荷兰天空低沉而阴霾，每天要下好几场大雨。我心里嘀咕7日星期天一年一度的戴芬特书市集怕要狼狈冷清了。岂料，一大早居然蓝天白云，惊喜之余赶紧开车奔去。一个小时的车程，随着距离的缩短，蓝天逐渐远去，灰云、黑云不留情地飘飞过来，焦虑骤增却无能为力，临近城边硬是下起了倾盆大雨。身穿雨衣，手中拎伞忧焚地往书市集方向走去，及见火车站、公车站不停涌出一波接一波的人潮时，方才放下心来。再行至市中心广场，虽然书市方才开张半小时，几长条篷摊下已满是寻书的点点人头。这日，虽然多半蓝天白云，却时不时来场狂风暴雨，可是逛书的人们既不惊也不慌，沉着地让自己避开风打雨淋，而后继续找书、览书。立于书丛间，爱书的人心中便是书，天气与书无关！

1477年，理查德·帕夫福埃特（Richard Paffraet）在戴芬特尔城以新式书籍印刷工艺印制出了第一本书，使小城在15世纪末成为荷兰最重要的印刷中心，书与城市交织出紧密的关联。基于印刷、出版的古老传统，戴芬特市政府决定举办"书市集"活动，加深城市的文化气息。1988年，邀约一百名荷兰书商，在8月的第一个星期日沿着艾塞河畔摆开书摊，吸引来了大量爱书人。此次活动既成功又轰动，从此"书市集"成了城市固定的标志。年复一年，登记参加市集的书商越来越多，每年总有几十家列在补位名单之上，总是供不应求！堪称欧洲最大的露天书市。

艾塞河畔的道路两侧搭架起衔接不断的篷摊，鳞次栉比长达约 6000 米，从代芬持城市中心广场延展到河边，沿河又绕着古老街道转回广场。书市近达 900 个摊位，每个摊板上皆迭落着一本一本的书籍，极目所见除了书还是书，除了人还是人。从上午 10 点开始直至下午 5 点 30 分收摊，各地的书商、出版人、图书馆负责人、古董商、爱书人会聚于此，大约有十二万人冲着这个"书市集"而来。明明人群摩肩接踵，却不喧闹。人们提着空手提袋、背着空背包、推着行李箱、拉着买菜车、边走边寻找合乎自己心意的书摊，或站在书摊旁低头翻找书籍阅览，一些买到书的人迫不及待站在路中央、坐在河边栏杆上，忘神读将起来。恬静而典雅的书香气氛，随着人潮在戴芬特城内流动。不曾见过如此这般风格高贵的市集，一张张望书成痴的面容，动人极了。

在戴芬特的拉丁学校内见到书市集服务中心主席安乔·德·庞特（Anjo de Bont），没料到是位年轻美貌的女子。安乔自信、明快又热情，活动前一日率领着三十名工作人员完成一切部署。活动当日加上警力与救护人员，一共七八十人就把事情全部承揽了，工作效率高超。筹办这么一天的书市集活动需要 6 万欧元的经费，每个书摊只收取 45 欧元的低廉承租费，剩余开销由市政府补助。当然，活动另有赞助单位，克鲁威尔出版社（Kluwer）负责广邀作家参与，并举办诗朗诵晚会及相关展览活动。维特芬·伯斯（Witteveen Bos）赞助帐篷。他约三十家小赞助者，如铁路局今年提供免费纸袋给购书者使用；教堂开放给大家免费休息，喝咖啡等。书市集上没有私人卖书，全是来自德国、比利时与荷兰各地的书商，展示书类没有规定限制，但求高质量。书籍有新、有老，有儿童读物、青年读物，以及各类专业书籍。价格从几角钱至几百上千元不等。安乔参与书市集的筹办工作已有十多年了，问她最难忘的事，她不假思索笑答："气氛啊！多静美的气氛啊！"是啊，整日我随意寻问路人对书市的感想，无不微笑满意地说："气氛太棒了！"

尤斯·巴德考浦（Jos Paardekooper）是一位作家，也是一位书籍收藏家。书市集一开张他就开始寻宝，四小时后从一堆旧书中抽出一本书脊空白的薄书，竟是扬·艾门斯（Jan Emmens）的诗集。艾门斯 1974 年自杀，一生出版过三本诗集，每本印量均没超过一百本。巴德考浦拥有艾门斯的两本诗集，一直买不到第三本，在网上不断寻求也无下落。谁知今天花 10 欧元便遂了心愿，乐得合不拢嘴。

五年前巴德考浦在书市集上看到一本描写荷兰与西班牙战争的历史书，作者是彼得·柯瑞利斯·厚夫特（Peter Correlis Hooft）。这位与林布兰特同时代的史学家，是第一位以客观的角度来书写两国战争的史学家。除此他还是一位非常重要的作家，至今荷兰仍以他的名字颁赠文学奖。书的外皮肮脏略有些破损，巴德考浦翻看扉页，印着1637年第一版，标价90荷兰盾（约40欧元）。他不动声色地离开，打电话给莱登大学的一位朋友询问此书的价值，朋友道："全世界只留存三十本第一版，是天价你买不起。"放下电话，巴德考浦走回书摊讲价，以80荷盾（约36欧元）拥有了这本经典之作。

整天不停歇的逛书摊，不知道累更没想到要休息，只希望能把喜欢的书全数摸过一遍。我们的运气很好，市集收摊时，恰巧遇到一家书商临时起意出清展书，一个40×25×20厘米的纸盒装满书收费8欧元，装满一35×35厘米的布口袋收费3欧元。唐效与我拿到一只布口袋往里面塞满了十多本园艺、室内布置与旅行类书籍，仿佛从圣诞老人那儿得了一大袋礼物。

我是书迷，家中藏书数千本，不少是作家朋友的签名赠书，一直视为珍宝。除了爱读书，由于担任过编辑，这些年在戴芬特书市集，看到许多帧装特殊的书、插图精美的书、西方著名文学家的老书、画家画册、音乐家乐谱……均爱不释手，恨不能都买回家。唐效只好紧盯着监视，最后终于经不住我苦苦哀求，勉强让我买了几本百年老书，略略满足一下购书欲。至今在戴芬特书市集里我最大的一笔购书交易是花上百欧元买了一套第一版的《梵高的书信》。每次在家中翻阅时，老纸的柔美质感，印刷精致的彩色浮贴插图，都让我既感动又享受。

逛戴芬特书市集，看书、买书的故事不断重复却永不厌倦，仿佛固定的祭祀一般。曾问一位久居戴芬特的老华侨关于书市的盛景，他轻描淡写地回答我："哦！是啊，每年夏天都有一天很多人在河边晒书，好几里路长，一晒就是一天，都是很旧的书，不晒是会生虫的。"我不禁莞尔，另一类平民百姓的晒书意象，对书的珍惜也挺美的。

比利时、卢森堡　寻找历史的影子

池元莲

先生和我都对第二次世界大战的历史很感兴趣，这次到阿顿尼森林（Ardennes）就是要到那里去寻找历史的影子。

早在从丹麦出发之前，我们在家里就已经决定，到了阿顿尼森林山区，要停留在一个名叫拉罗斯（La Roche）的小城。在该城一定要住在一间名叫根尼特之家的旅馆，把它作为大本营，每天出发到附近各处观看景点。当我们到了拉罗斯才发现，原来它是一个仅有三四千人的小镇，高踞在一个山头。我们的车沿着窄窄的山路来回兜了好几趟，我才忽然眼睛一亮，见到一条陡峭的小山路处竖着一块小小的白色牌子，上面写着"根尼特之家"。于是我们赶快开车上去。

根尼特之家孤芳自赏地伫立在山顶上，外观精致，娇小玲珑，神采悦目，让人一见便喜欢。旅馆主人亲自出来迎客。他对我们说，住他的旅馆有一个条件，就是客人一定要回到旅馆吃晚餐。

我们便告诉他，我们本就是慕名旅馆的美食而来投宿的。因为在丹麦我们曾经看到一位旅游记者在报上写的文章，大加称赞他家餐厅的菜肴精美不凡，尤其是他家的鱼最值得吃，是当天从山下打捞上来的。

根尼特先生听到他的小旅馆的声誉竟然传到老远的丹麦，开心得满脸笑容，话匣子就此打开。他是在巴黎受训的厨师，和妻子一起买下这栋位于卢森堡与比利时边界的山顶大房，并改建为家庭旅馆。晚上他自己下厨烧菜，由他的太太负责照顾餐厅。旅馆的生意非常好，客人来自欧美各地，在夏天旅游旺季时必先预订房间不可。

在旅馆的阳台上可以鸟瞰山下的一切。一条小河绕着山脚弯曲流去，一些简朴的房舍傍河而立。镇里静幽幽的，不见有人来车往，其他的房舍则零零碎碎地散落在山坡的岩石和树丛间。从山头放眼望去，葱茏的阿顿尼森林随着起伏的山峦向天际蔓延伸展。

可能是心理作用，在我的眼中，那像漫无止境似的茂密森林透着一种阴森的气氛，好像随时随刻要把寄生在它身上的拉罗斯小镇吞没掉。我脑海里浮起这样的想象：阿顿尼森林隐藏着一个惨烈的血腥故事，希望不再为后人所知；可恶的是拉罗斯这个曾经身历其境的目击者，却偏偏要攀吊在山边，做历史的提醒者。

我们首先要做的是到森林去寻找历史的影子。森林里古木参天、林冠郁密、幽深阴暗，我漫步其中，最深最强的印象是这里好寂静！我低头看着脚下的土地，不时举头环顾四周的大树，心里不断想着，脚下的沉默土地曾经吸收了多少战士的热血！周遭的无言大树曾经听到过多少伤亡战士的呻吟哀呼！曾经目睹多少血气方刚的生命在临终时的惊惶神色！

那是发生在很久以前的事了。在1944年的冬天，第二次世界大战在欧洲已接近尾声，早已在诺曼底登陆的联军逼近德国本土的西边。当时联军低估了德军的军力，认为后者已经到了最后的田地，严重缺乏士兵、军火、汽油、坦克车，不可能再闹出大麻烦。尤其是那段延伸在法国、比利时和卢森堡边界的阿顿尼森林高原的战线，地形险峻，最不适于坦克作战，德军不可能在那里出现。

可是，德军就偏偏选择阿顿尼森林山区为孤注一掷的反攻地点。他们把别的战线上的剩余精兵、坦克等都转移到那里，行军工作进行紧密，联军一无所知。那年的冬天是欧洲有史以来最寒冷的冬天之一，阿顿尼森林被厚厚的白雪覆盖着，森林里鸦雀无声，寂静得连雪块从树枝上掉下来也听得到。德军就埋伏在寂静的森林里。

在12月6日清晨五点半，寂静无声的森林突然像火山爆发般响起来、亮起来、动起来。德军的炮火把漆黑的天空变成烈焰滚滚的火海，山崩地裂似的炮声响个不绝，德军的坦克和士兵从黑黝黝的森林里涌出来。

第二次世界大战规模最庞大的战役由此展开。在战役的初期，凶猛攻击的德军占上风，突破联军战线，使战场的形势变得像一个从平面凸出来的膨胀包子，这场战役也就因此得名："凸出之战"（Battle of the Bulge）。到了战役后期，美国名将巴顿（Patton）领着他的精锐部队第三军团，投入战役，才把德军压退回德国本土。

参与这场战役的士兵一共有一百三十万，美军和德军各半。他们在积雪和泥泞混杂的大地上作你死我活、我生你灭的龙虎之斗，进退厮杀，演出名副其实的血流成河、尸横遍野、白雪染红的战场惨景。当为期一个多月的战役结束时，双方的伤亡惨重。美军失去八万多名的士兵，德军的伤亡人数在十万以上。

在半个多世纪后的今天，阿顿尼森林又是一片寂静。但野蛮的战争在森林中的昔日战场留下了哀伤的影子，缥缈在沉默的土地和无言的古树之间。

当年，拉罗斯小镇因位于行军路上，地势居高临河，被美军选为筑路障之地，受到炮火的攻击，变成一堆断垣残壁的废墟。（我还买了一张废墟明信片做纪念。）今天，拉罗斯已恢复故貌，安宁平静，只是附近兴建了数间历史博物馆。

在数间博物馆中，我最喜欢的是"巴士当历史中心"。它的规模很大，展览数据丰富，而最令我欣赏的是博物馆完全用客观的态度展示历史。历史中心用蜡像模拟出一幕又一幕凸出之战的战场实景，有美军的、德军的、红十字救护队的……人物均与人身相仿，穿着当年的军装和制服，拿着当年的武器。场景中的战车、坦克、飞机、大炮等都是当年的实物。场景逼真令我产生幻觉，走过军士们的身边时，仿佛还能听见他们在低声地说着话。

当天，我注意到有一些美国游客在场景间徘徊着，久久不愿离去。从他们的年龄来看，他们很可能是当年阿顿尼森林那场生死之战的生还者，今日回来寻找昔日的历史影子。

我们在阿顿尼森林山头的根尼特之家住了四个晚上，每天旅游完便回到旅馆吃晚餐。根尼特先生所做的菜肴果然名不虚传。每顿晚餐的菜单都是他别出心裁设计的，每一个汤都清鲜可口，每一道主菜都不同凡响，每一个甜点都别具风味。

我们觉得此行的收获很丰富，在临走时对根尼特先生说，我们将来路过一定会再次光顾他的旅馆。

英国 英伦新事

王双秀

　　甫出伦敦机场，一阵中国菜的香味随着出关大门的开阖被吸入鼻内，即刻就让我对伦敦有了到朋友家做客，朋友正烧菜等着我的亲切感觉。而遥远深处却又不知源出何处的乡愁，竟没来由的聚上了心头。伦敦竟是在这样乡愁满满的思绪里走到了我的眼前，叫我怎么能用平常心情去观看它的一切？

　　这时，黄昏的街灯已经起起落落地亮起。西欧 3 月里傍晚的春风，阵阵拂面而过。虽然是走在伦敦一个落寞而不起眼的街头，但康定斯基桥的步履与云彩就那么近近的在眼前。原来伦敦本就是一首诗，是孕育诗人的地方。人在没有夸张的气氛中，游离的思绪逐渐聚拢，那玉落珠盘般的词语，就这么颗颗倾泻而来。

　　这里的春天来得比汉堡早，街头屋宇的窗口与门廊边，由人工雕琢的春花景致已经处处可见。稀稀落落矗立在路边高高低低的树木，也已经开出了浅粉的樱花和桃花。郁金香树上粉白的花朵一落落垂满了枝头。被称为复活节之铃的黄色水仙，左一丛右一丛地预报着复活节就在眼前。

　　伦敦，我想在 20 世纪 30 年代，这里在中国文人的心里必定要比巴黎、米兰来得响亮吧！因为有徐志摩这样的好男儿，在那儿谱写出了一首首、一段段深情而浪漫的诗篇，让人不带走一片云彩的康定斯基桥成了彼时中国文人墨客最爱的地方。

　　伦敦与我住的汉堡城，套一句德文就是"猫跳那么近的距离"。就因为它好似近在家边，因此在西欧一住十九年，什么名城都去了，却没探望过伦敦。今日，因着某个机缘（先生的欧洲钓鱼协会年会在此处召开），得以与正放复活节假期的小女一同赏游伦敦，算是伦敦的鱼儿钦赐的机缘吧！当然，我不像女儿那般满怀放假的轻松与喜悦，上飞机的前一晚就开始兴奋了，只是平常出门的心情，上飞机，下飞机，坐火车到车站，改乘通往市区的特快车到城中心，再搭出租车到达旅馆。这一路行来顺顺利利，没有让人有出门在外的陌生与不便。伦敦这个大不列颠日不落国的首都，到底是有名城的基础与风范，用这样一种亲和的态度待人，让人没来由地就对它有了好感而喜欢上它。

归整好行李，一家三口走出旅馆，想看一看环境，也想吃点东西。来时，出租车转进旅馆之前，眼角余波已经扫描到一家名为"玉满屋"的中式快餐店，但没敢动声色，免得让德国佬笑话，人到那儿都忘不了咱中国吃的。当然，这会儿进入眼帘的"玉满屋"三个中国字还是笑倒了身旁的两个人。没好意思要求进去瞧一瞧，却在不远处一座加油站前见到了一个大大的红色"M"字，这红色的"M"字是天下小朋友的最爱，自是逃不过我家小朋友的玉眼，而这"M"字，真正该是最后一着"吃"的棋子才对。然而这大不列颠帝国，在吃的方面实在是太不争气了，除了左一家右一家的小酒馆之外，没见到餐厅之类的字眼。而不景气与落魄，却从一间间一栋栋贴着"转让"（To Let）的屋寓窗洞门前照着人。我们只好收拾了各人的心思，选择那大大的红色"M"字之地，享用了在伦敦的第一个晚餐。

伦敦，让我来看看你！对你，虽然还不能有临水照花般的明朗思绪，而甫下飞机以后的一连串初遇，知晓你的让人安心是准备好了一切，同时就放在唾手可得，放眼可及之处。你是一个知遇的主人。

仔细看着伦敦的时候，许多平日里没有上心的事就这么一件一件逐渐聚拢而溢满心头，事事都有"原来就是它啊"的霎然清明。游巨大壮观的伦敦桥，只见桥底水波荡漾，一路迤逦蜿蜒而去不见尽头。问身旁的人："这是什么湖海？"只见这人鬼鬼地眨着眼回说："伦敦桥少了诗人笔下的泰晤士河（Thames）来做底床，不就不成其为伦敦桥了吗？"难道这竟是泰晤士河不成？怎的这字面上就一些儿也闻嗅不出它的根底？

真真是没有料到，徐志摩的泰晤士河与康定斯基桥竟是这样地走到我的眼前。泰晤士河与康定斯基桥在中国人的思想里大约要超过伦敦吧，我怎么会到了伦敦以后才把他们牵扯上了关系呢？是我太孤陋寡闻了？

到了伦敦，自是要去女王的住宅白金汉宫。意念中虽是皇门深远巨大，却是坐落在百姓可以见及和身临之处。下了地铁，先穿越了几处有名的市街，人身便站立在"绿色公园"的前方。公园里的花树湖影很亲和的散落在这黄金贵族的园区里。眼波从公园的这一头越过一层层的园景，望见白金汉宫正遥遥的，用等你光临的姿势面对着你向你招手。行行复走走，浏览着园中景致，却时时处处都让我联想到汉堡的阿士特湖以及汉堡的植物公园。汉堡与伦敦也许因着气候与地理环境的类似吧，致使两地住民的美感经验如此相近，在公园的建制上都采用了相同的理念。

英国虽然是由女王领政的帝王国家，但却是一个货真价实的民主国家。白金汉宫气派的广大门墙，就在人人可见可及的绿色公园的尽头，眼波穿越过由铸铁打造的深蓝色漆金栅栏式门闸，可以看见载着皇宫贵族或来访宾客帘幕深垂的黑色马车在进出。

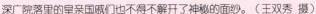

深广院落里的皇亲国戚们也不得不解开了神秘的面纱。（王双秀 摄）

穿越两排门楼的中间空处，隐约可以看见中庭处，这是迎宾与道别之地吧，远远门外行经的游客，只要注意往里瞧，都能瞧见点端倪。难怪英国皇族会有些许轶事传世，显然是隐蔽不周的后遗症。

伦敦，让我来看看你。下飞机之后一连串的接驳，深深让人感觉此国到底是有根底的大户，用一颗虔敬的心欢迎来玩的客人，不似有些大城对人的漫不经心，它为来客，做了很详尽的考虑与规划。

虽然这日不落的大英帝国，在当今以"经济挂帅，财富当道"的世界政治经济舞台上，地位已经下滑而大不如前。而那曾经领先的风骚与浑身四射的光华，仍然像一颗闪闪发光的星星，定定地吸引着过往游客的眼神。它不忕不悲地活在

自己的过去以及现实的荣耀与尴尬之中。时代更新了，子民的思想也随着时代的进步作了调整，而那深广院落里的皇亲国戚们也不得不解开了神秘的面纱，与天子脚下的子民们共同进退。

旅馆里整理房间的女侍多半是彬彬有礼的黑肤女子，也只有像英国这样拥有帝国历史的地方，才能培养出如此泱泱大度的工人仪态。在英国见到的各式人等，由他们身上所发散出的人性气息，与在其它国家见到的大不相同，大异其趣。她们不但打扫清洁整理床被，连柜里的衣衫鞋袜也都不厌其烦地整理得秩序井然。原来，所谓精致生活讲究的就是这样的不厌其烦、不怕麻烦，在生活的细枝末节上，处处都一丝不苟。所以，虽然家道中落了，但大户人家的架子与气魄却掩隐不住，即使穷了在平常之中也能展示出如此精致的生活。

伦敦是一个能跟上时代步履前进的智慧之城，开启了大门不吝啬的展示旧有皇室的高华气质与辉煌岁月，也不介意让新颖的世代在身上凿琢出岁月的新痕迹。伦敦的大度让人逐渐与之有亲，所以即使康定斯基桥的云彩不再，也带它不去，我仍然欣欣然地踏着诗人徐志摩的脚印，来寻一寻你掩藏在迷雾深处的脸庞。在我次次的与欧陆都会的相遇中，是你留给了我亲切又和蔼的印象。你的面孔仍然是贵族的，却是已经放下身段来到了民间。

英国　美丽的英国庄园

林奇梅

趁着还有几天的假期，乘坐着舒适却不昂贵的游览车前往英国北部著名的达比辖郡游玩，那里是一个著名的风景区，非常宽阔广大，是英国最美丽的都郡之一，在那儿有一座久负盛名的查德渥斯庄园。

由于下着雨，汽车不急不徐的在宽广的高速公路上行驶，坐在车内一路欣赏着英国的乡村风光。虽然雨中雾蒙蒙的，仍然可以看出窗外景色的美丽，一幕一幕的画面像是电影影像。

时近秋分，排排苗壮的栗子树上挂满了一颗颗绿中带黄的栗子，很是美丽。串串的栗树果实，不免使我想起多年前刚踏进英国的第一个春天。当看到满树粉红或满树通红的栗子花时，那一份兴奋和惊讶实在无法用笔墨来形容。栗子花挺拔而有劲地挂在枝芽上，花开朵朵聚集成串，像蜡烛似得，点燃在树梢上，美得让人惊羡造物主的神工，远看整棵树花开得艳丽，红透了天边。

前往庄园的途中经过了无数的村落，其中最为有名的风景区莫过于科兹渥区。这一地区的山丘倾斜有致，一望无际的绿油油草皮，牛羊点缀在草地上嗜草。陡峭的森林河谷分割了几个不同的城市乡村，每一个村庄显示出不同的风貌。科兹渥区的房屋建筑比其他地区更具有生命力。由于科兹渥山是一种石灰岩与白垩，这里的土石就像粉笔与奶酪一样的不同，外加石匠与艺术家的精工细琢，使这一地区的每栋房屋都充满着英国特有的情调和风味。科兹渥山的石头色彩缤纷，从金黄到蓝灰各色都有，而且色彩随着天气的变化产生不可思议的效果，所以科兹渥区的景色与建筑维系着一种完美的关系。这一地区在中古时代是著名的羊毛产区，当地的城镇在罗马时代是以出口羊毛和布料而致富，所以科兹渥区是著名的羊毛区和富有区。

一路欣赏着风景名胜，不知不觉已经来到了达比辖郡。汽车沿着蜿蜒崎岖的山路前进，尽收眼底的是绿油油的山丘，那里是查德渥斯庄园周边的环境。美丽的山腰将这座世界著名宏伟的建筑，衬托得更为金碧辉煌。宽广的庄园大道引领着成千上万的游客参观。

查德渥斯庄园的宽广土地是威廉威帝公爵于 1549 年承购。第四代帝蒙辖郡公爵，对于威廉国王有很大的贡献，喜获巨额奖赏，于是公爵邀请设计伦敦圣约翰史密斯广场的建筑师汤姆斯·亚吉来设计规划。观看查德渥斯庄园的外观确实是模仿法国国王路易十六的皇宫而设计，其结构式样则采取法国和英国皇宫的式样来建造。

庄园内的收藏品以及古董都是非常珍奇的古物。例如进门大厅里的母女雕塑，是远在公元 1 世纪罗马时代的作品，母亲的衣服裙摆雕塑得栩栩如生，母女情感表现得自然而丰富。绘于屋顶上凯撒大帝的精致壁画神韵有力。大石阶梯旁的小橱窗里陈列着三辆不同时代的婴儿车，铜制品婴儿车制于公元 16 世纪，有 18 世纪以及 19 世纪的婴儿车，各时代不同而互为媲美。一座高六层的郁金香花瓶座是 17 世纪来自荷兰的古老陶瓷。画室里的画作有远自第一公爵所采购的世界著名画作品。

于第一公爵时就设计好的宽而长的贵宾起居室，可以远眺庄园外的玫瑰花园、海马喷泉、卡斯卡达瀑布，美丽的视野展现在眼帘里，非常得心旷神怡。而这间起居室曾有过辉煌的历史，在 1939 年至 1946 年曾经是战时的女学生宿舍。隐藏在贵宾起居室的墙上有一幅世界最为著名的小提琴图画，是画家珍凡德威所画，这一幅画可以说是查德渥斯庄园的无价之宝。

庄园内著名的史克特大厅的设计保持着英国皇后玛丽居住时的式样，唯一变动的是墙壁上的壁纸。我喜爱的壁纸是 17 世纪时由中国进口的花鸟树木的自然景观壁纸，这些壁纸有 25 ～ 40 卷，每一间屋子都有 1.3 米长，4 米宽。历经几个世纪，壁纸上的花鸟变得浅淡，然而经过艺术家们的重新整理和绘画也栩栩如生，与原来的真迹一模一样，而花鸟更显得突出富有魅力。这一座大厅最让我感到惊奇的是有两座威廉国王在西敏寺加冕的座椅，那是第六世公爵当宰相时国王所赠与的礼物，是殊荣的无价之宝。

庄园内的教堂堂皇而高贵，天花板上的壁画诉说着耶稣的故事，是名画家刘易斯·莱格罗所绘。神坛坐立在大厅的正中间，安静而富精神慰藉。

查德渥斯庄园，最为古色古香的厅房就是橡树厅，房间内的柱子以及家具和天花板都是橡树雕刻而成，这是第六世公爵最爱在夏天招待客人的房间。在通往小教堂的走廊里，一只脚掌的雕塑很明显地在走廊的厅堂里，这是公元 1 世纪的希腊雕饰品，世界上只有一对，另一只右脚掌的雕塑在德国的柏林博物馆内。

庄园内的古董价值连城，庄园的主人每年以巨额的资金，使用最为现代化的科学方法来维护、保存和管理古董，令我十分感动和尊敬。

走出了庄园的大厅，欣赏着查德渥斯花园。宽广的花园随着庄园的建立而有了园艺的美丽与辉煌的时代，花园之美大多是来自第六世公爵时花园的设计师杰士佛·巴斯顿的代表作，花园的风华是英国其他古堡花园所不能媲美。整个园林里除了一大片一大片的花圃种着不同的花卉外，更有花坛、斜坡式的草坪、温室、喷泉和水池。长达几千米以树篱筑成的迷魂镇，和使用黄杨树的植物雕刻 。中间有了一个著名的喷泉，水池内的海马喷泉雕塑是集聚著名雕刻艺术家的联想而成。

查德渥斯庄园的建设是非常地高贵和优雅。查德渥斯花园的建造经过几代的调整和改进，颇受英国鼎鼎有名的园艺设计师万能布朗先生的影响，布朗对于园林景观的设计有独到的见解。当他来到查德渥斯古堡时，接受了公爵的委托，下定决心要让这一片近似荒芜的沼泽地，真正成为英国式花园的代表，展现给世界各地的喜爱花卉园艺的王宫贵族。

另一位庄园的园艺设计师是巴斯顿，他的水景设计颇为壮观。设计模式大都采用绘画式的构图方式，其中有威灵顿的岩石山、强盗石瀑布、废墟式的引水渠、柳树喷泉、大温室、还有迷宫。岩石山因处理得巧妙而极其著名。

走进庄园内的大花圃，沿着花道欣赏花木，观赏大小玻璃温室内的花卉、引进的亚马逊河的百合花、山茶以及稀有的热带植物。我以欢畅无比的身心沐浴在美丽的园林里，我感谢庄园主人的热忱，让我徜徉在风华无比的庄园，享有了这次知性之旅，启迪了我的心灵。

英国　伦敦温伯里体育场

林奇梅

　　豪士顿山岭是居家附近的一座小山丘，山并不高很适合每日登高锻炼，沿着登山小径，走在浓密的树荫下颇觉凉快。一路上悦耳的鸟鸣声和唧唧的虫声，此起彼落，令人陶醉。我走在古木参天的森林公园里，沐浴着浓密的芬多精，感觉清新。

　　爬到山顶所费的时间并不长，所耗的精力也不多，不一会儿工夫，我已经登上了最高顶点。站在高高的豪士顿山岭环视着山脚下的风光，视野是多么的宽阔，景色是多么的怡人。呈现眼前的是自己住家的格林佛小镇，以及邻近的温伯里和哈罗区的城市风光。鳞次栉比的屋宇，蜿蜒曲折的街道，排排茁壮挺拔的橡树，高耸顶尖的教堂，真是一幅美丽的图画。

被视为英国体育的灵魂所在，代表着英国体育的权威，见证了英格兰足球的辉煌与骄傲，是球迷心中的一块圣地。（林奇梅　摄）

让我印象最为深刻的地方，莫过于豪士顿山脚下伦敦温伯里地区的温伯里体育场。这个体育场离我家并不远，它的建筑结构非常坚固宏伟，是一座具有八十年悠久历史的体育中心。被视为英国体育的灵魂所在，代表着英国体育的权威，见证了英格兰足球的辉煌与骄傲，是球迷心中的一块圣地。

温伯里球场是世界上最著名的专业足球场之一，落成于 1923 年 4 月 28 日。原本是为 1924 年英国博览会而建的一座大型建筑，然而在落成当天却举行了首次英格兰足球总杯决赛，史称为白马决战。当天观看的人数超过了二十四万人，比在里约热内卢卢马拉卡那体育场观赏的巴西与乌拉圭争夺世界足球冠军决赛的十九万人还多。从此以后，每年 5 月英格兰足球总杯决赛都在此举行。事实上，这个球场除了是足球场比赛的好场地外，还可以作为其他运动项目的比赛和音乐表演的场地。比如，1948 年还曾作为夏季奥林匹克的比赛场地。1995 年曾作为世界杯橄榄球赛英国以 16：8 胜澳大利亚队那场比赛的比赛场地。1983 年及 1985 年也曾作为热门音乐的表演场地。在非洲领袖曼德拉七十岁生日时，为艾滋病人所举办的一场慈善义演引起轰动，广受好评。麦可杰克森在 1988 年的五场表演，观赏的人数竟然超过五十万人。它们都是在温伯里球场举行的。

温伯里体育场越来越热门，被使用的机会越来越多，维修的事情当然也就跟着多了起来。随着参观的人数愈来愈多，座位也就相对不够用了，所以重建的呼声纷纷响起。2000 年 10 月 7 日，在温伯里足球场英国队以 2：1 胜德国队的飞耶球赛，成为旧足球场的最后记忆。足球场的重建计划也在当月尘埃落定，温伯里体育场才完全终止举办各种比赛和表演。

2003 年旧的温伯里球场终于被拆除，新球场的承建历经多次的延期和增加预算。经过了七年，耗资 8 亿英镑的温伯里体育场，终于在 2007 年 3 月完工。

新的温伯里体育场（Wembley Stadium），有滑动的屋顶，球场和音乐厅，至少可容纳九万人。球场还有一座造型特别的拱门，这座拱门高达 138 米，像一座斜拉桥，使温伯里体育场远看像是一座被悬挂在空中的美丽花篮，极为雄伟气派。这座球场从 20 世纪 20 年代开始，几乎是英国举办所有正式足球比赛的决赛场地。一些比较特别或大型的演出，比如圣诞节联欢晚会，世界儿童援助基金会的活动等，也都在温伯里体育场举行。因此，在英国如果有人提到温伯里体育场，人们莫不为之激动而滔滔不绝地谈论。

2007 年 3 月 24 日开幕的第一场正式足球赛是英国 U21 和意大利 U21 的友谊

赛。在同一年的 5 月 12 日英国足球总杯决赛就在新的体育场举行了。第一场橄榄球比赛也在 2007 年的 8 月举行。而第一场音乐厅的音乐会则是热门音乐家乔治·马歇尔的个人音乐会。2007 年的几场音乐会中最让人称许的，莫过于 7 月 1 日由英国王子威廉和亨利为其母亲黛安娜王妃所举办的逝世十周年纪念慈善音乐会。这场音乐会座无虚席，近十万人观赏了这次盛会，感动的场面令人回味无穷。另一场为拯救大地及帮助落后国家而举办的音乐慈善表演也甚受欢迎。

2008 年 4 月 6 日，北京奥运会的火炬传递，就是以这里作为起点环绕整个伦敦市的。温伯里已经成为英国的体育标志，这里也见证了英国体育历史无数的辉煌成绩。如今温伯里已经成为一个世界足球场，2011 年欧洲杯足球赛以及 2012 年伦敦奥运会将在这里举行。

英国 西弗古堡

林奇梅

西弗古堡（Hever Castle）位于英国肯特郡美丽乡村的丘陵里，以皇宫来论，它并不足为道。因为它的建筑规模不大，远不如温莎古堡的雄伟与华丽，称它为"迷你皇宫"倒恰当些。小小的西弗古堡，每年吸引几十万人驻足参观和研究，因其有特别吸引人的地方，那就是英国最著名的风流国王亨利八世与皇后安波林的罗曼史。

这座古堡，建于13世纪，古堡有巨大的城门和城墙。在16世纪时，由国王亨利八世的皇后安波林的父亲依照著名的汉普顿皇宫的模式加建，使其更具都铎式风格，并筑了第二道保卫城墙，是一座非常典型的都铎式建筑。

西弗古堡记载的史话中，首推莎士比亚所编写的《亨利八世》等剧本，而莎翁在剧中的描写也最为淋漓尽致。在英王维多利亚时代，此剧非常地吸引人，每次表演都很卖座。至于近代由毛利李斯科在1968年拍摄的《亨利八世》电视剧也很轰动并大受欢迎。

西弗古堡与皇后的渊源至深，在电视剧《亨利八世》《国王亨利八世和他的六位妻子》，以及《亨利国王和安波林的故事》里，对国王亨利八世与皇后安波林的恋爱史均有详细地描写。国王为了爱安波林和对于婚姻的坚持，因而坚持与第一任皇后卡罗琳离婚，所以英国自亨利国王八世才离开罗马天主教而独创英国国教。而婚后的安波林，由于生了依莉萨白一世公主而凄惨下台，竟而被判死刑送断头台致使英国伦敦塔总有众多乌鸦啼叫和魔鬼出没，并且时常听到悲怆凄凉的哭泣声，也由于安波林才有她唯一幸存的女儿，这位在英国历史上无论文治、武功、商业、海路运输及海军等方面都非常辉煌腾达，而盛极一时的伊丽莎白一世的丰功伟业的诞生。

依据英国野史的描述，安波林的姿容漂亮可爱，皮肤不是很白，颈相纤细而富女人味，嘴唇宽阔而性感，一双明亮的眼睛颇能传神，是一位可爱而动人的女人。安波林颇为幽默，喜欢开玩笑，爱玩掷骰子游戏和桥牌，严格地说她并不是很美，学养也不够深，然而却能博取亨利八世的欢心。早年当她才十五岁时就进

入皇宫，成为亨利八世皇后凯瑟琳的宫女。然而不久就使亨利八世心神迷恋而坠入情网，在皇宫内私通来往多年。1533 年 6 月 1 日安波林在伦敦的西敏寺由亨利八世加冕为皇后，于同年 9 月 7 日顺利产下一名女婴，这名女婴就是后来英国赫赫有名的英女皇伊丽莎白一世。

安波林很高兴拥有了一个女儿，却得不到皇帝的欢心，因为亨利八世望子心切，于失望之余竟然又爱上安波林皇后的宫女珍西蒙。而对于安波林生的这名女婴并不甚喜欢，于是亨利八世决心除去安波林的皇后之名。又由于安波林喜欢与宫中美貌的男爵们相处来往，因此被蒙上叛国罪与通奸罪名，可怜她不得申辩就被送到伦敦塔监禁，女儿伊丽莎白小公主也曾陪皇后妈妈在牢狱里住过一段时日。安波林曾经写过一封信表达作为皇后对于国王的一片忠心与守妇道的真诚，却挽回不了亨利的花心。1536 年 5 月 19 日，安波林皇后身着黑缎花袍，头戴白帽，手持圣经，很勇敢地步上断头台，写下了历史上最为悲伤的一页。

安波林的哥哥乔治·波林也被蒙上叛国罪名，于同年 5 月亦被送上断头台。可怜的年老父亲，曾经风光一时的驻法国大使汤姆斯·波林和夫人，因此伤心过度于 1538 年身亡，从此西弗古堡也被亨利国王八世没收。亨利国王每次到西弗古堡时见物思情，于是就将这伤心之地赠与他的第四任离婚皇后安妮·克威，安妮·克威皇后是亨利八世最为讨厌也是长得最为丑陋的女人。亨利从此不再踏入西弗古堡一步，免得见物思情而伤心至极。

安妮·克威皇后于 1557 年过世。西弗古堡易主多人，年久失修，损坏倒塌变为沼泽烂泥，西弗由此默默无名而没落衰危。直到 1903 年由一位事业颇有成就的美国商人威廉·华尔道夫·阿斯特（William Waldorf Astor）购买，从而拥有此块产地。阿斯特家族的财富源自于其曾祖父约翰·杰克伯，他是来自德国的屠夫。在 1783 年移民至美国，杰克伯聪明而又有野心，起初以猪皮为主从事各种毛皮生产的生意而致富，随后购入纽约房地产而更为宏图发达。杰克伯的孙子威廉曾是美国驻意大利大使，在继承颇为丰厚的遗产后改从事经商，是著名的英国时报和名闻遐迩的杂志宏观报的主人。当时他购买了两栋古堡，一栋是西弗古堡，另一栋是科来威顿古堡。

由于西弗古堡拥有久远的历史渊源及迷人的史实，阿斯特先生倾注全力进行修复和建设，他花费时间、金钱、精力以及智慧来重新建立一座古色古香的都铎式的古堡。他花了数百万美元委托当时著名的建筑师李·皮尔逊做全盘的设计和规划，重建一座尽可能保留原有的历史古迹，而又不失现代化的西弗古堡。

　　对于古堡的整修，阿斯特主张古堡内的家具、墙壁雕饰、拱梁、餐厅桌椅、壁炉等均模仿汉普顿白宫的模式，并且室内的装饰和雕饰绘画都以都铎时代的背景为依归。英国著名的玫瑰战争故事，安波林及亨利八世的故事，血腥皇后玛莉，以及飞黄腾达的伊丽莎白女皇一世的简略史迹略表一二。出于对亨利八世的尊敬，对于亨利八世最为喜爱的餐厅用了最为高贵的雕花餐椅，都铎式的门槛、家具、雍容高贵的雕花式床铺等。当时阿斯特除了拥有美丽的西弗古堡的整栋产权外，还在600亩的土地上建起数栋都铎式的屋宇和一座小教堂。

　　最值得赞美的是阿斯特曾经常驻意大利，因而十分喜爱意大利式的皇宫花园，于是在广大的花园场地上建起一座华丽而芬芳的意大利花园。花园里有一道长长的花架棚，玫瑰花开满棚架上，楚楚可人又异常芬芳。各式各样的花圃里花儿姹紫嫣红，日本著名的紫藤花串串垂挂。人工雕饰的中国式的奇岩异石，从岩壁上滋养着苔生植物，细细的水流从岩壁的石缝里潺潺流出，轻轻地数唱着安波林的罗曼史。更为称赞的是在宽广的意大利花园里，有一座依湖而建的著名音乐厅，每逢假日这座大厅都会举办公开式音乐演奏，吸引许多游人观赏。因此参观西弗古堡，除了了解英国都铎时代的历史，引发了思古之幽情外，还有轻松而愉快的音乐之旅。

　　环绕着西弗古堡有一条涓涓的伊甸河，溪流轻轻蜿蜒地流过，是西弗古堡乡村的一条血脉。远处是一大片绿油油的麦田，和一望无际的肯特威尔森林区。回忆历史的记载与莎士比亚的古剧描写，亨利王与安波林恋爱时，每次带领着大批的御林军造访，都不会预先通知，而是在附近的山岗上吹起号角。号角声响彻整个肯特郡的田园和山林，亨利王威风凛凛地迈入古堡，接受主人汤姆斯·波林的热烈款待。亨利王时常与安波林快乐而欢心地走到花园台阶上，有时与安波林在花园里赏心悦目地唱歌吟诗，甚而徜徉在伊甸河旁观赏鸳鸯戏水雁鸟振翼，一幕一幕美好的爱情图画。然而也因安波林被残忍的行刑，而使古堡凋零衰危。

　　观赏西弗古堡，除了欣赏古堡内古色古香饱含历史遗迹的建筑和雕饰外，似乎也上了一堂英国都铎时代的历史课，略知其兴盛与衰危，并且深知其独具浓厚悲剧色彩的爱情故事。同时走过漫长的花园栈道，欣赏着意大利式的花园，沐浴在花儿的芳香里，体会着阿斯特家族成功的事迹。他们深爱着西弗古堡，倾其全

力所做的奉献以及对于社会的付出，更深深地值得赞美和喝彩。游罢古堡我思潮起伏，对于古时皇帝的独裁心存戚戚，触摸着屋宇，翻阅历史的记载，使我泛起了无限的感慨。

英国 莎翁故居周游录

潘缦怡

1982 年 9 月中旬，正当英国秋高气爽之际，孩子们已回校上课，生活步入正轨，恰是做妈妈的初试离家出游散心的良机。我事先向一个度假机构订购了一个礼拜的特别节假日，地点在莎翁故居斯特拉福城（Stratford-upon-avon）的一家旅馆，特别节目是学习瑜伽术，然而数日之间最大的收获却是对莎士比亚的背景与作品有了比较深入的认识。

9 月 13 日上午有两小时的瑜伽课，教师是一位来自伦敦的老小姐，自称在退休后才开始勤练此术。十年以来身心健旺尤胜往年，看来的确是返老还童之明证。下午大家开始游历，全班十人分散为三五成群。我与两位英国女孩同行，坐两小时的敞顶公交车（Open-top bus）游览。我们坐在公交车的上层，丽日秋风之中，对该城的主要街道与建筑走马观花地看了一番。随后公交车驶出城外，并在途中停了两次，让游客下车参观两处郊区的莎氏家产。

其一是安妮。哈萨薇的故居（Anne Hathaways Cottage），在城外约半千米的村落苏达利（Shottery）里。故居环境优美，是一所小型农舍茅房，四周花园整理得欣欣向荣，屋内摆放着当时的家具，擦得光可鉴人。厨房火炉旁有一个高背长板凳，据向导说是当年莎士比亚和安妮小姐婚前促膝谈心的所在。

其次是莎母故居（Mary Ardens House），在城外 2 千米之遥的村庄 Wilincote，此地是莎士比亚母亲的老家，规模相当大的标准铎得式（Tudor）村庄，屋内摆设的家具之中包括一架木制的捕鼠机！院子旁的仓房中陈列着不少古老农具，正是四百年前当地农家所用的工具。原来莎翁母亲出身地主之家，比其父家的社会地位略高一层，这是莎翁颇引以为荣之事。

9 月 14 日天气仍佳，下午由教师率领和全体瑜伽班同学一起去艾房河（River Avon）畔的皇家莎氏剧院（Royal Shakespeare Theatre）做半个小时之后台参观。在那里见识到不少道具，包括一盆假惺惺的鲜血和控制灯光强弱的计算机，后台的走廊中陈列着剧照、人物画像和一列雕像，多属莎剧演员，已也有两座莎翁自己小型雕像。从莎翁雕像所在的窗口恰可眺望附近教堂的尖顶。

9月15日是周中，瑜伽班全天休息，可以自由活动。我白天独自参观了城内莎氏的家产，共有三处。

一是莎翁出生处，一幢地道的铎得式房屋，目前屋内改成小型博物馆，对莎氏家族的生平和作品以及该屋的历史介绍甚详。原来莎翁之父本是一介商人，当他出世之时，其父的手套即羊毛生意已相当兴隆，是城中之名士，经常参与政事。小威廉四岁时，其父荣任市长，地位甚为重要。想来莎翁幼年必然宽裕愉快，他是家中长子，排行却是第三。他结婚甚早（仅十八岁），夫人比他年长八岁，婚后两年连生两女一男，其中次女与独生子为一胎双胞，独子在十一岁时夭折。

长女后与名医成婚，膝下有一女，是莎翁在世时唯一孙辈，也是他直系亲属中最后一位，因其次女婚后虽曾生三子，却都是早逝！以至现今英人之中姓莎士比亚的不少，皆非莎翁之后代。莎翁本人过世时年仅52岁，据向导说可能是患伤寒而病故的。

二是新居（New place in Chapel Street）是全城中最大的住宅之一。莎翁在伦敦写作成名后回到故乡买下此屋，但仍继续在伦敦工作，直到病逝前两年才在此安顿下来。该故居既有花园又有果园，仍保持着当年的格局，甚为美观。宅内楼上现在成了历史遗物展览馆，陈列的古物之中最引人注目的是几件桑木刻制的小物件，据说是18世纪中叶时，一位钟表商兼雕刻匠，从新居花园里当年莎翁亲手种植的桑树中取材而制成的，自然特别富有纪念价值。

三是霍尔故居（Hall's Croft in Old Town），一幢规模宽广的铎得式建筑。原来是莎翁长女婿霍医生开业之处，目前楼上有一间厅房专门陈列着他行医时的书籍和资料，其四壁则悬挂着历代莎翁戏剧名演员之油画像。此外，在楼上走廊里还有一架17世纪的书本装订机，以及一部《莎氏剧本首次合集》，都比室内家具更加引人注目。

当大晚餐过后，在黄昏夕阳中，瑜伽班同学重又集体活动，同去皇家莎氏剧院观赏莎翁名剧《暴风雨》（The Tempert），历时约两个半小时，是此次假期中最高享受。该剧是莎翁后期四部悲喜剧的最末一部，颇富传奇色彩，故事看来很简单，却又寓意深刻。主角普洛斯皮罗（Prospero）老人是一位魔术师，似乎正代表着莎翁本人，而他手中的魔术棒则象征着他的生花妙笔。剧中地点是在一所神奇的小岛上，其他主要剧中人物也皆有其象征性质，可以说各代表莎翁艺术天才之一面。艾里尔（Ariel）小巧精美，代表抒情玄想；凯列班（Calibam）野蛮丑怪，代表着现实性和稀奇古怪的喜剧；米兰达（Miranda）是魔术师的女儿，她的天真无邪正代表着纯情如诗；而和她一见钟情的爱人费迪南（Ferdinand）则是年轻恋情的表征。他俩的结合遂代表着莎翁在浪漫文学上的成就。剧本的结尾更是富有哲理精神。明智而和善的原米兰城公爵普洛斯皮罗，对篡位者（其弟）前嫌尽弃，他的收场致词极其令人寻味，尤其是最终数句所揭举的仁慈、宽恕和自由，正是功成身退时莎翁自己的人生哲理！足可供后人借鉴。

9月16日是星期四，天气依然晴和，由于隔夜观剧兴奋过度，傍晚精神复佳，心血来潮，单独再度光临剧院，幸运地购得最后一张入场券，欣赏了一场莎翁早期喜剧《无事生非》其布景与音乐都属上乘，只是内容仅表现社会嬉笑百态，比较缺乏深度意味，是一部轻松俏皮的热闹喜剧而已。

星期五又是个秋高气爽的艳阳天。上午的瑜伽班以组合为一朵莲花而结束，颇有美感。下午又与两位英国女孩结伴出游。先去看了半小时的莎翁世界视听表演，很是新奇，在特别布局的暗室中演出，戏剧化地介绍四百年前的英国盛况，十分生动有趣。然后我们去河边散步，参加了约一小时之久的游艇之旅，静观河中鹅鸭游泳，并见两岸花草茵茵，垂柳处处，竟有几分神似我国江南的好风光呢！舍舟回岸，最后一项节目乃是进城逛街购买纪念品。

看来小小的斯特拉福城，除了点缀甚密的历史性建筑物之外，所剩者都为旅馆和饭店，无怪乎街上的行人多属游客！商行与书坊的规模都不大，陈列的纪念品自然多半与莎翁有关。我仅选购了一些糖果与明信片。同行的一位英国女孩想要给她的姑妈买一件生日礼物，挑来选去才决定买一罐茶叶，上面有莎翁的玉照一帧，而以其喜剧《皆大欢喜》为标志，我看了一眼笑道：咱们这次来度假岂不正是皆大欢喜吗！

法国 法国枫丹白露城堡博物馆与花园

赵曼

枫丹白露之于巴黎，相当阳明山之于台北，我去过枫丹白露及阳明山大概上百次——都是当导游！非常热爱这座法国文艺复兴的胜地，更是我童年许下心愿，一定会"爱在他乡"的梦幻诗意城堡！

果真，长大后我成就了浪漫心愿，旧爱新欢千里迢迢均邂逅在这华美风尚的花园城堡中，嬉笑快乐地拍照，一次次的景物依旧，一次次的人事全非，望着这些照片只有我和景物相同，朋友却是一批批换过！不用落寞，不用伤逝，我们生来就是过客！船过水无痕，我们一旦离去，又有一批新游客涌入！

枫丹白露的历史背景赫赫有名，不下于罗浮宫、凡尔赛宫！在法国皇宫中以壮丽古堡、森林狩猎、沼泽区最为闻名遐迩。翻开法国史，竟有三十二位国王、皇后历经八个世纪的法国政权核心于此处演绎，包括著名的法兰西一世、亨利二世、四世、拿破仑三世等！

位于巴黎西南部，在马恩河与塞纳河之间的这法国文艺复兴胜地，在 12 世纪时，仅是路易六世的狩猎行宫而已。在路易七世就扩建一座教堂。到圣路易时，建了枫丹白露城堡外加修道院。及至 15 世纪末，均为法国国王们的狩猎据点。而法兰西一世时，特别敦请意大利佛罗伦萨大画家鲁索（Rosso）与罗马大画家普希马蒂史（Primaice）装潢，由建筑师布灰东（Lebreton）规划这座罗马城堡，与文艺复兴风格相互辉映，产生了著名枫丹白露画派。

王子庭院是典型以古希腊英雄史诗当成绘画建筑的典范，由亨利四世扩建。及至波旁王朝更添加无数古典风格建筑。到 1634 年路易十五时，建筑大师杜·塞沙（Ducerceau）重建了有名的白马庭院回旋楼梯，也就是著名的白马广场（Courducheval-Blanc）。拿破仑这位盖世英雄，被迫参加自己的逊位典礼。我在巴黎曾看过这段影片：拿破仑在鼓声隆隆中，一步一阶走下楼梯，沉郁、无泪、气氛诡异，英雄未见白头而倏然幕落！有多少无奈？又有多少不堪？他就此被放逐到圣赫拿岛上！此前曾有一段荣华富贵，醒握天下权，醉卧美人膝的美好时光。在法国大革命时，枫丹白露曾被洗劫严重，是拿破仑修复，成为他赠与情人约瑟芬的行宫，他写给约瑟芬的情书，传世不朽。除了毕生屡战屡胜，好大喜功外，其著称于世的《拿破仑法典》更是当今全世界各民主国家自由、平等、博爱的法治基础宝典！我曾两度带父亲赵锦将军来枫丹白露参观，因为父亲在1952年为军史馆编写了《拿破仑战史图辑》一书，将近六十年的古书，已是断简残篇。2009年父亲交予我和德胜以电子稿图文编辑为现代化电子书，希冀目前九十三岁高龄的老父，归纳旧作于《毕生感言》一书能欢欣亲眼目睹，且能为图书馆典藏！

在复辟政权时代，法国历史上的末代国王路易腓力，亦大力整修枫丹白露，才成今日驰名的枫丹白露博物馆，供后世万代参观凭吊！枫丹白露博物馆中，家具古典雅致、古色古香；而名画点缀在精雕细琢的厅堂中，更显金碧辉煌！壁炉、彩绘图案、大理石雕塑、长廊、壁毯，分散见于各个厅堂！国王寓所、沙龙、舞厅、教堂、法兰西一世画廊、大厅、黛安娜画廊、御座大厅等，装饰得美轮美奂，让人目不暇接并为之感叹！其中拿破仑睡过的鎏金华贵床，满床帷雕塑着金雕橄榄树叶，古典风格，但比一般床铺显得短小，只因盖世英雄拿破仑的身高还不满150厘米！我曾带父亲参观过法国军事博物馆及拿破仑纪念馆，看到古代法国军装水蓝色和枣红色，镶嵌着缎面坠子及金色耀眼的徽章和扣子，实在非常美丽。质地好、风格时尚、帅气，唯一不解的是太小太窄。按照我们现在时代女性的体型拿来穿，会超自卑自己"太胖"，因为恐怕连衣袖都穿不进去！又如何打仗呢？穿着这身舞台秀军装，真不知如何打赢那些穿草鞋、布鞋，打绑腿且跑得飞快的土匪兵？

枫丹白露最著名的两座博物馆之一，收藏的便是当年八国联军从中国掠夺而来的丰盛珍贵艺术品包括文物、古董、字画等，以及各国进贡法国王室的精品。有两座中国大石狮把守门口，典藏着非常丰富的中国艺术珍品，驰名国际，可惜一般人很少得知！另外，拿破仑一世博物馆，则典藏着其家族所有华丽珍品、遗物、王室家族中各成员的画像、加冕礼的证书、皇冠、宝剑、帽子、绣花服饰、及远征埃及无往不利的活动帐篷、行军船、埃及折叠椅等！

枫丹白露在秋天落叶纷飞时，去花园游逛充满异国情调，我最爱穿着高统马靴，踩在厚厚的金黄色落叶上，一步一蹀都是沙沙、啾啾之声，煞是有趣！枫丹白露是世界第一花园凡尔赛宫的前身，共分五大部分：鲤鱼池、大公园、英国式花园、黛安娜花园、花圃。这些庭园景色优美绝伦，庭园之中还圈养了一些珍禽

异兽，如美丽骄傲的孔雀，愈多人围观孔雀开屏愈加盛大，摄影机闪光灯不停地拍下其美丽的英姿！黑、白天鹅及山鸡、鲤鱼、野雁、鹭鸶随处可见。游园惊梦的马车是由一位和蔼可亲的法国"笑面伯"驾驶，绕着偌大的皇宫庭园一周，票价实在值得！国王葡萄园、瀑布、喷水池、各式小别宫及1000多米的长运河，可以买些面包撕成碎屑，喂鱼池中五色杂陈漂亮的大锦鲤和天鹅……。枫丹白露最引人入胜的地方，是旁边著名的巴比松（Barbizon）艺术家村，这儿是麇集着雕刻家、画家、各式餐厅、画廊的小镇，悠游闲逛风光怡人。

我曾和朋友们约定，当我们老时要在游人如织的美丽巴比松开画廊复合式咖啡厅。

法国 香榭大道与凯旋门

黄德胜

　　每逢周末我与赵曼及她的朋友们,总相约在巴黎地铁一号线的星辰广场(Place de Etoile)站。当长长的输送带电梯快到尽头时,顽皮的赵曼一定要让她那些初临巴黎的朋友们闭上眼,直到她大叫"张开"时,欢呼惊喜声四起! 哇! 凯旋门! 巍然壮丽! 拍照! 周而复始! 乐此不疲!

　　凯旋门是拿破仑在 1805 年奥斯特利兹战役大胜时,向忠于他的将士官兵宣告:"你们必将经由凯旋门凯归! "的地方。来年凯旋门奠基,但建筑师夏乐刚的设计引起争议。其间拿破仑又历经 1809 年因约瑟芬另有情人而与她离婚, 1810 年为缔结外交而与奥皇女儿玛丽·路易莎的政治联姻。为了讨新娘欢心让她永生难忘,拿破仑不顾凯旋门刚刚动工,敦请夏乐刚搭建同尺寸的凯旋门模型, 让新人从下穿越直达罗浮宫进行结婚大典。

　　1815 年拿破仑帝国瓦解了! 凯旋门延至 1836 年路易腓力当政时才完工, 1840 年拿破仑军队行列穿越过! 1885 年大文豪雨果遗体也穿越了凯旋门! 1919 年联军胜利游行的队伍通过凯旋门! 1944 年巴黎解放由戴高乐将军率领民众由凯旋门出发!

　　赵曼说她也常带许多朋友穿越过凯旋门! 她总是带大家到正中央,点着永不熄灭长明灯的无名战士墓前祈祷。正右方 1792 年志愿军出征是艺术家弗朗西斯·露德的作品,刻画法国人民出征捍卫法国。正左方则为高图 J.P.Cortot 的立体淳雕,是颂扬 1810 维也纳和约之凯歌。帝国军队将领名字也一一刻在小拱门内墙上。半浮雕为塞赫(Seurre)作的浅雕,描绘 1799 年拿破仑战胜土耳其。奥斯特利兹战役是由均特(Gechter)刻画的浮雕,描绘的是历代以来最著名的"智谋战争",在奥地利的沙象(Satschan)拿破仑的军队击碎结冰湖面,使数万敌军溺毙的场景! 顶楼看台真是瞭望巴黎的最佳地点,正前方的香榭大道笔直通向协和广场的埃及纪念碑,斜右对角是巴黎铁塔,正后方是拉·德芳斯(La Défense)的"新凯旋门"方舟大厦。

　　凯旋门高 50 米,巍然耸立在戴高乐广场的正中央。戴高乐将军逝世之前名为星辰广场，老巴黎均简称为星辰，因为像十二条大道星辰般放射延伸出去。其中许多以名将领袖命名如玛索大道、福熙将军大道……这可是摩托车骑士的最大挑战！

我初抵巴黎，接到童年小友来信："德胜，真羡慕你去巴黎．请帮我圆一个梦，扛着长长的法国筷子面包，香榭大道上走来走去……"我很荣幸帮小友完成他的梦！在这巴黎最著名、人潮最汹涌、最领先时尚、最热闹的大道上，不胜雀跃之至。坐在知名的百年福盖露天咖啡座上，啜饮欧洲第一品牌 Lavazza 咖啡，看着熙来攘往的俊男美女，将脑袋放空，真是好享受，多美好的人生啊！

法国最著名一首香颂便是"香榭丽舍"，香榭大道始建于 1667 年，是法国造园大师安德烈·勒·诺德（André Le Nôtre）为扩张杜乐丽花园的视野境界，规划的八部马车并行的林荫大道。因拿破仑遗体由圣海伦岛运返巴黎行经此路，法国人便称之为胜利之路。最精华名牌店林立的圣杭诺街 Rue Saint-Honoré 为香榭中心，这条宽阔的人行道上充满人声物语，数不尽的五星级大旅馆、咖啡馆、豪华购物中心、名牌衣饰店、电影院、名餐厅、丽都夜总会。邻接的大街小巷都是各国驻法大使馆、领事馆、总统府艾丽舍宫、商业巨子豪门宅府，奢华艺术风格与政治权力融会结合，传承着永不凋谢的缤纷花都巴黎。

香榭花园是 1838 年建筑师贾克·雷特夫（Jacques Hittorff）所规划，为 1855 年世界博览会而建。设有喷泉、花圃、凉亭，是 19 世纪撰写《追忆逝水年华》的名作家普鲁斯特（Marcel Proust）常漫步幽折曲径，找寻写作灵感的时髦花园，至今无多大变化。侧边的巴黎市政府艺术收藏"国家艺廊"之大、小皇宫，是 1900 年第三共和的万国博览会中心，一路前行到世界上最美丽的亚历山大三世大桥，抵达战争博物馆。

感谢神，让我在这一世能和挚爱赵曼重逢，徜徉生活在巴黎这座浪漫、典雅的"上帝杰作"城市，愿生生世世爱不止息！

第四篇

N orthern Europe
北 欧

哥本哈根·奥斯陆·斯德哥尔摩·芬兰

北欧三城记

池元莲

哥本哈根——最快乐的城市

它站在西蓝岛的边缘，面向大海，是北欧的门户，又是美人鱼的故乡。近年，丹麦当选为世界上最快乐的国度，这一来其首都哥本哈根便是世界上最快乐的城市。就凭这三点就值得世人对这个城市另眼相看。

哥本哈根是在1167年由一位主教创立的，丹麦原名为Koebenhavn，意为贸易港。数百年来，欧洲的文化和货物都是经由这个港口流入斯勘的那维亚半岛。今天，哥本哈根已是一座国际都市，也是世界最大的邮船停泊港之一。豪华邮轮川流不息，仅2009年便有320艘邮轮到访，带来近150万的游客。

游客一到哥本哈根，都急着去看美人鱼。可是，有的人看了以后有点失望，觉得她太小巧了。其实，美人鱼到人间来就是一心要做人的，若把她弄成像纽约自由神那样的庞然巨像，那才失真呢！

众所周知，美人鱼是从安徒生童话故事里跳出来的。多年后，嘉士伯啤酒厂的创立人雅可森要送一个礼物给哥本哈根城，于是邀请当时最著名的雕刻家制做了一个美人鱼的铜像。1993年，身材娇小的美人鱼被安放到海边长堤的一块大石上，供人欣赏。从此她的美名远播，风靡世界。

我以前的家也在长堤上，从客厅的窗户可以看到美人鱼。在清晨和黄昏时，没有游客包围着她，只见她孤零零地独坐在石头上，两眼望着海，惘然若失。此时的她总使我觉得她是有灵性的。她用舌头换来一双人腿，从海底游到陆上来找她所钟情的王子，但王子另娶他人为妻，失恋的美人鱼作用自我牺牲来拯救王子的性命。

美人鱼春、夏、秋、冬均栖身石头上，至今已快一百年了。她哑口无言，有家归不得，所爱的人亦已远去。她是一个此恨绵绵无绝期的海女，这也是美人鱼最动人之处。

哥本哈根有一条长长的行人街，蜿蜒穿过城中心。街道的两旁设有许多长木凳，供路人休息。街旁也有许多露天咖啡店和餐馆。坐在这条街上观看路人是一种很有情趣的享受，也同时可观察到居民的生活状态。

哥本哈根人形貌健康定斯基，态度悠闲，穿衣服讲求实用和舒服。那么，他们是不是世界上最快乐的人？我个人认为，应把快乐改为满足，他们是世界上最感到满足的人。

他们满足的是什么？且作个简单的分析。首先，他们满足他们的社会福利制度，教育、医疗、养老等一切免费。这个制度是由每个成年人（男女皆工作）付出 50%以上的收入所得税，交给政府来维持，所以他们视争取社会福利是行使他们的公民权。其次，他们满足他们的生活素质，干净的水，清洁的空气，先进的环保，优美的大自然。最令他们满足的是他们每年有两个月的法定假期，让他们拿着薪水去度假，等于电池充电。我甚至觉得他们是为了度假而勤快工作的。

他们有很特别的人生观，人生的目的并不是追求大富大贵，能在平安中过休闲的生活才是理想的人生。整体来说，他们的理想人生在目前已大致达到，满足感来自于此。

走在街上的哥本哈根人是知足常乐的一群。

奥斯陆——神的园林

暮辞哥本哈根，朝至奥斯陆，这便是从北欧的门户，乘邮轮到斯勘的那维亚半岛的内脏所需的时间。

奥斯陆（Oslo）在古北欧语里的意义是神的园林。所指的神是北欧神话的神。北欧神话的场面比希腊神话更宏大，人物众多，除了神族与巨人族外，还有许许多多的侏儒、小精灵等。挪威的自然景观宏伟壮丽，只需一点想象力，不难瞥见神话人物的影子缥缈在山川峭壁间。

邮轮进入奥斯陆峡湾，顿时使人产生置身巨人国之感。狭窄的峡湾两岸，屹立着绵延不断的巨岩峭壁，高耸入云，好像一个穿着树丛做的绿色军服的巨人哨兵。守着岗位。峭壁间的水面平静如镜，反映着岩壁的倒影，不时可见瘦长的瀑布从峭壁顶上奔流而下。此时，大轮船仿佛一下子被变成了小鸭子，沿着巨壁底部向前航行，过了一湾又一湾。忽然，前面的视野开阔，奥斯陆城出现在峡湾的顶端。

奥斯陆是北欧最古老的城市，建于 1050 年，大概是中国宋仁宗在位之时。

从 20 世纪 70 年代开始，挪威陆续发现丰富的海底石油矿藏。有如中了奖券，国家一朝发财，排名世界十大富国中的第二，接着其首都奥斯陆夺得今日全球最贵城市的冠军（哥本哈根是亚军）。幸好，这个发了达的城市没有变成暴发户，依然保存一向的朴实气质和平等价值观，被视为最宜居之地。

顾名思义，奥斯陆的含义是神的园林，它的美当然是在大自然中。那些佩戴着巨型冰川的巍峨山岳，是它的天然钻石宫殿；那些绵亘在漫长海岸的断岩峭壁，是它的雄伟城墙。这些均是不可征服的大自然，经过千万年的运行创造出来的产物，令人凛然敬畏，产生渺小感，

我个人非常欣赏北欧神话，在伟景之前脑海里不禁浮起幻觉，古代维京人所崇拜的诸神仍然活在那里。在冰峰雪岭间出现的玄妙流动光线，仿如神女在空中飘舞。巨云在高山峻岭间翻滚，风声呼啸，使我想起奥丁神手下的女战神，骑着云驹，掠空而过。

当轮船离开奥斯陆时，站在甲板上回顾，奥斯陆城一点一点地退回到三面环抱着它的森林里去。最后一个峡湾过去了，整个葱郁的神的园林变得无影无踪。这时，夕阳正好跟大海道再见，把苍天和海水涂得鲜红，一道闪闪的金光从天际奔跃出来，跨越红海。那岂不是雷神托儿驾着他的金车，赶来送客一程吗！

斯德哥尔摩——海上美人

以前，从北欧的门户到瑞典的首都斯德哥尔摩是非走水路不可的。今天，一座新式大桥跨过海峡，把瑞典和丹麦连接起来。从哥本哈根总火车站上车，半小时以后便到达瑞典南端的马尔墨城，之后可再乘火车北上。

斯德哥尔摩享有海上美人的美誉。从海上看她才能清楚地看到她的美姿。这座城市是横建在十几个岛屿上的，城中运河穿梭交错，故此有人说她是北欧的威尼斯。但两者相较之下，则大不相同。意大利的威尼斯是个自然、柔和、浑身发散着罗曼蒂克气味的热情女郎；斯德哥尔摩则是个不苟言笑、艳如桃李、冷若冰霜的美人。

每逢晴天，她特别美。在晴空之下，平静深邃的海水显得出奇的澄清和蔚蓝，宛如一片平滑的天清石，环绕着五彩缤纷的城市。放眼望去市容极为整洁，整洁得仿佛是一个非人居的娃娃国。城内多雅致古屋，均保留着几百年前的原样和原色，修缮完美，鲜艳夺目，很有气派，但在气派中略带几分冷峻。

瑞典人的国风与民情与其首都相似，有纪有律，抖擞坚挺，但稍有点冷硬。当他们在周末要放松作乐时，便喜欢跑到比较随和的哥本哈根去。

斯德哥尔摩的港外有一座海外花园，名叫岩礁花园，是由两万多个礁石和岛屿组成的，一直向东延伸到波罗的海。航行在岩礁花园中，颇有爱丽斯梦游仙境之感，海豹、候鸟、小鹿、大角麋出没在岩礁间。再向前去，岩礁变为小岛，小岛变为大岛。此时，房屋出现在岛上，有的是19世纪留下来的优美庄园，有的是斯德哥尔摩人的周末度假小木屋，岛前停泊着他们的帆船和小舟。

斯德哥尔摩最扬名世界的是一年一度的诺贝尔奖晚宴，循例在12月10日，诺贝尔逝世之日举行。在瑞典、丹麦、挪威三个北欧王国中，以瑞典的皇家为最富有，也最讲排场。诺贝尔之夜便是个好例子。是夜的场面既隆重，又像梦境。大堂的装饰富有中古时代的宫廷色彩。卫士们沿着宽阔的长楼梯站立着，穿着中古时代华丽的宫廷军服。当卫士吹起中古时代的长形喇叭时，珠光宝气的皇帝、皇后、公主、王子出现在灯火辉煌的楼梯顶端，领着盛装华服的贵宾们庄严地走下来。宾客们在烛光、鲜花、美酒、美食中共度华夜。

一年一度，世人的目光注视着斯德哥尔摩。

芬兰　我在芬兰的日子

蔡文琪

　　1991年的夏天我从纽约来到了赫尔辛基,夏天的赫尔辛基天空蓝得如此饱和,比希腊的天空更蓝,从飞机上望下去,湖泊纵横,低矮小屋点缀其间。我的心情不是很好,告别了纽约的繁华来到了宁静朴实的赫尔辛基,我必须重新交友,重拾书本。我能甘于寂寞吗,我能克服困难吗?

　　当时的赫尔辛基除了麦当劳,纽约有的赫尔辛基都没有,赫尔辛基有的纽约也没有。听起来有点像废话,其实橘子和苹果本来就无法相比。不过吃了大苹果(纽约别称)再吃橘子就觉得橘子有点酸。当时的纽约几乎每个巷口都有中餐馆,而赫尔辛基的中餐馆屈指可数;纽约有许多的百货公司,赫尔辛基的百货公司也只是屈指可数。不过需要的东西(或不需要)的东西都能找到,就是选择少了许多,而且都比纽约贵!

　　仅纽约一个都市的人口几乎就是当时芬兰500万人口的两倍,比赫尔辛基多了十几倍。赫尔辛基人的平均收入高于纽约人,但纽约人的可支配收入肯定高于赫尔辛基人。直白一点说就是一般赫尔辛基人的薪水比纽约人高,但是因为税赋重,物价高,真正能到口袋里的钱比纽约人少。芬兰的税赋高得吓人,没有巨富也没有赤贫,国家抽那么高的税是为了让大家能好好生活。赫尔辛基人不仅有优质的基础设施,干净的饮水,处处绿树成荫的公园,芬兰人从摇篮到坟墓的福利也好得令人羡慕。你能想象一个妇女的产假可以是三年吗?!不是停薪留职哦,是每个月可以领原来薪水的60%~70%。芬兰的孩子从幼儿园到大学毕业都不用交一毛钱的学费,政府还每个月给儿童零用钱。更不用说全民健保,全民家庭医生等基本保障。怪不得我认识的一个美国人嫁给芬兰人后决定放弃美国国籍加入芬兰国籍。有这么好的福利,谁还要那劳什子的美国国籍,芬兰护照去当时的苏联不用办签证,也是好处之一。

　　芬兰是社会福利的小天堂。赫尔辛基干净而宁静,这里的人沉默而寡言,喜怒哀乐不太形于色(天气冷,被冻的?)。这可苦了新闻从业人员,纽约有数不尽的新闻等着上头条,芬兰时报的编辑却要多伤点脑筋了,巧妇难为无米之炊。

我在那里两年印象最深刻的头条新闻是一只西伯利亚老虎从赫尔辛基动物园脱逃，费了三天才找到！那三天就不用愁没新闻了。我对芬兰的文化最震撼是"哇噻！有这么诚实的商人？"去商店买东西，有关质量的问题绝对不含糊，据实回答。有一次我看上了一个皮包，问售货员："这包是真皮的吗？"售货员回答："上面没写，可能不是，摸起来像是，但可能不是。"要是其他地方的售货员不信誓旦旦地说是真皮才怪！

我在赫尔辛基时有两个身份，一个是土耳其驻芬兰使馆旅游处某官员夫人，我的先生当时是土耳其文化旅游部派驻芬兰的外交人员，另外一个身份就是赫尔辛基大学传播系在读博士研究生。前者是得丈夫的庇荫，后者是我自己挣来的。这两个身份让我见识到了芬兰许多不同阶层的人，尤其是外国人。当时美国在海外的形象比今天好很多，美国人在赫尔辛基还是很受欢迎的。那时来赫大学习的美国年轻学生，女的娇俏男的高大帅气，真是一道美丽的风景。亚洲人里中国人、泰国人、日本人都有，还有一些隐藏在不同身份里的传教士。说到隐藏是因为，当时土耳其使馆内部判断美国使馆的某人是中情局的，但我怎么也看不出，每次聚会见面都觉得对方的眼神十分诚恳。如果他真是，那真是训练有素。美国外交官并不像大家想象的会说很多外交辞令，有的很直率。我还记得其中一名外交官警告大家绝对不要去非洲某国，"不是人住的，我前妻就是不想住在那个鬼地方才和我离婚的！"他说。还有一名外交官居然问我："你成年了吗？"至于那些隐藏在不同身份里的传教士我认识几位韩国统一教的，以从事贸易为名，辛苦赚的钱绝大部分捐给教会。那时耶和华见证会在赫尔辛基就有一个很气派的教堂，但没见到台湾常见的穿白衣黑裤的摩门传教士。

我们还认识了其他国家的使馆官员，如欧洲的比利时、奥地利等。他们都是很会享受生活的人，家里布置得很有格调，出入有名车。他们之中很多人不是不想结婚就是已离婚。外交官待遇好，周游世界，又有豁免权，但配偶得牺牲自己的事业，不是每个配偶都愿意的，此事古难全。

还有一些是申请政治庇护的外国人，我认识的有中国人也有库德族的。理由不外乎被政治迫害，从不准生二胎到不准设立母语电台，理由五花八门。就看芬兰政府接不接受。在结果下来之前，芬兰政府负责其生活还开课让他们学习芬兰语。我认识一位芬兰的小学老师，因为懂土耳其语，她负责编制课程并教授土耳其移民的孩子，土耳其孩子人数并不多，但政府却愿意花钱花力气照顾少数人，

让他们除了不忘自己的母语还能尽快融入当地社会。

赫尔辛基大学坐落于市中心，地理位置很好，没什么校园但环境、学习气氛都很好。当时互联网刚起步，赫大就鼓励所有的学生学习使用互联网，偌大的计算机教室随时都可以免费使用。后来写出 Linux 的 Linus Torvalds 就是赫大的学生，那年才二十一岁的他就写出了第一代 Linux，之后他不断改善程序并决定与世人共享，不收分文！

1991 年诺基亚刚起步，我刚开始知道诺基亚（Nokia）还以为是日本的品牌呢，后来才知道诺基亚（Nokia）是芬兰中部一条河流的名字。原来创办人 Idestan 在 19 世纪末创办诺基亚（Nokia）时是做水利工程的，后来公司多元化发展涉足了纸业，电力，鞋业，电子消费，最后集中精力发展电子通讯，研发出了世界上第一只 2G 的"大哥大"。和今天的手机比起来这款手机真是名副其实的大哥大，跟块砖头似的。1992 年的圣诞节我送了一瓶红酒给我的指导教授，他回送我的就是诺基亚黑砖头，是酷似真品的玩具。过了近二十年后的我常在想，当时要是很有远见地买了诺基亚的股票，今天的我得该多有钱呀！

第五篇

Southern Europe
南 欧

意大利·葡萄牙·西班牙·希腊·爱琴海·土耳其

意大利 亚当的创造

吕大明

亚当与米开朗基罗

罗马梵蒂冈西斯汀教堂的天顶，如洞穴的穹窿形是壁画艺术的精华之处，依照《圣经》："要管理海里的鱼，空中的鸟，地上的牲畜和地上所爬的一切昆虫。"（创1；26）那是亚当。

我站在教堂里仰观这幅画，地已不是"空虚混沌，渊面黑暗"（创1；2），生命开始在大地上活动，充满了虔敬。想象亚当正躺在馨香的草地上，他已有形有体，造物主用尘土造人，天上的云翻起白浪，祂自云端向亚当接近，向他鼻孔吹气，亚当成了有灵魂的活人，祈祷声如迅雷，如疾风

伸向亚当食指是创造力的象征，是造物主的智慧，亚当移动充满生命力的身躯，就在神与人接触时那火花迸裂的一瞬间，一位完美的生灵被创造了。

米开朗基罗的艺术天才在这幅画中表现了最崇高的意境。

罗马梵蒂冈西斯汀教堂建造于1473年到1481年间，教堂长133米，宽43米，教堂两旁顶端各有六个窗户，呈现了早期天主教巴齐利卡风格。

米开朗基罗在教皇朱理二世任命下完成艰巨无比的壁画，最初米开朗基罗一再加以拒绝，他甚至于愤怒相对，他说："我是雕刻家，画壁画是拉斐尔的专长，他应该为西斯汀教堂作画，我负责在重要部分从事雕刻的工作。"米开朗基罗终究不能推辞教皇朱理二世委任他的艺术使命。

在公元1508年5月10日米开朗基罗开始踏上艺术之旅，这段旅途苦不堪言.他的家族靠他辛苦挣来的酬劳过日子，对他没有了解与同情，手足形同陌路，老父受到虐待。他在精神极为孤独痛苦中努力不辍，终于在1512年圣徒祭日完成了壁画。

在这四年不止不休的绘画中，他的身体遭到严重的伤害，正如他1509年写的打油诗："他的身体已绷成希腊的弓。"那时他才三十七岁，绘画声名换来的是血泪斑斑。

走出教堂，我在罗马大街茶座上独自喝热牛奶，想到特洛伊战争的英雄阿喀

琉斯怀念他已阵亡的老战友帕特洛克斯———记忆中的一幕展开，在出征前战友正为他套上马鞍，扣上盾甲，然后俩人在一起喝上一杯……老战友已一去不返，英雄阿喀琉斯痛哭失声……

艺术巨匠所走的路，也是英雄泪洒沙场的路。

罗马的喷泉与希腊神话

在有关丝路古老的传说中，据说华山七十二个石洞都是郝太古这位修道人在一块囫囵的大石上凿出来的，这宏伟艰巨的工程出自僧人之手，令人叹为观止。

人们常以名称记下平生永志不忘的事物。周公以"嘉和"作为书名，汉武帝得宝鼎就以"元鼎"称年号，叔孙战胜长狄国侨如就以"侨如"来为儿子命名……

罗马处处都是喷泉，每一座喷泉的来历我没去考证，但或许也像华山七十二洞传说，每一座喷泉都是出自艺匠之手。虽没有特别的名称，但慧眼人一目了然，它们全都雕刻希腊神话里的人物，这奥林匹斯山的诸神，都成了罗马喷泉的艺术雕刻。

这奥林匹斯山的诸神，都成了罗马喷泉的艺术雕刻。（麦胜梅 摄）

如众神之王，职掌天地、云雨、雷电的宙斯和他的两位兄弟海斯（Poseidon）与冥王（Hades），宙斯的妻子希拉是妇女与婚姻的女神，酒神戴奥尼西斯也是植物之神。在众神之中宙斯最钟爱太阳神阿波罗与智慧和艺术女神阿西娜（Athene），阿波罗精于音乐与射箭，阿西娜除了是九个缪斯（Nine Muses）的保护者，她也是战神。

当然人们最喜爱的还是维纳斯，据说她是天上人间绝色中的绝色，她来自于海里的泡沫，西风将她送到 Cyprus 岛，四季之神为她披上华衣，当她来到希腊众神面前，她成了倾国倾城的人物……

维纳斯的儿子爱神丘比特披弓带箭，他的箭不会伤到人们的四肢体骸，凡被他的箭刺伤就会产生无形的爱情伤痕。丘比特中了自己的箭伤，爱上人间美女泊赛克，就像喝了他母亲维纳斯围中的两道泉水——甜蜜和痛苦，一霎时都潮涌而来。

漫步在罗马街头会蓦然了悟，伟大的艺术如伟大的文学一样都是千秋万载的，不会走入死胡同。当印象画派像崭新的春天来到人间，那个春天就成了永恒，因为印象画派讲究唯美与艺术济慈（John Keats）说："A thing of beauty is a joy forever。"（美的事物是永恒的喜悦），他的诗《安迪弥昂》（Endymion）就以这套美的定律来演绎。

印象派画师在色彩上创新与安格尔的古典主义、伦勃朗的神秘现实主义、文艺复兴的艺术文学、古希腊的文明……完全没有冲突，因为都是属于美的事物。

罗马不是一天造成的

华山七十二石洞的故事是这样开始的，郝太古因听了师父王重阳的指点迷津："天上没有无功于人的神仙，要立功德才能得道成仙。"郝太古恍然大悟，为修成正果，他来到西岳钟灵毓秀的华山，修炼他的道——开凿石洞。

我漫步在罗马大街上，回想起 1984 年我曾在罗马住了一个月。一个月的逗留对行色匆匆的旅人是有点漫长，但圆剧场、蒂优里的维拉帝沙庄园（Villa D'este）、梵蒂冈教堂、梵蒂冈博物馆……除了圆剧场像一场噩梦，让我忆起历史上恐惧的一页，人与兽的搏斗以及残害基督徒的惨剧外，所有的行程都是美与艺术，那行程一点也不觉得沉闷。

罗马的几位皇帝从奥古斯都·凯撒（公元前 2 年至公元 14 年）到声名狼藉

的尼罗．尼罗因西班牙在七十三岁老将领加尔巴率领下进军罗马，于公元68年自杀，结束了Divus Carsar"神权凯撒"的称号，也结束了凯撒家族系统的帝制。那时期一年里罗马有四位帝王：加尔巴奥托、维泰利乌斯、书斯帕西安、图拉真。在图拉真统治下版图扩展到极限，占有帕提亚，亚美利亚，亚述和美索不达米亚。但他的继承者哈德里安就显得稳健谨慎，不再东征西讨，他像我们古人一样也有筑城御蛮的想法，他不是建万里长城，他构筑哈德里安城墙，在莱茵河和多瑙河竖立屏障，抵抗条顿民族和斯拉夫民族入侵。法国现代著名作家尤瑟娜（Marguerite Yourcenar）就曾以哈德里安为主题撰写小说。

罗马内部已有两百年的太平盛世，接下来一百年面对异族的压力，疆土的萎缩，瘟疫蔓延于公元164年至180年……不过罗马帝国晚期仍有几位雄才大略的君主，如戴克里先、君士丁大帝都将帝国从支离破碎中挽救回来。

罗马不是一天建成的。

从尤利乌斯·凯撒开始，罗马就一直在攀登文明的殿堂，如希腊、埃及、巴比伦。

罗马也像传奇故事华山七十二洞，是僧人修炼功德的道程。

再回到亚当的主题

美国诗人朗费罗（Henry Wadsworth Longfellow）将但丁的诗比喻为一座庄严壮丽的大教堂。人类纡徐曲折的历史经常以年代来区分。诞生在意大利佛罗伦萨的但丁，并不属于某一段年代，他的《神曲》让他超越了时间。

当我们读到一位恋者，
怎么地吻了他梦寐中的微笑。
那理当在他身边的情人，
惊慌地回吻了他的唇。
这是哥莱忒书中的描写，
就终止在那天，
我们早已掩卷。
一个灵魂开始说话时，
别的灵魂是那样哀伤，

他们呐喊哭泣。

因为恐惧我犹如死亡般昏迷，

我像临终的人倒卧在地。

——根据华尔特、埃伦斯培尔《神曲》英译诗语译

美国诗人佛洛斯特（Robert Frost）通过一片薄冰看到灰黄草枯叶凋的世界，我从但丁《神曲》读到灵魂痛苦与挣扎，然后导向悲悯与净化的宗教氛围。

尽管佛洛斯特感叹乐园已堕落为愁苦人世，黎明毁灭成了白昼……我认为人还在继续不断地写他们自己的故事。在米开朗基罗画笔下，亚当是人类的祖先，毫无疑问亚当是以"人"为主题，是人的象征。纵然人类像圣经所描述已被逐出乐园，人类还是一代又一代不断寻觅属于生命的曙光。

"我虽然行过死荫的幽谷，也不怕遭害，因为你与我同在，你的杖你的竿都安慰我，在我敌人面前，你为我摆设筵席……"圣经诗篇第二十三篇是为所有人类而写的，走过阴暗的幽谷就有曙光，就能面对一度美好的盛宴。

罗马在宏丽中给人庄严肃穆之感，罗马这座城说它是经过雕刻巨匠的刀笔，或伟大画师一幅镶嵌画都不算离谱。

我漫步在罗马街头，就像美国诗人罗宾森（Edwin Arlington Robinson）笔下的米尼佛契维，我也迷失在旧世纪里，为希腊古城梯比斯，中古欧洲传说中的亚瑟王宫殿卡美洛宫入迷……

罗马古城艺术之美更令我神魂颠倒。

意大利 **在罗马看海**

丘彦明

罗马是我钟爱的城市,去过好几回,每次思念起总是充满爱恋。没有一个城能像罗马,大街小巷乱窜,每一眼看出去或每一回头都是前尘往事走到现代的风景。

但我从没能把罗马与海联系在一起。直到有一天……

我的左手拎着鞋子赤着双足,从被太阳晒了整日略有些刺烫的白沙滩,走入温暖的蔚蓝色海水里。浪花轻轻地一波接一波冲过来,不停地湿润我的脚。海岸线往两侧远远拉出去直到视线的终点。

"丘阿姨,这就是罗马的海。"议今笑着说,满脸洋溢着光彩。

第一次见到议今,是个四岁的小不点儿,历史小说家的父亲高阳带她到联合报副刊办公室。胖胖圆圆的小姑娘,大大灵活的眼睛戴了一副眼镜,嘴巴甜蜜,非常讨人喜欢。高阳让她坐在我身边学写字,他自己坐在另一张桌前赶次日要见报的连载稿件。

十七岁那年议今先去巴黎,两个月回台北后,选择到瑞士读书。学业完成后实习成绩优异被公司留用,派在罗马工作,后改驻香港,返东方一年因怀念欧洲生活选择回到罗马。后来她虽曾赴英国伦敦进修取得学位,思考是否改换国家居住,最后仍然决定留住罗马。

由于同在欧洲,议今与我经常联络,有空她会来荷兰度假,而她的每个住处我都去探望过。以前,觉得她是个该照顾的孩子;待她长大,两人却像朋友一般谈心,年龄的差距缩小了很多。

"丘阿姨,我贷款买了间小公寓。"去年,议今来电话报喜讯。"恭喜!恭喜!"我祝贺,赞美她理财有方。

"房子得整修好才住得进去,好烦哦!"过几个月她来电话诉苦。"别急,慢慢来。"我安抚着她。

"房子差不多弄好了,也添了家具,你跟唐叔叔什么时候来玩?"议今贴心地告诉我近况。"好啊!我来找机票。"果真按承诺立刻上网寻找飞往罗马的飞机。

两小时航程，效、我与外甥来到罗马，正遇到出租车司机罢工，联络接我们的车被泼了牛奶，吓得司机放着人也不接回家去了。折腾了一阵总算来到议今在罗马欧斯提亚（Ostia）的家。

才放下行李，议今便兴冲冲道：“走，我们看海去。”

“看海？你不是住罗马？”罗马处处泉水，甘甜美味，我们早有体会，却从不知罗马有海。

“是啊，欧斯提亚属于罗马，寄信地址城市写罗马。”议今领着我们离开住家。一路夹竹桃花开得团团锦绣。以前在南台湾许多夹竹桃，从不觉得它花美，记忆中反是它的花朵有毒。奇怪，在这里白色的、粉色的、红色的夹竹桃花，花色非常纯净美丽，忍不住要多看几眼。

十分钟步行，眼前已是一望无际的蓝色海水，飘浮在空中的淡淡咸味与水气立刻叫人心旷神怡。一走到沙滩，我们很自然地脱下鞋来，让脚掌接触柔软的沙层。沙滩上躺着、坐着许多男女老幼，全都舒坦着四肢，脸上带着轻松愉悦。

脚触及海水了。“地中海的海水大半时间是暖和的，不像大西洋的海水冰冰冷冷的。”议今说着，有几分得意。嗯！荷兰濒临的北海海水也多是冰凉的，我的思想跟着走，脚步随着她沿着水线向夕阳的方向走去。

“我的同事住在罗马城里，上下班也要搭三四十分钟的车；我下班搭三十分钟的火车回来，从火车站走两分钟就到家。马上到海边还可以看日落，很幸福的感觉。”议今讲。夕晖将天边晕染出一大抹色彩，同时反射在海水上。记得有个女友每回看到夕阳就伤心流泪，我庆幸夕阳带给议今的是工作后的憩静与睡梦前的美丽。

走过公共海滩，再沿着私人沙滩前行，私人沙滩提供阳伞、躺椅，有设备良好的更衣室、贮藏间以及淋浴，花钱便可享受。但阳光与海水却无公私之分，我们自在的踢着海水与沙粒走着，一边等待着红炵炵的太阳西落。

来海边的大多不是外国观光客，观光客都留在了罗马老城中心。待在这儿的都是罗马人，许多罗马人在这儿购买了度假屋，整个夏天就住在这里。

这里夜晚仿佛不眠。沙滩间砌出了一个广场，修了一段步道桥延伸入海。夜晚，人们就坐在桥栏上，或倚着桥栏，看月色星光下的海波，听浪花击岸的声音，同时也欣赏广场棚台上的表演。桥栏边还有一些夜钓者，专注着他们的钓竿。我们也伏着桥栏观看黑夜中远近的灯火，沙滩上早没了弄潮戏水的人影，海岸线单纯地弯曲着，寂静而优美。

广场上夜夜歌舞热闹却不喧哗嘈杂，一夜我们观赏了片段的儿童歌舞，孩子们的天真烂漫让观众们开怀而笑。另一夜是四位青年弹唱披头的歌曲，虽是老歌年轻人听得兴味盎然，许多老人则听得热泪盈眶，大约因此记忆起过往旧事。几个肥胖的老大妈并坐在路旁长椅上，摇头摆肩脚打节拍，脸上沉醉的表情，仿佛返回少女青春美丽的时光。另外有位老先生忍不住拉着孙女起舞，旁边一对夫妇立刻响应拥舞了起来。还有一夜搭出了一个巨型舞台进行青年才艺擂台赛。

广场边许多小贩，安闲地卖着皮货、首饰、眼镜、游泳衣裤、糖果……最有趣的是个西瓜摊，西瓜切成薄片，一片 1 欧元。西瓜摊二十四小时营业，每年在夏天的海边连卖九十天，成了这里醒目的地标。见那西瓜多汁的红瓤那么亲切，虽然才吃过丰盛的意大利晚餐，肚子仍然饱胀，还是忍不住买了一块品尝。当清甜的西瓜充满口腔，眼前的西瓜摊恍恍惚惚正是小时候台湾南部夜市里那灯泡吊映的西瓜摊。

滨海大路边还架设起一个约 100 米长的白色大帐篷，篷内两侧设置了书架，摆满了书籍，中间还摆置了长条宽桌也层层叠叠摆满了书籍，书前站了不少的人翻阅。露天书篷店也是夏天罗马海边的迷人景观，每天开放到凌晨二时。可惜我读不懂意大利文，这时便特别美慕起议今了。

走过书篷，继续沿海滨大路散步，一路都是人潮，却不觉得拥挤，反而给夜晚营造出更轻松欢愉的气氛。这儿的大人纵容小孩夜游亦是理所当然，明明已过半夜到处仍是孩子的踪迹：几个月的婴儿、一两岁、两三岁的幼儿、七八岁的小孩到十一二岁的儿童。儿童早睡有益成长，这儿没有这些规矩。

餐馆、咖啡厅高朋满座，冰淇淋店生意兴隆，尤其是名为萨路斯（Salus）的冰淇淋店，虽然是大半夜仍有在排队。这家冰淇淋店有整个欧斯提亚最好吃的冰淇淋，芒果、香蕉、西瓜口味的冰淇淋球，入口完全是新鲜水果的滋味与细腻的冰质。

还有一家卖 Paglia 的小店，奶油、巧克力或果酱的热馅加上松软的面粉与酥脆沾糖粉的外壳，每一口都是滋香的享受。我觉得 Paglia 就是油炸圈饼（Donut），只不过油炸圈饼呈圆圈状，Paglia 扎实得像个小炸弹。议今说，这也是罗马人疯狂的甜品店，甚至有人想念得专程搭车来购买呢！

再继续前行，不少年轻人在灯光下的赤足沙地比赛沙滩排球。

忽见一片沙滩掘了一排排沙坑，坑中闪着烛光，忍不住走近看去。浅浅的圆盘形沙坑，中心各放置一只直径 10 厘米的陶盘蜡烛，点燃着烛火。火光照映着环绕它聊天饮酒的一簇簇人群，浪漫的情调便是这般，我们忍不住想，次日夜晚来这儿野餐吧！

探访议今的一星期，不论进不进罗马老城区，晚上我们总在海边散步，与罗马人分享他们夏日海边的时光。

我很高兴议今在这里拥有了属于自己的家。贴了蓝色瓷砖像海洋一般的浴室，有如阳光般温暖的黄色厨房，一墙书架的客厅与一间卧室。虽是小小的空间却温馨清爽而安全，何况交通方便，海的呼唤又那般的贴近。

"丘阿姨，你和唐叔叔下次什么时候再来？"离开时，议今问。

"想念你与海的时候就来。"汽车沿海边走了一段，转向机场方向开去。

意大利　走马看花话罗马

麦胜梅

　　阳光像断了线的珍珠，一泻千里，8 月的罗马，处处艳阳天。城市的宫殿、钟塔、神殿、喷泉、雕像以最灿烂的姿态迎接纷至沓来的游人。街道上，楼宇店铺密密集集，而我只不过是众多游客中的一个探路者。

　　朝向第一个景点许愿泉走去，一座似曾相识的大喷泉蓦然映入眼帘，潺潺水声，池中的波里宫殿 Palazzo Poli 宛若童话中的海神宫，海王神就站在巨大的贝壳形马车上，威风凛凛地作出驾驭马车的姿态。

　　我凝视着罗马市最迷人的巨大舞台，咀嚼着惟妙惟肖的巴洛克艺术。我对喷泉有一种奇妙的感情，每一波动的水都带给我无限的遐想。水是所有建筑的泉源，有水的地方几乎都会有房屋聚集！不可思议的是罗马全市大小喷泉居然有三千之多，可见罗马的居民和我一样对水是情有所钟。想起家乡不起眼的古井水车、小桥流水，虽说穷乡僻壤，却卓然自成一处风景，让人缅怀。

　　罗马是一个让人情根深植的地方。很多去过罗马的游客喜欢旧地重游，在波

在广场上还有一个叫破船的喷泉，游人喜欢聚集在那儿消暑。它脱颖而出的石船造型，出自于雕塑家贝尼尼之手。（麦胜梅摄）

光闪烁的许愿泉池中的铜币层层堆栈，就是因为人们相信背着喷泉把钱币投入池中，以后就会一而再地寻访罗马。

从许愿泉步行到第二个景点万神殿不过 10 分钟。顾名思义，万神殿是供奉神祇的殿堂。神殿的主体是一个巨型圆锥建筑物，重建于 2 世纪初。门廊上刻画重建时执政官的名字，壮丽的门廊前罗列着一排排的花岗石柱，散布着庄严肃穆的气息。内殿是一座圆形建筑物，墙壁上是一座座供奉神祇的壁龛，叫人想起希腊庙宇。

穹顶下一片安静。我正琢磨着为什么神殿的高度及宽度都是 43.3 米，这是巧合还是别有用心？突然一道强烈的光线自直径 9 米的圆顶照射下来，仿佛一股灵光包围着我，这使我顿悟，建筑艺术与信仰有一种不可言传的密切关系！

旅游迷人之处在于寻寻觅觅，我穿越市区来到了西班牙台阶前，带着兴奋的心情登上 137 级的石梯，眼睛好奇地向下巡视，我尝试捕捉城市的浪漫气息。那一刹那，我仿佛是置身于电影场景，原来，奥黛丽赫本主演的电影《罗马假期》就在此取景。她饰演一位公主，和格里高得·派克饰演的新闻记者坐在广场台阶上吃冰淇淋。广场顶端的圣三一教堂是 15 世纪末哥特式双子钟塔建筑，中间弧形线条的阶梯，也是电影中的背景。

在广场上还有一个叫破船的喷泉，游人喜欢聚集在那儿消暑。它脱颖而出的石船造型，出自于雕塑家贝尼尼之手。

走走停停三个钟头，路过好几条名街和著名广场，一切都很新鲜，纵然浮光掠影，却也心旷神怡。

西班牙台阶 137 级的石梯和哥特式双子钟塔建筑的圣三一教堂是电影《罗马假期》的背景。（麦胜梅摄）

次日，我的目的地是梵蒂冈城。

步入梵蒂冈境内，一幅壮丽景象迎面而来。只见广场中央，竖立着卡里格拉帝从赫里奥波利斯带回来的方尖碑，高 26 米，两旁有巴洛克式喷泉。走过广场便是著名的圣彼得大教堂（Basillicadi San Pietro）。圣彼得大教堂是我见过最气派的教堂，每年复活节，六万朝圣者聚集于广场的盛况，场面之壮观感人就可想而知了……

长形的广场和伸展出来的半圆形回廊，就像一双强有力的手臂环抱着我脚下的圣彼得广场，也仿佛是一双充满热情的手臂欲拥抱远道而来的朝圣者。仰望门廊上整齐地排列的 140 尊圣人立像，以及共有 284 根圆柱的半圆形回廊，不禁对建筑大师贝尼尼又增添一份敬佩。

长形的广场和伸展出来的半圆形回廊，就像一双强有力的手臂环抱着我脚下的圣彼得广场，也仿佛是一双充满热情的手臂欲拥抱远道而来的朝圣者。（麦胜梅 摄）

梵蒂冈不仅是罗马天主教的圣城，也是一座巨大的文化艺术宝藏。于 1626 年完工的圣彼得大教堂，收藏了琳琅满目的艺术作品，难以一一枚举。短短的梵蒂冈之旅，让人来不及一一惊艳，就要离开了。留下深刻印象的仅有著名的贝尼尼青铜祭坛，米开朗基罗的大理石雕像《悲切》。

继续下来，我又展开了另一段美丽的行程。

炽热的阳光在我头顶上耀眼地照着，我在等公共巴士。一群游客上了车，车上拥挤不堪，空气里弥漫着热气和汗味，我是最后上车的人。

车门一关，公交司机猛地一踩油门，车子立即向前冲去，我顿时失去重心，跌撞到旁边拿着一大束美丽鲜花的女士，差点把她的花压坏了，我感到很不好意思连忙说抱歉，换来的是她一丝宽容的微笑。人们喜欢用时尚、美丽、热情、浪漫来形容意大利女人，眼前这位女士更有一派洒脱豁达的气度，就像炎夏中的清泉让人感到无比舒畅，给我留下美好的印象。

汽车向东南边驶去，视野也跟着穿梭过很多的建筑物。忽然，宏伟的意大利统一纪念台及祖国祭坛映入我眼帘，还有不远之处令人心灵震撼的古罗马遗迹，前者处处光彩夺目，后者断垣残壁。

城市曾是繁华一时的地方，一旦摧毁生命不再璀璨，留下一页沧桑。只见旅者踏着前人的一砖一瓦，尝试从一堆废墟中阅读古罗马的辉煌。这是一部活生生的史书，又是千金难买的人文景观，它点燃着古罗马的薪火。

仰慕已久的帝国市苑大街就在不远处。在蔚蓝的天空下，我带着探访的心情漫步到罗马市苑和奥古斯都市苑，我仿佛听到它的呼唤，告诉我不可错过探究它往日的璀璨。

我相信没什么比都市苑区更能显示出昔日帝国的显赫和壮观。一个都市苑区的组成，通常有宽大的广场、四面八方的柱廊、皇帝骑马雕像和苑区后端的神庙。我尝试从零零碎碎的石块、柱子、断壁中整理出一个头绪。这里，应是元老院、法庭、庙宇、宫殿和凯旋门等聚集建筑区；那里，该是公元前1世纪古罗马帝王奥古斯都所兴建的和平祭坛。

我远离人群，愈走愈远，再往前走，恐怕会迷失于这庞大的宫廷遗址里。我环顾四周，琢磨这"永恒之都"的由来。

翻开我的旅游书，上面记载古罗马文明已有2700多年的历史，发源地是位于台伯河畔巴拉萨蒂诺山丘的一个小村庄。史学家、艺术家、人类考古学家称之为"永恒之都"，因地理环境之故又被称为"七丘之城"，后来改称为罗马。罗马原来有两种含义，一为河畔之城，另为卢玛家族。后者是指伊特卢里亚家族的姓氏。

　　相传很久以前，战神玛斯和从特洛伊流亡的伊尼亚斯之后代蕾亚·丝维亚相爱。公主出身的她被叔父陷害，并且把她刚生下不久的两个男婴放在篮子里顺水漂流，不知漂流多久，最后篮子被水冲到河岸边。婴儿的哭声惊动了附近的一匹母狼，母狼出于母爱本能救了两兄弟，还用自己的奶水哺育他们长大。这对双生兄弟名叫罗莫洛（Romulus）和雷莫（Remus），当他们察悉自己特殊身世时，深知他们具有天赋的领袖条件，便义无反顾地捍卫脚下这片土地，创建了罗马城。

　　这个美丽的传说就这样流传至今，4世纪时罗马人铸造一尊母狼哺育孪生子的铜像，成为古罗马吉祥动物和罗马城的象征。

　　沿着帝国市苑大街行走，我从游客零落的一处，走到人群聚集的罗马斗兽场。

　　被视为罗马市标之一的竞技场呈椭圆形，长直径为187米，短直径的155米。从外围看，整个建筑可分为四层，底部三层为连拱式建筑，每个拱门两侧都有石柱支撑，可容纳五万观众，不愧为纪元初的壮观建筑。当年在场外曾经安置了一尊巨大的尼罗金像，罗马人因而称此为"巨大"（Colosseo）。

　　罗马斗兽场的建造，被视为罗马权力和统治的象征，始建于公元72年的韦斯帕西恩皇帝，建造目的完全是为了迎合贵族特权阶级寻求娱乐刺激之需。公元80年斗兽场落成时，曾大举角斗血腥旗帜，进行人与人之间和人与兽之间的角斗，甚至在场地上注水模拟海战。丧生的斗士和兽类上万之多，罗马的兽类几乎到了斩尽杀绝的地步，令人惊悚。

　　离开一个不曾尊重生命的地方，我朝着君士坦丁凯旋门走去，这是公元315年元老院和罗马人民，为了纪念君士坦丁大帝击败暴君马生奇而建的。仰望拱门上巧夺天工的大理石浮雕装饰，令人不得不叹喟："中国文物多埋在地下，意大利文物则摆在街上"。

　　太阳西下，云淡风轻，我走上山坡，在一处幽静的绿草上小憩，一边是凯旋门，一边是罗马美丽的斜阳。

葡萄牙　大西洋中的"花之岛"

丘彦明

　　"爱花，一定要去马迪拉（Madeira）岛。"继熙道，"这小岛一向被称为'花之岛'呢！"

　　2006年继熙、涵宇邀唐效和我到"花之岛"马迪拉共度圣诞。一出机场，蔚蓝的天空与海洋迎面而来，云杉青绿无尘，非洲芦荟花灿红鲜丽，一路青山绿水满目皆花。橘红色天堂鸟花在许多人家花园及马路旁盛开，一家前院的仙人掌高大曲蜷如巨怪，另一户人家在酒瓶椰叶柄与干茎衔接处细心地种植各类落地生根正绽放各色小花。坡地里无针龙舌兰花枝弯垂两米长，紫红九重葛开得满枝满桠，圣诞红一片嫣红。非洲郁金香树举着杯盏形的金红花朵，像点了一树的蜡烛。美人蕉、大朵曼陀罗、茶花、玫瑰、洋海棠、永生花、阿勃勒、珊瑚赤桐、马樱丹、夹竹桃、杜鹃、炮仗花、虎头兰、扶桑、非洲菊、金莲花等均已盛放。东方尼罗百合绽开蓝色花朵，君子兰展开金红色的花，白色洋绣球花、马蹄莲迤逦，这些欧洲大陆珍贵的室内盆景，到这儿却满山满谷、临海遍野俯拾皆是，毫不值得特别去照抚似的。冬令此时，一株挨一株叶子青青翠翠，间杂花色新鲜，可以想见真正花期时花开大片的华丽胜景。还有杰克林达树，当各城、各镇、各村全笼罩在紫色的花云花雨之间时，会是何等让人沉迷的情境？ 4月马迪拉花节之际，岛上又该如何花香摇曳、花色缤纷！随处可目睹花开的美色，呼吸空气中流动不同的花香，惊喜飞抵一处花树皆美且无空气污染的人间净土。

　　原来植物各有花期，但到了马迪拉竟四季均可开花，只是或多或少的区别罢了，神奇绝妙。我忍不住每日记录并画下新见的花树，包括第一回见到白色天堂鸟花，第一次在欧洲见到莲雾树开着红色的花结着红色的果实。不过数日就累积了四五十种花树记录，猜想呆上一两个月，应可画下数百上千的花树吧！

　　除了鲜花诱人，岛上蔬菜水果丰盛。蕉园遍布，是主要农作物。香蕉树之外，几乎家家户户都种有释迦树、葡萄藤、无花果、酪梨，也看到熟悉的番石榴、木瓜、百香果、桃树、梨树、柑橘、柠檬等果树和大片甘蔗田。置身其中，彷佛回到了南台湾。岛上出租车司机说，当地居民虽然所得不多，可是每家种有足够一家人日常所需的蔬菜及果树，还自家酿酒，生活单纯平静而愉悦。生长在与世无争的小岛，应该是很大的福分吧！

除了鲜花诱人，岛上蔬菜水果丰盛。（丘彦明 摄）

　　仔细观察还发现岛上常有荒芜坡地，长了不少果树无人问津。一日，忍不住攀爬入一坡地，采撷了一篮释迦果，一些柠檬和几种不知名的果实，特别开心。这里的释迦果外皮薄而平滑，果肉颜色玉白，绵柔味道蜜甜，肉多而籽少。不似台湾传统释迦果皮坚厚呈鱼鳞状，每一鳞状果皮连带一块三角柱形果肉，每块果肉各含一粒黑长种子，边吃边得吐籽颇为费事。心中正想台湾应改良品种，谁知两年后就在台湾东海岸吃到极似马迪拉的菠萝释迦。

　　有次路过一户人家，望见一株番石榴树果实累累，与幼年时台湾南部的土番石榴样子相同，不禁叩门。主人不以为忤，摘下几粒外皮呈黄色的果实相赠，说对心血管疏通有益。粉红色果肉的小番石榴我十分熟悉，迫不及待咬下一口。唉！南橘北枳，缺少了一份记忆中的甜熟滋味，怅甚！

　　度假屋位于小岛南边卡纳斯村（Canhas）的太阳角（Ponta do Sol），一幢依偎山壁建筑的别墅，三面环山一方面海。弧形客厅的落地窗正对着一重山谷，山坡青葱茂密的香蕉园掩映着疏疏落落的红瓦白墙人家，谷外粼粼流动的便是一望无际的大西洋海水。餐厅两面是落地窗，推开玻璃门走到宽阔的阳台，可极目环看海景、延绵的重重山峦与蜿蜒崎岖的山路。早晨在床上睁开眼，可从卧室两扇对开的玻璃门看见花园，香蕉树与棕榈树在煦日微风中轻轻款摆。

我患支气管炎已有月余不堪其苦，这样的环境确实是静心休养的好地方。

上午时光，我固定坐在客厅的落地窗前，看朝霞、看风吹云跑、看海面的光影变化、看偶尔行过的渔船、看山腰上精致的房屋、看茂绿的香蕉园、看弯转在山路间的小汽车……有时提笔做窗外景物素描，有时阅读兼听古典音乐，让暖暖的阳光透过玻璃照射着我。这样将养休息，病体果然迅速有了转机。

而黑夜中安坐客厅欣赏窗外灯火，也让我爱之不舍。蕉园层叠的绿叶此时已转化成深浓的黑色，山谷更是深沉的墨黑，沿山壁修筑的山路原该黑暗，却因橙黄色街灯照映，让山路螺旋式的线条与山壁弯曲的平面结合起来，宛如盘环而上的褐黄色城墙，但见城廓内疏疏落落的人家点燃着灯火，洋溢安全与温馨的寂静。整体色调与层次，令我产生跌落时光隧道俯视中世纪景象的错觉。

倘若下午阳光仍好而我精神亦佳，则四人相偕出游。十天假期累积下来，虽因体力不足没能参观岛上几个著名花园，倒也优哉游哉地观览了不少岛上风光。

曾开车从南边翻山过北边，眺望海边围栏处的露天活海水游泳池，嫉妒游泳的身影。驱车来到波多·莫尼斯（Porto Monis），观海景赏礁岩，浏览水族馆里收集的附近海域不知名的水中族群，惊讶几尾背部鲜红与嫩黄色相间的白须海虾，秀美得让人赞叹造物者这般慧心巧思。直至最东角米拉多洛（Miradouro），登高俯览峭壁悬崖与翻飞的海涛白浪。

从首府枫桥（Funchal）搭乘空中缆车来到蒙特（Monte）镇，整个下午在蒙特的昆塔旅馆（Quinta de Monte）花园正中心的茶亭阳台上流连，就着阳光鲜花绿树喝咖啡吃蛋糕聊天，不做多想。

追逐夕阳，日落时分坐在"太阳角"海滨，凝视橙红色的夕阳温柔地在海平面缓缓消逝，残留下几线金黄色带飘浮在灰黑的海天之际。

斜倚在海边露天咖啡厅，喝卡布奇诺咖啡、吃葡萄牙蛋挞。葡萄牙蛋挞名气很大，但我觉得马迪拉蛋挞不及澳门蛋挞美味。或许澳门蛋挞已改变了配方，较适合中国人的口味吧！

枫桥鱼市场原该是此岛的观光特色，但我们总迟迟至午后才出门，鱼市早已结束。只有一回遇见尚有两家摊位营业，摆着带鱼、几尾炸弹鱼、一大块旗鱼排和一些腌制的咸鱼。马迪拉附近盛产带鱼，进餐馆点一份当地名菜烤香蕉带鱼，鱼肉肥厚鲜嫩，价钱却是其他鱼餐的一半，真正物美价廉。

盐渍烟醺的带耳乳猪头及猪腿，在马迪拉超市及肉铺里随处可见，买回后蒸熟切片食之。味道类似中国的腊猪头、腊猪耳与腊肉，咸香的气味与口感实乃下酒好菜。由此回想在岛上小餐馆吃过的炸猪皮，红酒干烧五花肉，都与中国菜有异曲同工之妙。

圣诞节前一日，黄昏之后在枫桥城里观赏圣诞灯饰。每一条街悬挂着不同图案设计的彩色灯饰，街树也都扎上了华丽缤纷的光球。滨海大道衔接出一环接一环的大红球花灯长廊，夜晚花灯一亮红艳照人，富丽喜气。很难描绘枫桥城市的圣诞灯饰设计，有的璀璨明艳、有的高雅古典、有的清新空灵、有的现实而又现代，在夜幕中散射着各自的风采。真令人吃惊人烟稀少的小岛首府会有如此精美别致、多彩多姿的节庆灯饰，毫不媚俗地展示它们存在的目的：赐予人们来到"伊甸园"度过"平安夜"的安详与喜悦。曾在纽约、巴黎及其他欧洲大城小镇观赏圣诞灯饰，得到的仅是热闹欢快的单纯印象，唯独马迪拉圣诞灯饰留给我贴心的感动。马迪拉居民长年沉浸在和平喜乐的颂赞中，如此孕育出的心灵才能创造天堂般的景致吧！

走过一条步道街，摆饰着雪橇与一队拉橇的麋鹿，红衣白须的圣诞老人搂着小孩倾听圣诞礼物的期望。一幢华厦的二楼正不断向窗外飘散人工雪花，雪花不断地飘落在行人的头发上、衣服上，仔细一摸，满手白色肥皂泡沫，不禁莞尔。

夜深离城折返，沿途张望，因岛上尽是山岩，房屋均沿山搭建聚聚散散、层层叠叠，昏黄的万家灯火与七彩圣诞灯饰闪闪烁烁，就像看着魔棒在岛上点晒金粉，挥得到处金金灿灿地恍若仙境。

马迪拉，一座大西洋中的火山岛，总面积 741 平方千米，长 57 千米、宽 22 千米，居民约 26 万。阅览地图形如横过来的台湾岛，台湾面积 3596 万平方千米，人口 2300 万，相较之下马迪拉土地既小，人口又稀。葡萄牙人发现台湾赐名为"美丽宝岛"，将所属马迪拉称为"花之岛"。葡萄牙人对岛屿充满了理想主义与浪漫遐思的色彩。

葡萄牙　葡萄牙之旅

张琴

　　由于外子参与制作的西班牙影片《疯女璜娜》(Juana la Loca)的外景前期工作，预备在葡萄牙北部的吉马朗伊什城拉开序幕。借此机会，我也随他们的先锋队驱车前往，开始了一周的旅游生活。

——

　　这是一个秋高气爽的日子，我们一行七人开着一辆装满道具的卡车，还有一辆小轿车，离开马德里朝着西北方向驶去。沿途看到的都是橄榄树和葡萄园，典型的西欧地中海乡村风光独好，心里别有一番感受。

　　汽车飞驰前进，把公路两旁的景物抛在后面。唯有天空上一朵朵灰白色的云团，不断堆砌在山峦间，好像与我们捉迷藏，时而消失，时而露出天际，时而不知又跑到何处？远处湖泊映衬着金黄色的秋景，宛如一幅动感的油画。

　　不到两个小时便抵达阿韦拉（Avila），这是中世纪留下的城池。城墙建于1090～1099年，为国王阿方素六世的女婿 Raimondo de Borgona 伯爵防御回族劲旅所建。体近四角梯形，金字形的城垛整齐排列在高耸的城墙上端，衬托在蓝天白云下，远远望去巍峨壮观。此城墙是目前欧洲唯一保存最完美无缺的城墙建筑，被联合国审定为人类文化宝贵遗产。

　　我们停在路边酒吧小饮片刻后，离开这座古城继续朝 Salamanca 开去。

　　车窗外呈现出辽阔无垠的平原，已收割的庄稼地上还残留着秋的物茬，挺拔的白杨在风中摇曳着金黄的树叶，终年常青的松树伫立在旷野田畴，天地间红、橙、黄、绿相映生辉。前方的羊群悠闲地啃着杂草，与农舍的飘袅炊烟，构成一幅田园风光。我们进入 Salamanca 高地，很快大教堂已进入我们的视野里。

　　号称西班牙最典型和美丽的市政府大广场（Plaza Mayor），坐落在城中心，始建于18世纪初，为著名建筑师 Alberto Churriguerega 风格的代表建筑。我们没有充裕时间游览，仅在大广场转了一圈便向大学走去。

　　Salamanca 大学始建于15世纪，不仅是西班牙最古老的大学，在整个欧洲也极负盛名。大学中仍保留着一个当时神学课堂的原样。据说，哥伦布发现新大陆后，曾在该大学舌战群儒，哥伦布要求把此项发现不放在眼里的学者们把鸡蛋竖立在桌面的典故源于这座大学。

我们午餐完毕准备上路已是下午 4 点左右，都市轮廓在夕阳一抹中逐渐模糊起来，唯有高耸云霄的主教大堂的钟楼尖顶还沐浴在灿烂的金光中。待汽车驶出城外，静穆的文化古城方在余晖中渐渐隐去，留给我们的却是一个绮丽的回忆。

当我在车上从睡意朦胧中醒来时，树木、村舍、田野都已被月光笼罩，蓦然见到公路旁，哪家一头不思归的牛犊还在吃草。当我们抵达葡萄牙边境时，使我们最惊奇的是边境竟没有任何海关检查，我们畅行无阻地进入了葡萄牙。原来在欧洲共同体的各国之间进出，就像串门那样方便。

二

葡萄牙本为西班牙王国藩篱公爵领域，15 世纪布兰冈萨公爵自立称王，脱离西国成独立国。《疯女璜娜》的一些弗兰德斯（Flandes）内外景场地，选址于葡萄牙北部的吉马朗伊什城布兰冈萨（Braganza）公爵府第。

公爵府第建在城市东北山岗，占地 2500 平方米，中央有近 400 米长方形的回廊天井，原为歌德式晚期建筑，于上世纪焚毁，重建时原有设计多处改变，但仍不失为建筑瑰宝。

府第共三层，包括厅、室、私用教堂共五十余间，风格单纯庄严，主建材是花岗岩，无浮雕。里面布置华丽雅典，除葡萄牙本国和西班牙家具珍品及马德里皇家四幅织锦壁毯外，居然还有中国明代瓷瓶、金鱼缸以及 17、18 世纪荷兰远东公司自中国订购的瓷器多种，为室内装潢增色匪浅。

离公爵府百米处有 13 世纪所建的碉堡，高耸山巅，巍峨壮观，亦对外开放供游客参观。身置歌德式古堡，犹如置身欧洲中古时代。

三

清晨，窗外不约而同传来此起彼伏的鸡鸣，紧接着又是汪汪狗吠，原来吉马朗伊什是一个非常淳朴的传统小城。躺在五星级的宾馆里，居然还能听到鸡鸣狗吠，俨然住在乡村农舍。外子早已去了外景制作场地，窗外的雨声淅沥不停，伴着棕榈树在风中的摇曳，我一人留在宾馆，无愁无虑，心境十分安逸。

偶尔，我也去外景场地帮他们涂涂道具的颜色。

上午 10 时左右，一阵电话铃声把我吵醒，是陈设师的女儿葛莉亚打来的，她邀请我去吃早餐。她是随她爸爸到葡萄牙来玩的，这样，我和葛莉亚就做伴外出游览。

这天，恰好是天主教的"泛圣节"，第二天又是"亡人节"，天空还在下着蒙蒙细雨，十分像中国"清明时节雨纷纷"的天气。

我和葛莉亚在酒吧用了早餐出来，没有目的的走向远处，突然来到一座山脚下，见到悬挂的空中缆车，由上而下，由下而上循环运转，里面看不见有什么人。仰望山顶，大教堂直插云霄，层层雾气不断绕着山麓，那景色实在太美，与四川山地的阴天有点相似。我们买了票，在工作人员的照顾下，上了缆车径直朝着山巅滑去。

虽然时过境迁，那次登山两年以后回想起来，还让人不寒而栗！

当我们的缆车缓缓向上滑行，竟然见不到一个人影。如果不是在半山腰看到缆车下金黄色的枫叶，红彤彤的柿子，意识到附近还有人烟，那山上的阴森真是可怕。当时我脑子里总是浮现出一种无名的恐惧，尽管这样我们还是鼓足了勇气上了山，至今也不知道当初哪来的勇气。

山顶空旷的地面上，停放着几辆小轿车，并且有人从车上下来，我们的心顿时放松了许多。眼前，如巨人般矗立面前的大教堂异样死寂，稀薄的空气更增添了一丝寒意。我和葛莉亚俯视山下，半山腰坐落着无数红顶白墙的房子，整座小城被周围的丘陵拥抱怀中。回过头来，怪异的石头虎视眈眈地瞪着我们，参天大树像要吞噬眼前的一切，一个可怕的念头涌上脑际，如果这时遇到歹徒，岂不是冤枉！

我们踏着雨水冲刷过的石板路，踩着满地柔软的枯叶，吻着雨点，任凭微风撩拨我们的头发。蓦然间钟声划过天际，肃穆庄重，给这座沉睡的山峦带来了片刻的生机，我们也从惊骇中醒来。

其实，山顶上不仅有餐馆，而且还有旅舍、小卖部，只因阴雨天无人问津罢了。

我们朝着来的路登上缆车下山，山下的街道房屋依稀可见。当再一次仰望山巅，整个大教堂却已隐蔽在乌云里……

外子是美工师，他在影片里的任务是设计布景、道具、陈设等前期准备工作，置景告一段落，我们就要离开吉马朗伊什小城。对我来讲，一周的旅游生活也将结束。遗憾的是我看不到《疯女璜娜》大队人马的拍摄工作，不过，一年以后，总算看到了这部获得三项西班牙戈雅奖的巨作。

　　汽车行驶在雨中，被山峦怀抱的小城，由近而远慢慢地消失在车窗外。远处传来教堂铛铛的钟声，吉马朗伊什小城此时显得更加宁静安适。

西班牙 行旅者手记

李智方

　　虽是同一条路，但是每个人有每个人不同的走法，每个人有每个人相异的体验，每个人有每个人独特的经历……总要等到心情沉淀下来了，自一个适当的距离外回视，整体的意义与教诲方才好似山岚在破晓的晨光中显现出丰富的样貌与层次。

　　为什么走过一段圣地亚哥之路（el Camino de Santiago）后，会在我的心中衍生这般强烈的悸动与感受？感受到那条蜿蜒绵长的千年之路是遗失在人世间的理想国？我的答案是无论每个人的出发点与诱因为何，所有勇于面对挑战的人，为了达成同一个目标（抵达 Santiago de Compostela）都必须忍受、超越加诸于身体与心灵上的苦痛与磨炼。因此自然形成一股相互鼓舞与无比宽容的氛围，也正是那极近似于博爱的精神回荡，让我感觉到圣地亚哥之路，好似独立于这个喧嚣污秽、纷争不断世界之外的一块净土。

　　在我们选择的启程山庄彭菲拉达（Ponferrada）完成登记，取得通行证书的孟坡和我在山庄内气氛憩逸的花园中观看人群。我们注意到许多自更远处启程并已行走数周的"先驱者"都好似无法正常行走，不是膝盖部位戴着护膝，就是肿起的脚踝上包扎着护踝，或是双脚脚底和足趾贴满绷带。我们正前方的座椅上坐着一个气质文雅的少女，在黄昏静谧柔和的阳光下低头潜心书写，应当是在记录行路心得吧？她的左脚脚踝便以淡褐色的护踝束缚着。未来的几天，长达220千米的路程，我们会遇到怎样的考验呢？

　　在路上会与来自世界各地的朝圣者组织团体或孤独行者错身而过，现今所谓朝圣者的定义当然已经扩张。我相信因为践履宗教信仰而走一回圣地亚哥之路者依然大有人在，但我想因为热爱壮阔丰美之自然风景与人文景观或是立意自我超越或是寻觅冒险经验或是借着亲炙这条融合了宗教、历史、文化、古迹与传说的古道以检视一己内在心灵的旅行者为数更众。如果彼此错身而过，便以"好走"两字互勉。如果前后皆无人迹，亦可静享独行的乐趣，谛听自己的呼吸声、脚步声以及手杖与大地接触时发出的响声。

经过两日的长途负重"苦行"后，依序感到肩膀、膝盖、脚踝、足后跟等部位开始出现疼痛现象，左右脚底也分别磨出水泡。当孟坡察觉我强忍双膝的剧痛，除了立即将他的手杖转让给我使用之外，还建议以倒退行走的方式来减轻双膝遇到下坡时所须承受的巨大重力。我竟然依靠着两支手杖所发挥的分散力量以及不顾众人侧目的倒退行走，一步一步迈向目标。

选择夏季时分行走圣地亚哥之路的优点是气候稳定，日照时间延长，容许轻装捷行。缺点是午后肆虐的烈日以及数量庞大的朝圣者与行旅者。虽说一路上设备完善之公立、私设山庄（albergue）和各种等级的旅馆并不缺乏，但还是会发生床位不足问题。因此在天亮之前摸黑出发便是一绝佳的策略，既可提前抵达预定地点，确保山庄留有一席之地，亦可减低午后尚在烈日下行走的概率，此外还可领略大自然如何在鸡鸣狗叫声中苏醒，观看苍穹细腻的色彩变化以及晨光一如画笔，以金色勾勒出群山峻岭的轮廓。

在启程山庄的花园中认识的少女来自班布隆纳（Pamplona），刚满十八岁，小她一岁的妹妹笑容灿烂，个性开朗，她们的父母亲为了协助实现姊妹俩的心愿，因此全程相陪。与我们相遇时，他们一家人已经走了三个礼拜！因为行进速度相若，孟坡和我的"首航"几乎是在他们的陪伴下进行的。抵达预定之过夜山庄后，我看时间还早，便辞别了这个和善的家庭，与孟坡继续步行至6千米外的下一个村庄才歇息。这个决定是为了缩短次日之里程数，节省体力以全神面对当天最后一段长达8千米之艰难的陡升山路。谁知隔天下半身湿透的我们在雨中好不容易行抵欧赛贝罗（O Cebreiro）高山山庄后不久，四张熟悉的面孔竟然再次出现！风雨故人来，重逢的喜悦冲淡了郁然的雨意，但众人心中皆挂虑着往后的天气，如果继续落雨，势必更加难行！虽说雨中行走于群山怀抱，让我感觉好似执杖之古人，一步一步走进烟岚缥缈的画中，绝世忘尘。

隔日清晨厚重的浓雾预告天气可能好转，孟坡与我循例，天色未亮便已整装开拔。我们在让人目不暇给的晨光与云彩变幻中，情绪高昂地往前迈进，步入原始森林中时，崇敬肃穆之感油然而生。盘根错节、垂藤曲折的参天老树树身布满附生植物，攀聚石面的青苔厚实润泽，雨后的大地水分充足，再加上林中飘散之馥郁气息，行走其间真有不知今夕何夕、遗世独立之浓烈感触，只有等到途经小村庄或是提供行旅者休憩的路边咖啡馆与冷饮自动贩卖机出现眼前，自己的思绪方才重返现世。

　　拖着铅重的脚步，并以比蜗牛爬行略快的速度试图行抵第四站山庄波多玛林（Portomarín）的我，远远地看到超前我许多、身着橘红色运动衫和鲜红半长裤的孟坡一路向我跑来。他说："爸爸，你的背包给我背！"内心想着老当益壮，岂可轻易卸甲的我回答："没关系，我自己背。""快点！人很多！我的背包已经在排队了。"他坚持。我将背包卸下后，虽说没有立即身轻如燕，但果然尚存余力过长桥，爬楼梯，续走一段无止境的上坡，方才抵达已经万头骚动的山庄。午后与妻通电话，告知此段感人肺腑的情节时，听到妻在电话彼端哽咽地说："好感动！"我才发觉自己眼中也已布满泪水。

　　行程第五日，当我们千辛万苦抵达半途决定之目的地美丽地（Melide）时已经下午6点，公立和临时的山庄皆已客满，我们这些晚到的"落难者"只好被安排住到一所小学的室内球场。室内球场只有一间四个莲蓬头的寒碜浴室，而且没有热水。没有热水倒不是问题，大伙儿依然四男四女地分批入浴。孟坡和我的另外两个浴友中，一位来自巴塞罗那，携妻女和爱犬同行，另外一位自法西边境出发，已经走了整整一个月！我们一边冲着冰凉的水，一边大呼小叫，四个人就在嘻怒笑骂中迅速完成洗冷水澡这件大事。

　　不可思议，在波多玛林山庄我们和班布隆纳的一家人又第三次相遇！得知姊妹俩在与我们重逢的隔日产生严重腹泻现象，在父母陪同下立即前赴山区附近最大的城市送医急诊，等姊妹俩身体康定斯基复后，便依原计划继续勇往直前。

　　自不那么美丽的"美丽地"出发前，我便跟孟坡说，如果没有床位的话，干脆一鼓作气走向全程终点。这是个狂妄的想法，因为超过50千米的路程对任何人来说都是严厉的考验！那天自己的状况尚可，可是孟坡脚踝的疼痛以及几日累积的劳顿，显著缩减了前进速度以及双脚跨幅，纵然他的左右双踝皆已裹上护踝，但护踝却非仙丹妙药。因为行程严重落后，我们在出发之前假想的情况果然发生，所有的山庄皆已无床位。我只得另寻其他解决方法，就在好不容易觅得一间旅馆的双人房后，孟坡却执意前行，我跟他解释必须冷静考虑自己的身体状况，目前是绝不可能再走20千米的！但他仍然坚持往前走，脸色铁青的我对他说："你的脚根本不允许我们冒险！""我可以。"他坚持。我知道已经很难劝得动他，便交给他一根手杖，现在是他使用两根手杖，我自己留一根。我说："好！我们走到 Santiago ！"

　　接近晚上八点行抵仅离 Santiago 不到 5000 米，有四百个床位的"欢乐山"

山庄时，父子俩已精疲力竭，尤其最后几千米更是"天长地久"，让人有走都走不到的感觉。山庄管理人热情亲切地招呼我们，我们在有门的浴室洗了个舒适痛快的热水澡后，一拐一拐地到山庄内的餐厅大快朵颐。

孟坡说："爸爸，我觉得每个人一生中都应该走一次圣地亚哥之路！"

抵达 Santiago de Compostela 固然是一个目标，但是行程中的笑泪、经历与体验才是真正的教诲。已有上千年历史的圣地亚哥之路凝聚着无比强烈的象征意义，好比人生行路，你我如果路上相逢，愿意的话，可以相互陪伴走上一段，或者互道一声"好走！"便各自前行。人生如无聚散，不易珍惜相互的陪伴，与其含泪分手，不如回忆相聚的喜悦，与其忧伤道别，不如回忆重逢的欢欣。

西班牙 村庄从黎明中醒来

张琴

一缕曙光穿过百年土坯老墙上的小窗，轻轻射在我的脸上，我和这座 Guarrte 的古老乡村一起醒来。梳洗完毕，昨晚留下的倦意和尘埃消除殆尽，我没敢惊动外子和隔壁萝莎夫妇，悄悄开门出去，环绕着村庄且走且驻漫步一圈。

静静的村庄，明亮的早晨，散发着清新的空气，新旧交替农民的房舍，窗台上开着各色鲜艳的花朵，使那古朴的老建筑显得更加醒目。不远处看见邮递员在挨家挨户地递送邮件，在这个世界上，他们总是第一个把喜怒哀乐送给村民，正像太阳每日从东方准时升起，把光明和温暖带给人类一样。

我独自朝着村外走去，一路可见每户人家门口停放着汽车，有的还是跑车呢！篱笆墙内安睡着农民耕作的拖拉机、压榨机、收割机。还有一头头花白奶牛，肚子底下掉着沉甸甸的奶袋，睁大眼睛看着我这个陌生客，并不时

远处的丘陵，河流、草场、庄稼地里的甜菜，果树和熏衣草。（张琴 摄）

朝着我哞哞直叫表示欢迎。远处的丘陵，河流、草场、庄稼地里的甜菜，果树和熏衣草，经过一夜的熟睡，已经伸直了腰杆，寻着自己的生活轨道，吸取清晨新鲜的氧气。

伊比利亚半岛的乡村，妇人一般是不下地耕作的，她们和早期城里女子一样，相夫教子做家务。不过，今日的城里女性就业的比男性还要多。农村却仍旧保持着这传统的风俗习惯，但是只要仔细观察，不难看出年轻男女，还有孩子们去了哪里？村里剩下的几乎全是中壮年和老人。男人们负起家庭的责任，对自己女人的爱，他们默不作声早起晚归，耕耘着一家老小上百亩土地，当然全部是机械化。旅居西班牙十四年，从未像这次乡间旅行看到那么多农民在田间劳作，其实我们的车开了几百千米，总计也就二十来人而已。

当我从野外折回村里时，一条小狗亲热地向我跑来，扑在我的双膝上，我轻轻地抚摸着它，和它的主人和蔼地打着招呼聊着天。我忽然发现，几天来没有听到鸡鸣狗吠声，压根就没有人养鸡，同时也未见到养猪的家庭。这时才发现房屋之间的空旷地，立着不少类似中国农村的坟穴和门楼，刚开始还以为是故人安息的地方。心想着究竟还是西方人不怕鬼，不然他们不会在每个村庄旁边安置一大块墓地，望着那宁静安歇作古人居住的家园，他们才是生于斯，逝于斯了！

就在这个金色的黄昏，萝莎最要好的朋友索菲亚，邀请我们去看她家花了300万西币（几乎相当于现在的2万欧元）买来的酒窖。索菲亚打开那座似坟穴的大门，拉开电闸，这是一座人工开掘出来的原始洞穴，没有任何现代装饰，包括阶梯约有三十余米进深。我们沿着石梯往下走，里面的温度比上面要低许多。这座酒窖分活动区和储藏间，已有上百年历史，移交的主人也不计其数。酒窖里有着酒吧的摆设，老木酒桶洞，并且还有壁炉。穴周围已被上百年的熏烤变成了黑色。我们就坐在两条古朴的木条板凳上，粗拙的长条木桌已摆好女主人自己酿的咖啡酒、柠檬酒、橙子酒还有白酒。女主人对我们说，酿的酒仅仅二三十斤，专为家人和招待朋友饮用。

我们茗着醇香的美酒闲聊着，好奇地打听着当地农民的生活水平，索菲亚说每户正常人家有几百亩土地（孤寡例外），劳动者和城里人一样为国家和政府上缴税收和劳保，一旦退休下来，和城里人同样享受养老金。当我问及多少时，索菲亚似乎有些难为情起来。哪想到居住在乡村的农民对个人隐私也是如此看重。最后还是萝莎告诉我们，多者每月有上千欧元，低者也有六七百欧元的养老金。

是好奇还是二十多年的记者职业关系，我问起这里的农民年收入是多少？或许她不好拒绝，说他们家有地 25 万平方米土地（大约 400 百亩土地），还有机械化设备，每年下来大约有十万欧元的利润。家境不是太好的，也有好几万欧元的收入。不过没有关系，只要依法赋税，年岁大了都有养老保障。我在一旁听得张大了嘴巴，惊讶得几乎要晕倒。此刻，我自然会联系到我的祖国，我从小生长的农村，还有那些农民兄弟姐妹……使我半晌默默无言，之后，我再也提不起兴趣继续追问下去。直到跟着大家看见村外索菲亚家面积 1200 平方米，10 米高庞大堆放农具的钢架仓库，两堵墙上挂满两百多种古董农具时，我情绪才得以高涨起来。真不敢想象，这些两百多年保存到现代的农具，伴随主人延续了不少代人。它们的主人是那么的爱惜尊重它们的存在。有的工具曾是罗马时代传下而没有改进的模式，数十年前当地农民还在使用。由于现代化机械农具的到来，如今，不少老工具已被淘汰，但它们永远被主人珍惜地存放在这"农具博物馆"里，静悄悄享受着主人对它们的厚爱。

西班牙 毕加索陈列馆巡礼

张琴

一个晚秋的星期天早晨，天空阴霾满布，细雨蒙蒙。

在巴塞罗那 Ribera 区的中心地段，一条极狭窄的小街上，坐落着一栋中世纪遗留下来的歌德式府邸，毕加索陈列馆。此时，只见游客们排着蜿蜒的长龙，撑着雨伞依序进入，欣赏这位画坛大师的作品。

毕加索晚年曾说过："我的童年就像意大利文艺复兴时代大画家拉斐尔习画过程一样。"在美术馆巡礼的过程中，不难发现毕加索天才的早熟情形。这里陈列着毕加索九岁到青年时期的作品。从初期的作品中可以看出，他早在少年时期已精通学院派的技法。

他的儿时伙伴，后来成为他多年私人秘书的 Jaume Sanbartes，向陈列馆慷慨捐赠了部分毕加索的作品。从 1935 年开始，Sanbartes 便向巴塞罗那市政府提议成立毕加索作品专馆，几经周折，终于在 1963 年 3 月 9 日开幕。

毕加索陈列馆。（张琴 摄）

陈列馆成立后，曾发生两件值得记载的事件。

一是当 Sanbartes 于 1968 年逝世时，毕加索为纪念好友，将 1901 年"蓝色画风"时期为 Sanbartes 所作的画像，以及 1957 年取材于委拉斯贵兹大师代表作之一的《宫娥》系列多幅画作赠与该馆，并许诺将把以后所作的版画均复制一幅赠送该馆。

二是毕加索在 1970 年进行第二次馈赠，作品多达 920 幅。其中，不仅包括其家庭直系三代的收藏品，还包括其众多亲属的收藏品。

由于增加了大批的艺术品，陈列馆无法容纳，于是合并了毗连的 Castelle 伯爵及 Meca 的府，由之后作品不断丰富，又将 Mauri 和 Finestres 两府合并，而成为今天洋洋大观的陈列馆。自此以后，该馆还不断收购和接收赠品，并定期举行与毕加索有关的艺术活动，使该馆成为一座"有生命"的艺术中心。

毕加索陈列馆一共有 27 室，根据作品的年代和风格怕不同分别陈列展出。其中一室值得特别介绍，室内共有艺术品 41 件，是 1947 年至 1965 年间制作的陶瓷作品，将其幻想世界以陶瓷的形式予以表现。此批宝贵艺术品为亡妻 Jacguiz 所赠。

毕加索全名是 Pablo Ruiz Picasso，由于 Ruiz 父姓普遍，他在初期辉煌时尚署全名，后将名简写成 P，直至本世纪初"蓝色""粉红色"风格时代，有些作品上还如此签署。后来闻名于世，便索性删除名和父姓，仅署母姓 Picasso。于是，世间大多数人仅知毕加索，而不谙悉其全名。

世间所知他的第一幅较正规的作品，是一幅用油彩画在木版上的《刺牛士》（Picador），时年方九岁。我在陈列馆所见到的最早画作，是一张在 1890 年所作的石膏人体素描，当然十分幼拙。与他后来在 1892 年至 1896 年进入画院学习后，所展览的真人素描，迥然不同。

第六室中的《父亲画像》是 1896 年的纸本水彩画。其色彩和着笔相当成熟，那时他仅是十五岁稚气未脱的少年。1899 年，他尚居住在巴塞罗那，所作的版底油画《有窗帘的阳台》，描绘出阳光透过窗帘，映衬出室内的背光景色，金黄与黑暗的对比是那般强烈，但朦胧的气氛又如此和谐，大师的才华已表露无遗！

在 1900 年，也就是 20 世纪的绘画，技术题材分歧非常大，有的用炭条为朋友画像，有的为餐馆设计菜单和杂志封面。比如当年他为"四猫"（Els Guatre Gats）设计菜单时，已是闻名全市锋芒毕露的青年艺术家。尤其是一张为他姐姐 Lola 所作，站在画室的无颜面画像，似乎已开始不循画院规律的未来风格。

在这座毕加索陈列馆中，非常重要的作品要算 1957 年委拉斯贵兹名作《宫娥》，《自我》油画系列陈列室的作品，全部有 58 幅，其中包括 44 幅以自己的风格，同一题材的"重复画"，九幅鸽子，三幅风景。全都是在以各种方式、色彩、构图、旋律来实验和研究这张西班牙 17 世纪大师的代表作。

当我徘徊在这座中古歌德式陈列室中，欣赏着 20 世纪"前无古人，后无来者"的画坛巨擘艺术品。我心醉、我震惊，世间竟有如此艰辛耕耘、探索、演进、而达炉火纯青的天才画家。

我正流连忘返的时候，猛然记起友人相约的午筵，不能不叹时间短暂，拖着不舍的脚步走出馆门，离别这终生难忘的所在。

外面的雨仍是淅沥不停，切望瞻仰大师不朽之作的观众，继续来自四方。毕加索陈列馆前的行列越来越长……

西班牙 太阳之乡——田那利佛

王双秀

人的习染是一件令人极为惊异的事。譬如，刚来德国的时候听人说："我喜欢住在西欧，因为这里气候温和凉爽，台湾太热，住不下去。"这种话听在我这个初出国门人的耳里，是很不受用的。但是时隔几年自己也习惯了这里的生活和气候，竟然也欧里欧气地过起日子，才体会到世界之大，内容之复杂，跳得再高，见得再多，比之时间我们人类仍是井底之蛙。时间滚动着人类的故事，左右着人世的消长，一时之见，终会随着时日转变，因此每过一天，就觉着昨天的自己老去了。生理的、心理的，还有眼里的，人就是这样逐渐老去的。因为是这样欧里欧气地过着日子，自然也像西欧人一样每年总匀出些日子，满天满地地去追太阳、寻海滩。也因此在这暮春3月，北德还笼罩在湿冷的空气里，世界仍然冷冻静白的时候，我与亚兰登上飞机，飞往太阳的故乡，大西洋里的西属群岛、加那利群岛上的恒春岛——田那利佛（Teneriffa）。

一出机场，阳光热辣辣没遮没盖的直照在人身上，赶紧找到旅行社的巴士。汽车沿环海公路向南行，右边是一望无垠的大西洋，非洲大陆的沙哈拉沙漠就藏在烟火弥漫之后。隔着大西洋由沙哈拉随风吹送过来的干燥空气和风沙，将小岛的东岸烤得干燥而光秃。火山爆发后喷出来的岩层灰烬，遍布各处，这样焦干的土质和空气当然不适应植物的繁生，所以入眼处，矮冬冬，不茂也不绿的旱地花树错落散乱各处。矮坡上的岩层参差罗列，怪形怪状的，可以感觉出这个小岛的地壳，曾经多么强烈的翻腾舞动过，到今日仍能见到它昔日力瘁的奋斗痕迹。稀落落的西班牙式的白色房屋，就这么无依无靠的建立在焦灼的地面上，烈阳之下。屋前门廊上吊挂下来的盆花、盆树，带来的只不过是眼睛的短暂喜悦，第一次发现，绿色植物给人类精神上带来的安全感竟如此之巨。

汽车行至首要大都散塔克鲁次（Santa Cruz）之后，来了个大左转弯，就是这一个弯，世界也跟着随之一变，就像适才下过一阵雨似的，花草树木突地变高变绿了。是纵贯岛上西南、东北走向的山脉群，隔断了由沙哈拉随风送过来的干燥空气，而接收了由西方大西洋送过来的温暖空气，花草树木就这么重新热烈的生活了起来。也分不清是云还是雾气，一片烟霞隔断了热烈的阳光，空气就这么和煦了起来。巴士静寂的行驶在高速公路上，右望仍然是一望无际的大西洋，白浪一波一波地拍击着黑色的岩岸。而藏在云乡之后水湄之边的目的地，渐行渐近，镶嵌在层层山坡间的观光大厦和白色的度假别墅，就着透过云层的阳光，在远处闪闪发光，世界是一片耀眼的祥和。

初看这个地方的外貌，感觉它真像一个装点得色彩缤纷的大姑娘，漂亮得"乱七八糟"，就这样大刺刺的显在你的眼前。花，缤纷的耀眼，紫色、金黄色、桃红色的九重葛，一堆一堆地拥挤着，刺得人眼睛发痛，茂密的花丛竟像人工扎成似的，真的假起来了，就像艺术品，一精致起来就变得俗了一样。但是，这样的一个凡俗地方是我喜欢的，人与物都热烈烈地生活着，对于宇宙他们都有一份生存的虔敬与忠实。

太乙德（Teide）是岛上的最高峰，有 3718 米高，围着这座小而高的山区也因此像台湾的阿里山一样繁生了各型不同气候的植物群，因此田那利佛又有"植物博物馆"之称。访游太乙德之沿途，金色耀眼的阳光一层层的被云气遮盖，四周的景物气氛也随着云气的移转而变换着。落尽了叶片，仅剩光秃枝桠的老栗树，一忽儿隐，一忽儿现的，最后在余斜的金阳映照下，像包了一层云，又像寒冬里新凝冻的一层雪衣。而后面的山坡就这么跟着变闪起来，真像是一幅春日雪景。车行至 2300 米高的卡涅达时，云气正浓。这一处山区虽然称它为山，其实只是火山爆发后由地壳内翻滚出来的熔浆凝固而成的岩石，入眼处荒漫无际的焦质岩层奇形怪状的由四面八方围拢，屏风似的排列在四围。世界是一片静寂，偶尔疾行而过的汽车算是人世间的一点响动。一丛丛嫩紫色的小花娇滴滴的从丑陋的地层内冒出，有种生命力的强烈对比。地面上一列一列的火山石向前直推过天际，像农人新翻垦的农地，冒尖堆起来的又像矿山。颜色有紫钯的、蓝色的、绿色的和咖啡色的，分别在阳光下闪着光。这样的景色并不美却很神奇。通往顶峰的路途是条很难攀登的陡坡，风又急，望着尖顶后的蓝天，虽然巨大美好，却实在没有亲近它的欲望。不过依然慢慢游爬于陡峭的山石之中，眼望着一尺尺接近的火山口和后面的蓝天，终于有了爬上去的愿望。

地面上一列一列的火山石向前直推过天际，像农人新翻垦的农地，冒尖堆起来的又像矿山。
（王双秀　摄）

　　沿海边修筑的梯阶式观光道，一边是百物杂陈的店面，道上充塞着人群。在这条狭窄的道上，可见得到老虎、猴子，他们的主人把玩着它，对着你说："看！温驯的动物，你也玩一下吧！"还有拉着人卖衣物首饰的。令人惊异的是市面上有百分之五十的店面操在印度人的手上，据说因为岛对面的非洲商业是操在印度人手里的，因此就近的买卖也被他们包办了。除了印度货之外，市面上更有中国货充斥其中，由织锦缎的袄装、睡袍、黑缎面大花围披、绣花或贴花的棉布抬巾、瓷器彩花茶具、象牙雕饰、玉器、珊瑚饰品，真是应有尽有，琳琅满目。像这样欢欢喜喜繁复俗气的地方于我真是有情有味的。最吸引人的是五彩缤纷的服装店了，鲜明的色彩，热情的图案式样，显示的是绝对的热闹和活泼，还有度假中心特有的开放和自由。

　　观光道的另一边，沿着海岸是名建筑师曼瑞克〔Manrique〕设计的庭园式露天海水浴池。园里有亭台、石树、亮白的石椅、石柱，间或植满了艳红，浅粉的花草，偶而一株大王椰，突地冒地而起，红白绿等清爽的色彩闪耀在金阳下。

游人则来往穿梭于建置得颇为疏散的亭台、石树之间，由白色花架上垂挂下来的花树轻拂过游人的头脸衣襟，自然与人是这样的互相追逐嬉戏着。它们的存在在这里是互相依偎而分外公平，是一览无遗地坦白，一花一树、一动一静是这样大方干脆地呈现在你的眼前，是各有各的自然天地。距海水浴场不远处有一座古老教堂，屋顶拔尖的向天空耸去，掺和着哥特式的缥缈，文艺复兴式的典雅和巴洛克式的繁复华丽。教堂里通常总是暗沉沉的，拱形和长方形的玻璃花窗，小气的开在高高的天顶或壁上，阳光透过画着圣经故事的彩色玻璃花窗，变得柔弱无力，雕刻得极为繁复的圣坛深幽幽的摆在堂内的正前方。上帝的殿堂也像佛教庙宇一般泛着一股神秘异气。

因为亚兰收集观察蝴蝶的成长生态活动，而田那利佛又是距西欧较近的蝴蝶繁殖区，所以到此地寻找毛毛虫和蝴蝶也是我们此行的一个重要目的。跟着亚兰抓了几年蝴蝶，渐渐也了解了一些蝴蝶的特性，发现这一群大自然的舞姬，不但有着美好的姿容，性也喜优美，无风、花繁、有溪流穿过而阳光充足的山谷。当阳光透过了云层，金彩彩地照着溪谷的树梢时，群蝶就由树丛花间逐一拥出，飞舞于树梢尖、花面上，或停留做日光浴，或醉饮清新的晨露，待阳光隐去之时，又迅即归入来乡之处。亚兰因为研究蝴蝶的生态及其幼虫栖息的植物，因此也连带的对自然界的其他景观变化特别注意，也有心得。像气候什么时候会转换，云向、风向的变化等。我们游山玩水，沿途的动植物处处与他相亲，互通声息，各色花草于他也都有名有姓，真是见山是山，见水是水。然而亚兰的大自然知识太丰富的缺点是游访之时，心里总受云层变化的影响，风向一变就担心着太阳要被云层遮隔了，气温要下降了，因此游乐的心情就不能开怀自然。那么倒不如没有了解就没有寄盼，随时惊惊喜喜的体验周围景观的转换了。

阳光最多的地方也会有密集雨量的月份，就是我们来的3月份。就着多变的地势，太阳和雨量的分布也跟着变换，所以我们在岛上的旅游也就成了追逐阳光的游戏。住在阳光遍洒的亚洲人绝不会想到，阳光在西欧成了一种奢侈的享受，得投下许多金钱和时间，远巴巴地四处寻找。因为这里的面积小，拥有的天也跟着缩小了，云层堆挤在这一方小天空之上，有风的时候，云与阳光就展开了一场追逐的游戏，天空也就忽而阴，忽而晴的，气温也跟着升降。西欧来的观光客，因为是追着太阳来的，所以云层的变换成了主要的生活中心，也成了人精神上的骚扰剂。海滩上的人更要数着云与阳光之间的距离，算出什么时候可以下海，什

么时候赶紧上岸。披上大浴巾，而等着用阳光来染色的苍白皮肤就得一寸一寸随着日影的转移而翻着身体去迎合它了。

美好的日子总是来得快也去得急，十四天的田那利佛之旅，留给我许多怀念。而回家总是美好的，又欢欢喜喜的收拾了行装，将台湾带来的遮阳斗笠往头上一戴，走向开往机场的旅行社巴士。马路两旁的红砖人行道正被金阳热烈的抚吻着，暖暖的泛着一层热气。偶尔抬眼前望，正有一只无人伴随的小黄狗，摇头晃脑的慢跑在红砖道上，到距离我们留脚处三十米的地方，突地见它停住了脚，定住向我们瞧了瞧，又左左右右的把四围看了看，正等它迎着我们跑来，却只见它来个左转，横越过马路，在马路另一边的红砖道又徐徐的向前慢跑起来。我见这小黄狗行径古怪有趣，就目送着它向前跑去，而在相反方向的 30 米处却见它又穿越了马路回到我们站着的道路上，只见它回过身，停了脚又专心地向我们看了看，这才心满意足的向前跑去。这个时候，我正待开口讲这小黄狗的古怪行径，却见亚兰邪邪地笑向我说："那只狗儿好伶俐，知道我们这里有吃香肉带草笠的中国香客！"

西班牙 踏寻伊莎贝拉的足迹

杨翠屏

　　为西班牙奠下统一基础的国母伊莎贝拉女王，名义上继承她王位的次女华娜，却因精神病被夫君、父王、儿子夺权，在古堡软禁半世纪之久的哀怨故事、悲惨命运，激起我探究的热情与好奇心。一向爱做文化之旅，喜爱西班牙历史，2005年夏季与外子驱车去了巴塞罗纳、马德里之后，就去踏寻伊莎贝拉的足迹。

　　旅居法国已届三十五年，数次去德国、英国、意大利、比利时旅游，参观音乐家、作家、历史人物故居博物馆。西班牙离里昂不怎么远，我们在里昂定居十五年之后，才赴西班牙旅游，原因是旧车无冷气设备，怕受不了伊比利亚半岛的溽暑。

　　在西班牙最高、围有城墙的阿维拉市（Avila）西北部一个叫 Madrigal de las Altas Torres 的小镇，1451 年 4 月，伊莎贝拉在一座宁静的修道院诞生。母后伊莎贝拉是葡萄牙公主，是父王璜二世的第二任妻子。为何王室会居住在修道院呢？我们当今很难想象，中古世纪宗教势力融入政治、社会，主教参与、干涉政治是常事。宗教与政治密切结合，纠缠不清。

　　轻扣圣母恩赐修道院木门，五分钟之后一位笑容可掬的修女来开门。我问能否以英文讲解，她试着以不甚流畅的英文带我们穿过回廊。我聚精会神聆听，步行时则凝思，任想象力驰骋飞跃。我们是唯一的游客，像我这般满腔热忱、兴致高昂，走访外国观光客罕到的历史胜地，着实不多。伊莎贝拉出生的小房间堪称简朴，没窗户，陈旧的红地砖，无挂毡的空白墙壁悬挂着一个耶稣的象牙十字架，那时的君主臣民何等虔诚。

　　隔壁大厅堂正中央挂着伊莎贝拉与夫君费迪南德的画像，虽然粗简，据说惟妙惟肖。左右边则是查理五世私生女和他私生子之私生女。身为皇家贵族，但非正式的名分使她们远离繁华尘世，遁入森冷的空门。穿越时光隧道，窥探其内心秘密：反叛、无奈、哀怨、认命，或者笃定、乐观、奉献、热忱。

　　违背同父异母哥哥亨利四世意旨，伊莎贝拉私订终身，1469 年 10 月 19 日，与小她一岁的亚拉冈（Aragon）王储费迪南德，于华拉杜利德（Valladolid）秘密成婚，这桩政治婚姻是伊莎贝拉意图光复国土、统一西班牙的宏图大计。

初次去塞哥维亚（Segovia）时，住的旅馆就在主要广场。因没走到镇外，竟不知它是建在山岩顶端上。四年后再度重游此镇，旅馆 Parador 建于对面的一座山丘上，从阳台可远眺雄伟壮观的罗马输水道，视线往右移就是大教堂，阿拉伯式皇宫（Alcazar）耸立在山岩尖端。传说中塞哥维亚创建于公元 1076 年。不过两千年前罗马人来临时，它才有真正的历史。

亨利四世于 1474 年 12 月中旬驾崩。伊莎贝拉当时在塞哥维亚，她了解须立即采取行动，因攸关她生命中最重要的决定。费迪南德正在亚拉冈助父王一臂之力，她拒绝等待其归来。为了确保承担王座重任权利，她在主要广场独自宣誓为卡斯地尔女王，费迪南德祇是侍卫王子。

瓜地路贝（Guadalupe）哥特式的修道院，是伊斯特麻迪合（Estramadure）省的一颗明珠，瓜地路贝的圣母是西班牙及往昔殖民地的守护神。据说 14 世纪初期一位牧羊人在此发现一座圣母雕像后，建了教堂，圣母在此显灵、现神迹。阿方斯十一世对抗摩尔人战役之前，祈求圣母保佑，1340 年 10 月 24 四日胜利之日，为感恩圣母重建一座宏伟、庄严的修道院。伊莎贝拉的流动朝廷曾于 1478 年 12 月中旬，在此皇家修道院驻留朝圣、处理国事，欢度圣诞、新年节庆。

瓜地路贝（Guadalupe）哥特式的修道院，是伊斯特麻迪合（Estramadure）省的一颗明珠。（杨翠屏 摄）

麦地那·得·甘波（Medina del Campo）近郊，拿蒙达城堡（Chateau de la Mota）雄踞在一丘陵上，俯瞰四方八里。它是卡斯地尔最大的城堡之一，划破时空耸立 8 世纪之久，其防御功能成为当时的军事要塞，也充当过炮弹储藏库。亨利四世（1425—1474 年）时存放皇室档案。16、17 世纪时成为著名人士的监狱。话说 1502 年年末，菲利普离开西班牙之后，1503 年 3 月生下费迪南德（未来奥匈帝国的费迪南德一世）之后，伊莎贝拉次女华娜就在此古堡居住数月。情痴的华娜一心一意想速归布格尼爵国（当今的比利时），投向夫君的怀抱。在城堡前母女有剧烈的争执。

此镇具有 25 世纪的悠久历史，被阿拉伯人占领过。麦地那（Medina）阿拉伯文意味伊斯兰教教徒区。此镇的市集欧洲驰名，15、16 世纪市集交易为它带来繁荣和财富，建造了不少宗教及私人的纪念建筑。它的历史与艺术价值不容置疑。

伊莎贝拉在皇宫立遗诏，于 1504 年 11 月 26 日撒手人寰，深刻的历史意义，添加它的文化与观光价值。这座皇宫就在主要广场（称为西班牙广场）一隅，广场中央有伊莎贝拉的雕像。

安达鲁西亚三个观光胜地：科尔多、塞维亚、格纳达，其位置正好形成三角形。格纳达开始真正兴盛，是在 1236 年科尔多王国被基督徒征服，回教徒逃到格纳达避难。长达两世纪半之久，格纳达王国经济繁荣，文化、艺术发达，阿罕布拉宫（Alhambra）之建造，象征建筑与艺术之登峰造极。

格纳达王国是伊斯兰教在西班牙的最后一座堡垒。伊莎贝拉与费迪南德一心一意想驱逐摩尔人，光复国土、完成统一西班牙的宏业。他们自认为于伊比利亚半岛，负有重建基督教王国的神圣使命。从 1481 年 12 月起，格纳达战争长达十年，1492 年 1 月 2 日，格纳达才投降。这一年哥伦布发现新大陆的壮举，使西班牙跃进世界强权行列。

对天主教国王和女王（教皇亚历山大六世于 1494 年，尊封费迪南德与伊莎贝拉）而言，格纳达意义非凡，象征他们统治的巅峰，于是决定在此地长眠。皇家小教堂除了他们的陵墓之外，华娜与冤家夫婿菲利普亦在其身旁。陵墓下朴素的地下室放置他们简朴的黑铅棺椁。小棺椁是天主教国王和女王的长外孙米开尔，1500 年两岁时早夭。亚拉冈、卡斯地尔与葡萄牙三王朝合并为一的理想破灭，伊莎贝拉的健康定斯基逐渐走下坡。

　　虽然历经诸多家庭悲剧：嫁给葡萄牙国王的长女二十八岁过世，亚拉冈与卡斯地尔王位继承者璜王储十九岁英年早逝，次女华娜令人担忧的精神病，小女凯瑟琳与韦尔斯王子阿瑟结合不久，后者五个多月后病殁……其政治智谋、独特智慧、宗教情操、强烈的意志力与内敛，支撑她克服种种困境，伊莎贝拉为西班牙历史写下辉煌的一页。我伫立在伊莎贝拉广场，瞻仰、沉思伊莎贝拉接见哥伦布的雕像。

西班牙 海明威与邦布隆拉奔牛节

莫索尔

　　"7月6日星期天正午12时，这个节庆爆开了，没有别的更好的说法"。这是海明威叙述邦布隆拉奔牛节的句子。的确，说这个节"爆开了"，实在传神。因为7月6日中午12时正，当冲天炮一声轰鸣，挤在市府广场成千上万的民众齐声欢呼跳跃，一边歌唱，一边舞成一团，当然还要喝酒。他们期待一年的圣菲明节（San Fermin）又来临了。一连七天七夜这个城陷入一种疯狂、激昂、喧闹、活力奔放，玩命似的紧张氛围中。"邦布隆拉人，圣菲明万岁"，站在市府大厦阳台上的市长，高昂的宣布着奔牛节开始，万头攒动。

　　在法国殉道的圣菲明是邦布隆拉（Pamplona）的主保神，7月7日的圣菲明节当然有其宗教仪式，如到教堂向圣菲明朝拜等，但中外人士熟知的圣菲明节却是斗牛的一部分，也就是奔牛的活动。西班牙许多城市的主保日，斗牛是重头戏，如马德里5月15日的"San Isidro"节，瓦伦西亚3月19日的"圣荷塞节"，圣菲明节当然免不了有斗牛活动，但其闻名于世的却是斗牛的前奏，也就是奔牛（Encierro）。

　　斗牛在西班牙自古有之，要斗牛必须把牛赶到斗牛场，以前没有大型交通工具，而且把凶猛的牛只装车运送也十分困难，最好的方法是赶牛，牧人把牛从牛场赶到斗牛场的牛棚里。一般是牧人在前面跑，六只猛牛（每天一次斗牛斗六只）与几只去势过的牛跟在后面，牛奔得极快，往往超过牧人，再加上看热闹的人也跟着牛跑，一时十分紧张，奔跑中的牛常常会伤到人。圣菲明节从7月7日到7月13日一连七天斗牛，每天早晨8时整牛只从牛场沿街奔跑至斗牛场，以便下午表演斗牛。这一段奔跑过程就是奔牛节。

　　邦布隆拉的牛场在市政府附近的坡地，牛只顺势冲下经过市府前，再转入市区街道，最后到达斗牛场。多年前我曾去邦布隆拉，特地到市府广场走了一遭，发现广场并不很大。也对其不远处的海明威雕像瞻仰一番。并沿着奔牛的路线走了一段，石板的路面，静悄悄的有着小城的宁静，真难想到这一段840多米的路段，牛奔时会如此惊险万状。因为首先街道有转弯，牛只冲过来常会跌倒而发生状况，其次，街道的某些路段变窄，只有 3 米多宽。我们看电视转播，才知道那真是玩命的事。围着红巾，身着白衫白裤的年轻小伙子领着牛跑，后面跟着一群五六百公斤的猛牛，人多牛猛，牛奔极速，一个躲闪不及就会被牛撞倒地上，如果不幸被牛角撞，不死即伤。但是年复一年，不怕危险，身手矫健的奔牛者乐此不疲。因为这已经成为勇敢的象征，尤其海明威的小说，更是助长这种风气，7 月 7 日不到邦布隆拉去参加奔牛，就算不得是英雄。

年轻好动的海明威，1917 年中学刚毕业，就以志愿者的方式加入红十字会，到意大利北部的战场工作．当时正是第一次世界大战末期，他受了伤，这一段经历让他写成了《战地春梦》（A farewell to arms）。战后他往返于美国与欧洲之间，主要的工作是记者，曾在巴黎住了好几年，深受欧洲文风的影响，成为所谓失落的一代。1936 年西班牙内战爆发，他曾四次进入西班牙担任战地记者，写成了以西班牙内战为背景的著名小说《战地钟声》（For whom the bell tolls）。但他对西班牙的认识却早在那之前。

1923 年 7 月 6 日，海明威带着他的妻子来到邦布隆拉，他们当然是来看斗牛的，他们想住位置最好的珍珠旅馆，但是实在太贵只好住到小客栈里。海明威想住珍珠旅馆是有道理的，因为斗牛士一般住在那里，可以与他们接触，了解他们的生活感受等。而且这个旅馆的房间正好面临奔牛必经的 Estafeta 街，在那里可以看到奔牛的紧张过程，虽然奔牛不过只是短短的两三分钟，却价值万金（目前每日房价 1600 欧元）。因此，以后海明威成名有钱时，总是住在这家旅馆，他住的 217 房，如今已改为 201 房。

海明威喜欢刺激冒险，又有点宿命论的思想。战争、暴力、死亡这些意象恰巧在斗牛、奔牛的过程中表现出来，一下子迷住了他，从此他对西班牙的斗牛结了不解缘，斗牛士成了他的好朋友。他曾九次造访邦布隆拉，当地的一些旅馆、酒吧，都留下了他的足迹。而他以圣菲明节为题材写的小说《旭日又东升》（The Sun also rises，1926），该书西班牙文书名为"Fiesta"，更让这个节日声名大噪。"旭日又东升"是讲述一群在邦布隆拉旅游的美国游客的故事，其中有奔牛的紧张情节，斗牛士的英勇与美妙技巧，均有细致的描写。海明威逐渐成名，尤其自1954 年他获得诺贝尔文学奖后，他的作品广泛传颂在英语世界，可说年轻人都读过，也因此每年的圣菲明节，有许多美国、加拿大、澳洲的青年千里迢迢赶来参加，亲自体会奔牛的刺激，七天七夜饮酒欢乐节日的疯狂。

海明威除了这一本有关圣菲明节的小说外，另有两本有关斗牛的著作，一本是 1932 年出版的论述性的书《碧血黄沙》（Death in the afternoon），另一本则是有关两个斗牛士的长篇报导。1959 年，对西班牙斗牛念念难忘的海明威再次来到邦布隆拉，他是应美国《生活》杂志之托，写两个西班牙名斗牛士 Antonio Ordoñez 和 Luis Miguel Dominguin 彼此较劲的报导，本来只准备写一万字，但结果却写了十二万字。《生活》杂志分三期摘要刊出，最后以七万字成书出版，那就是《The dangerous summer》。

自 1952 年出版《老人与海》（The old man and the sea），海明威的声名达到最高峰，但获得诺贝尔奖后的他，有江郎才尽之叹。多年的嗜酒使他的身体大伤，肝、肾都严重受损，而且有深度的忧郁症。1961 年他本想再度去邦布隆拉，却不得不取消，那年 7 月的一天，他在美国埃达荷州 Ketchum 城家中，举枪自杀，享年六十二岁。五天后正巧是 7 月 7 日圣菲明节，他的第四任太太 Mary Welsh 为他举行了葬礼，七年后他的巨型石雕在邦布隆拉斗牛场的门口矗立，Welsh 女士参加了揭幕式。

今天走在邦布隆拉城中，到处可以感到海明威的气息，他的雕像，他住过的旅馆房间依旧。有用海明威命名的酒吧，一些地方有他当时的照片挂在墙上。另外一家他住过的旅馆 Hotel Burguete 的一架钢琴上，有他独自用刀刻下的"E. Heminway 25-7-1923"签名。在他坐过的许多酒吧或咖啡馆中，有一家不得不提，那就是 Café Iruña。这是城中的一家咖啡馆，人群汇集，气氛热闹，海明威常常到那去饮酒与人交谈。今天这家咖啡馆中有一个海明威角，那里有一座神情逼真的海明威铜雕。邦布隆拉人不称他的姓而叫他的名 Ernesto，或者叫他"爸爸"，至今当地的一些上了年纪的人，还能记得海明威当年的情景。

一个人，一部作品，可以使一个城市扬名，成为其记忆的一部分。像莫扎特的莎尔斯堡、James Joyce 的都柏林。海明威不是西班牙人，更不是斗牛士，但他却使邦布隆拉家喻户晓，使每年圣菲明奔牛节成为电视必须直播的节目。

希腊　希腊美丽的科孚岛

郭凤西

　　志鹏走后我大病一场，从做完手术到可以自理生活。已过了一年，我决定自己好好活下去。先整理家里，安排一个独居的生活环境。然后恢复出外旅行，病后出门是个很大的考验。四十多年结伴同行，在世界各名胜古迹留下多少回忆、笑语，现在独自一人出门，要有多大的勇气，真是情何以堪啊！

　　和好友 Catherine 约好找个美丽安静有特色的小岛，住在五星旅馆过一个礼拜豪华自由生活，让身心好好放松一下。于是选中希腊群岛中的科孚岛一个盛产橄榄，坐落在伊奥尼亚（Ioniennes）海域的长形小岛。

　　科孚岛（Corfou），641 平方千米口十多万人，曾被威尼斯共和国统治，1864 年才回归希腊。是希腊最靠近意大利的岛，另一边邻阿尔巴尼（Albanie），中间是 Ropa 河，北方是山、中间是峡谷、南边是平原，形成多彩多姿极富海岛特色的美丽小岛。

　　我们在 4 月空气清新，阳光普照的时节来到这里，享受地中海的气候、食物、人情、风俗。这里有着和西欧迥然不同的风情，是一种开放、松懈、随性的生活方式，也正是现在我的精神和身体需要的。坐在旅行社的大巴上，窗外街道两旁高大的夹竹桃随风摇曳，远近高高低低白色地中海式房屋错落有致。行驶在希腊群岛特有的曲曲折折、高高低低的道路上，海风拂面，给人增添了几分期待与盼望。旅馆坐落在山顶上，是岛上最高建筑物，三面临海，从房间大阳台望下去可浏览美丽的小港口及长堤。在旅馆每天可看日出及日落，尤其白日近晚红霞满天五彩缤纷，让人忘了人世间所有的争名夺利和生老病死。

　　旅馆的早、晚餐丰富讲究，生菜青瓜西红柿香脆可口，这里阳光充足蔬果自然生长，没有污染。所谓地中海式食物被人赞不绝口是有道理的，而且希腊人至少克基拉岛的人很为他们的厨艺自豪。等到满街找不到中国饭店，惊讶之余，打听到这里人不吃中国饭。这也难不倒我们中国同胞，他们卖衣服、皮包、首饰，到了五步一家的程度，价格非常便宜，打了折又买又送，我们买了不少。

　　科孚夏天日照 11 ～ 12 小时，冬天比较冷，比希腊本土大陆潮湿，年温在

13 ～ 32度之间，平均温在22 ～ 24度。克基拉岛胜产橄榄，号称有五百万株橄榄树，占世界产量30%。看当地人收取橄榄非常有趣，在看不到边的橄榄树林中，把没车顶中空的货车开进去，停在计算好的位置，预先在地上铺一个大网子，电动操作往上收起来倒进货车，很快装满一车，真是巧思。其他鸟、鱼、蝙蝠、海龟、蛇等奇珍异兽也很多，

科孚人语言、服装、建筑受威尼斯影响很大。Pantokrator 山及 Vlachernes 修院、Angelokastro 古堡、Glyfada Sidari Rhoda 等七八个沙滩岛上最古老的村子 Palaia Periyheia，都是探访的好去处。比较值得一提的是奥地利茜茜皇后，曾因病来科孚岛休养。由 Kaiser Guillaume 二世修建，坐落于 Achilleion 的夏宫内有很多茜茜皇后的画像，大厅、卧室、起居室、花园等。在荣华富贵，骄奢权重的背后，又有多少无奈、失意、委屈环绕其中，这是千年不变的宫廷定律。

Catherine 是个很好的玩伴，个性随和细心，外语好，很尽心地照顾我，时时怕我累到。旅游分很多种类，可以是名山大川或世界名胜也可以只是吃吃睡睡，看蓝天白云，深思低回。岛上没有世界闻名的胜地，但舒服自然放松，每日这样走走看看。旅馆出大门就有公交车直达城中心总站，所有景点都有公交车到达，还可以加入有导游讲解的旅行团，花一两日完成环岛旅行。风景美、食物好吃、气候宜人，这种旅游是最值得去的。

爱琴海 一个人的爱琴海（上）

文俊雅

2009 年 11 月初，伦敦细雨。踏着厚厚潮湿的满地黄叶，我拖着、提着行李坐公交车，转火车，顺利地通过了盖特威克（Gatwick）机场的安检，无所事事地等待着起飞的 Easy Jet。

飞机着陆希腊，顺畅地通过公务通道，取好行李，赶上了正准备发动的两厢公交车。从机场到终点站宪法广场（Syntagma）大概需要一个小时，如期抵达下榻的菲利普斯（Philippos）酒店。在前台，我不仅拿到了先生朋友委托旅行社送来的去圣托里尼岛的船票，还有德烈莎留下的礼物、卡片和她所著的《希腊指南》。

尽管已是深夜，我还是决定造访这位刚认识的、近日备受哮喘困扰的朋友。德烈莎是一位希腊的作家、讲师、导游，从大学起就相信古老的中国有比古希腊更古老的文化。此后，她毕其精力用来自这两个国家的语言、乐器、神话、宗教、地理等的例证去求证这两种古老文明是同根同源的。白发苍苍的德烈莎比发布在网站上的照片显得苍老、发福一些，不过却更为雍容。她独居在离菲利普斯酒店不远的寓所，宽敞的客厅里有条不紊地陈列着林林总总的古玩，墙上"恭喜发财"的小匾格外引人注目。德烈莎以热饮和小椰蓉蛋糕款待我，直到凌晨我才走出德烈莎那用蛇形铁手把装饰的家。

第二天早上收拾完毕后，走出酒店，按着前台服务员的指示，找到了即将起航到圣托里尼岛的"Blue Star"号。八小时的爱琴海航行，用先生的话说就是见识了"大风大浪"。我不堪颠簸，产生强烈不适，伴随呕吐虚脱，浑身软绵绵得就像被某只黑手点了穴位，折冲整夜。终于看到了浩瀚大海上那一片神奇的岛屿，自公元前 1500 多年前起，多次的火山爆发、海啸不但吞没了岛上超过 75% 的陆地和传说中的神秘亚特兰蒂斯古陆（Atlantis），远在 110 千米以外克里特岛上代表米诺恩文明的大批建筑也未能幸免。就在 1956 年这座活火山又爆发了一次，一次次的火山爆发已使原来的圆岛变成了今天我们所看到的"一弯弦月揽三星"（弦月呈南北走向，三星为三个小火山离岛）。

　　在码头，酒店负责接船的阳西正举着玛格丽特酒店的牌子等着我们这些房客。入住酒店后躺在床上好半天没缓过劲来。睁开眼，浅蓝色的天花板、雪白的墙壁唤醒了我此行的动机。打开阳台的门，坐在蓝白相间的帆布椅上，一眼就看到了山脚下蓝色的大海和星星点点沿山而建的白房子。蓝与白是这个古老国度的主要色彩，国旗是蓝白相间，圣岛上的门窗、栏杆、棚架也都漆以一抹诗意的海蓝，因为这被现代人赋予浪漫含义的天空颜色，曾经肩负着驱魔辟邪的神圣使命。顺着酒店后院的泳池往上就是闻名的拜占庭式蓝顶白教堂，教堂脚下的悬崖边上，数不清的蓝白和米色的旅馆、酒吧错落有致地矗立着，其壮观不逊色于天边那一抹在渐渐变冷的落日晚霞。穿行于闪闪的霞光映照下的蓝白与米色建筑群间，不由得感叹人类因天生的乐观与浪漫而迸发的巨大创造力！千年来的灾难和依然活跃的火山口又岂能影响我们享受这一雅致的视觉盛宴呢？秋日夕阳仓促离去的脚步显然比我按快门的速度快，一眨眼工夫，夜色就弥漫开来。我在三两夜灯的引领下原路返回，才发现竟没有一家餐厅酒吧是为我这位迟到的旅客开放的。

　　翌日，到镇中心的汽车站，研究张贴在墙上的班车时刻。总的来说景点与景点仅需 20 分钟车程，即使汽车班次在淡季锐减，如果行程安排得当，一天之内也能坐公交车跑遍岛内的几个热门景点。我正在吃力地做着加减运算，一位背着背包长着一头细密卷发除了门牙不大整齐还算帅气的希腊小伙子注意到了我，他凑过来热心地提供参考意见。得知我独自初游圣岛后，他调整了自己的计划，准备先给我做红沙滩的向导，然后再到黑沙滩。这位小伙子叫索福，正准备到黑沙滩游泳。

　　索福十年前从雅典移居圣托里尼，他在往来于圣岛与火山岛的船上当导游。在车上，索福津津有味地给我讲圣岛上无处不在的活火山和圣岛的形成，还有判断火山的诀窍等。不久就到了海岛南部 Akrotiri 的红沙滩，沙滩因所依附的红色岩灰形成的山体而得名。索福毫不费劲地翻起一块块浅浅地埋在山上的石头说："大多数游客都冲着白房子而来，极少人会关心自己就站在一座座活火山上。"这时，见到一只浅黄色的小蜥蜴——除少量野兔外，仅有的能在贫瘠的火山灰上生存的动物物种。我正感慨于火山爆发可怕的毁灭性，索福却为火山爆发排山倒海的威力所折服。他很苏格拉底地说了一句："有一种毁灭叫创造！"或许他是对的吧，要不怎么会有人说："如果没有火山爆发，这岛上就只有特色小吃炸西红柿球，就不会有醇美的葡萄酒、著名的夕阳景观和神奇的黑沙滩。"黑沙滩位于小岛东面的小镇 Perissa，是由巨大的海浪从不远处的山上将黑色岩砂冲积而成。黝黑的沙子和湛蓝的海水冲击着我的视觉神经。

我们又转到一个叫 Emporio 的中南部小镇。这里民风纯朴，不时会有人骑着骡子经过，索福说骡子仍是他们的重要交通工具。我们的目的地是高地居民区内的一处破旧城堡，虽然索福深知镇区的结构，

黝黑的沙子和湛蓝的海水冲击着我的视觉神经。（文俊雅 摄）

但像迷宫一样错综复杂、四通八达的狭小弄巷还着实令我们费了一番周章才最终找到了城堡。赶在日落之时，我们回到了锡拉镇的制高点 Imerovigli。在悬崖边的教堂前，我用相机定格了这被誉为"世界上最美的日落"。

又是一个难眠之夜，三更起来写完昨天的日记，早上决定起床时已是 10 点钟。我把今天半天的时间留给了北部美丽的伊亚小镇。

随着盘旋而上的环岛公路，沿途民居都保留了石洞造型的屋顶设计，兴许这样的房子更具抗风抗震能力吧！随处可见的蓝顶白教堂其初衷并不是为了吸引游客，它们有的矗立于险峻的悬崖边，有的散落在荒无人烟的火山口，庇佑着世世代代、不离不弃地在此生息繁衍的渔民们。伊亚是又一处吸引游人视线的小镇，依山面海而建，新建了不少的餐厅酒吧，景点包括巷弄、石洞、落日和城堡，被不少年轻人视为度蜜月的最佳处所。我从不同角度、不同高度企图用傻瓜相机和傻瓜技术，把美轮美奂的景色捕捉于我的记忆中。下午 3 点 30 分的船，提前一个小时酒店派人把我们送到了码头。

下船后已是深夜。

爱琴海 一个人的爱琴海（下）

文俊雅

第二天醒来，想起跟德烈莎约好了去参观卫城博物馆，赶紧走下楼。因哮喘未愈而气息短促的德烈莎拉着我的手走走停停。走到一幢普通的居民楼前，她指着铁栅栏上的雕花说："看，这是蛇身，那是荷花。我在中国也看到了一样的图案。"对这些在国内普通得不能再普通的建筑装饰，从来都是熟视无睹的我，经过一番认真打量后，发现她居然是对的。"蛇和荷花在先古都是为了驱魔辟邪。"德烈莎喘着气说。我满腹疑惑地问："为什么蛇被视为保护神？"德烈莎坚定地回答："因为蛇能为人类吞食老鼠。"

酒店离新卫城博物馆并不远，按正常步行速度只需 5 分钟。这个新馆于 2009 年年中落成，被公认 为雅典人的骄傲。它最大限度地把卫城的原貌用保存下来的文物或复制品在室内还原。换言之，我们现在所看到的卫城上的建筑和雕像都是仿制品。德烈莎领着我径直来到陈列于二楼的阿西娜神殿。穿行于一尊尊两米多高的阿西娜的侍女中间，我不禁为 2400 多年前艺术家们的精湛雕刻工艺所惊叹。侍女们的仪表是那么的栩栩如生，身段又是那么的曼妙！在大厅的内侧中央，著名的智慧女神阿西娜正向前迈开一小步，手里捏着缠绕于身的蛇头。她那飘逸的斗篷上鲜艳的青色和朱红色清晰可辨。已不知看过这雕像多少回的德烈莎端详着它，还是忍不住发出"啧啧"的感叹声。

上到三楼，我看到了支撑起伊瑞克提翁神殿的著名少女柱。六根少女柱按照原来的格局摆放，其中四根保存尚好，一根只剩下了碎片，还有一个空位置则为那根保存得最完好，依然在大英博物馆展示着的柱子保留着。我特别留意了少女们头上的头饰，依德烈莎所见，那漂亮的头饰以卵形和镖形为主，代表了荷花的花蕾，与中国白莲教的白莲头饰异曲 同工。作为一个中国人，无论相信德烈莎的理论与否，经过她那么一比较，会发现自己很容易就对古希腊文明产生兴趣。巴特农神殿的精品收藏在博物 馆的第四层。整个大厅严谨地将神殿装饰于外回廊和内墙的浮雕壁画——还原。其中颜色发黄的是真品，而白色部分则是英国贵族托马斯运回大不列颠的文物的仿品。颇为耐人寻味的是原神殿里的诸神雕像就

展示在大厅的北边，透过整面干净的落地玻璃墙与对面山头上高高矗立的卫城遥相对望。如果诸神有灵，是该为自身得以保全而感到万幸，还是会为不能归位于庙堂而感到遗憾呢？

在爱琴海之行第六天，踏上克里特岛首府伊兰克雷（Iraklion）的土地，这是希腊现存最古老的文明——米诺恩文明的发源地。清晨的伊兰克雷狂风骤雨，我们成了那座建于公元前1600多年前的科诺索斯宫殿（Knossos）的第一批游客。在逐渐变小的雨势中，踩着业已大理石化的石头，我走进了此次希腊之旅的第一座废墟。断壁残垣间，还是会有惊喜，宫殿设计巧妙的供水、排水系统，色彩斑斓的壁画，宫殿顶上巨大的牛角图腾，还有站在断墙上傲雨挺立、仿佛在迎接我们的孔雀。

这座位于科诺索斯的宫殿叫米诺斯王宫（Minos），占地面积庞大，有上百间房屋，建筑构思奇特，与今天的迷宫相像故又名"迷宫"。米诺斯王国是同时期最强大的城邦，这个时期因此被称为米诺恩文明。

下午到克岛的第二大城市哈尼亚（Hania）游览。星期天的街道静悄悄的，所有的店铺都关门歇业，我们这些女同胞看着玻璃橱窗里物美价廉的时尚服饰，直恨得咬牙切齿。晚上10点多钟，我们还是搭乘舒适的邮轮返航雅典。这回同舱的是三位统一黑色着装的姐妹仨，最小的妹妹也有六十多岁了，数她英语说得最好。她告诉我她们家都在雅典，这次是回克里特岛是参加她们刚过世二十天的兄弟的一个纪念活动。说着她硬塞给我一个面包，见我推辞就告诉我这是当地习俗，意在纪念刚辞世的人。我接过面包，果然看到贴在外包装上有打印着人名和日期的不干胶。这让我想起按广东某些地方的风俗，死者亲属也会在忌日头七（过世6天）或三七（过世20天）过后，给周边的朋友和邻居派发年糕或饼干。如果让德烈莎知道了，这算不算又是一个"中国希腊文化同根同源"的例证呢？

船到达雅典皮里尔斯码头时，天刚蒙蒙亮，接下来我们将继续环游伯罗奔尼撒半岛。离开雅典一个多小时后我们就到了科林斯运河，过了桥就属于伯罗奔尼撒半岛的疆域了。科林斯运河是罗马时期的一大创举，这条建于公元1世纪60年代的运河全长6600米，水深9米，水面以上离地面高度80米，睿智地将伯罗奔尼撒半岛通往意大利的港口，与雅典走直径地最短距离连接。在此之前，这两者的水路整整绕半岛一周。伯罗奔尼撒半岛上有希腊最美丽的田园风光，一片片的橄榄树连着橘子树绵延上百千米。迈锡尼古城遗址就掩映在一片橄榄树下，能证明那公元前 15 世纪最强大王国的恐怕就是这座威严的"狮子门"了（此门又被称为天堂之门），这也是古希腊文明中首次发现狮子被用于建筑装饰。

此门又被称为「天堂之门」，这也是古希腊文明中首次发现狮子被用于建筑装饰。（文俊雅 摄）

朝阳穿过高高的石洞口照在依然生动的双狮浮雕上，带着几分神秘，仿佛那真是来自天堂的光辉。可惜"天堂之门"并没有守住"天堂"的太平。国王阿伽门农发动起长达十年的特洛伊战争后，城邦国力不但大大衰退，后院更是起了火，这些都直接导致了迈锡尼文 明的灭亡。看来无论兵败与否，战场上都没有真正的赢家。

拿破里（Napolio）是第一个希腊首府。1829 年，土耳其人被赶走后，希腊终于得以独立，并建都拿破里。城市依山面海，风光旖旎，尤其是雄踞山 1711 年由威尼斯人修筑的城堡，可称为"希腊最美城堡"。从城堡上俯瞰，能将整座小城和建于海中央的水上监狱尽收眼底。碧玉般的海水和平静得看不到波纹的水面让人会错觉那是一泓湖水。另一处古迹艾琶达艾鲁斯古剧场（Epidarvlos Theatre）离拿破里不远。古希腊的城邦制类似于古中国的诸侯国，国王择一处险要山头修筑城堡，臣民则围城堡而居，战事一起，皆退避堡内。稍为大点的城邦都建有剧场、运动场、集市等公共场所。这个修于公元前 3 世纪的艾琶达艾鲁斯

古剧场能在战乱不断的希腊得以幸存，多亏了一次大地震将它掩埋于从山上滚下来的乱石中。当人们把它挖掘出来后，发现这竟是现今全希腊保存得最完好的古剧院。

在此次爱琴海之旅的最后一天，我的生物钟自觉调到了早上八点钟。呼吸着雅典清晨的空气，信步走到这几天来不知经过多少回的哈德良拱门（Hadrian's Gate）。觉得它特别亲切，可能是它与伦敦的大理石拱门（Marble Arch）有几分神似的缘故，只是建成于公元132年的哈德良拱门的历史要悠久得多，是当时新旧雅典的界碑。拱门西北朝卫城方向刻着"这里是雅典，即提休斯古城"，在朝向奥林匹亚宙斯神庙（Temple of Olympian Zeus）的另一面刻着"这里是哈德良城，不是提休斯古城"。奥林匹亚宙斯神庙与哈德良拱门同年落成，均属古罗马时期的代表作。该庙曾是希腊最大的庙宇，占地1000多平方米的宏伟建筑现只剩寥寥数根巨型圆柱直指苍天。旁边早在公元前450年所建的阿波罗神庙（Temple of Apollo Delphinios）被毁坏得更为严重，只有两根单薄的柱子竖立在一堆废墟中，虚弱地展示着自己遥远的过去。

回到新卫城博物馆对面的卫城入口，终于开始攀登那"高高在上的城"——卫城。走到半山坡，在一片断砖败瓦中，对照立在旁边的平面图，几何学得不好的我无论如何也拼凑不全当年这里几座建筑的想象。沿着左边的山路往上走，回头一看，我就被山脚下一左一右的大剧场吸引住了。位于东侧的是希腊最早的石头剧场狄俄尼索斯（Theatre of Dionysos），三大悲剧家埃斯库洛斯、索福克勒斯和欧里皮德斯及喜剧家阿里斯托芬都曾在这里公演过他们的剧目。居于西边的是希罗德·阿提卡斯大剧场（Odeon of Herod Atticus）由罗马人建造于公元161年，沿用至今，夏天会有不少古典音乐会、芭蕾等在此上演。一路向上，阿西娜胜利神殿就这么居高临下地呈现于眼前。不管读过多少文字和图片数据，我还是为神殿磅礴的气势所震慑，公元前5世纪，先人们就已经能将石头的艺术发挥得淋漓尽致了！光润洁白的大理石所构筑的回廊，散发出一种不因缺少阿西娜神像而仍然存在的神圣气息。作为主建筑的巴特农神殿坐北朝南，俯瞰着整个雅典城。千百年来伴随这个多灾多难的民族，历经战火劫乱而终得劫后重生。

我快步离开卫城的正门入口，豆大的雨点开始落了下来。经过北坡的石山，走到古集市遗址（Ancient Agora），满眼尽是荒草、石堆，偶尔能看到一两个精美的柱头或神像。如果不是参观古集市博物馆，还真不知道在公元前3000多年前，那里曾经是经济、政治、文化和宗教中心，一度被破坏。公元前 1500 多年前，集市再次繁荣。可能这就是历史吧！在同一块土地上，人类用智慧去缔造文明，然后不假思索地进行破坏，再辛辛苦苦地建设。走到 Monastiraki 广场，咕咕乱叫的肚子提醒我已经是下午两点。我在一家餐厅里吃到了鲜美的烤章鱼，并躲过了来势凶猛的大雨。

待到雨停后，我开始在星罗棋布的小街中转悠，只要认准了那高高盘踞的卫城，即便没带地图也不会迷路。

土耳其　加拉塔桥串连伊斯坦堡历史

高丽娟

　　1502 年，五十岁的达·芬奇担任教皇军队的军事工程师时，给伊斯坦堡的鄂图曼苏丹贝雅兹特二世写了封信说："您谦卑的仆人我，听说您计划要盖一座桥梁，来连通伊斯坦堡及加拉塔（Galata），但却因一直找不到合适的人选执行而放弃此一计划。我，您谦卑的仆人，可以为您执行。"

　　达·芬奇这封信现收藏于托普卡帕皇宫博物馆，桥梁设计图草稿则收藏在法兰西学院图书馆。达·芬奇设计的这座石拱桥，长 240 米，宽 8 米，高 24 米，经斯德哥尔摩科技大学的研究，认为完全适用于当今通用的设计规格与结构力学的要求。很遗憾的是，鄂图曼苏丹并没有采用达·芬奇的建议。2001 年以达·芬奇的设计为基础，在挪威建造了一座小桥，而 2006 年 5 月 17 日土耳其政府声明，决定依照达·芬奇的设计建造一座横跨金角湾的桥。

　　这张当年看起来像是不可能建造的桥梁设计图，经过了 350 年之后，第一座加拉塔木造桥才在 1845 年鄂图曼致力于西化的时期落成。1863、1875、1912 年经历三次翻修，直到 1992 年发生火灾后，才在原址重建了今日的水泥桥。桥的造型没有特殊的美感可言，甚至备受批评，可是，加拉塔桥却因为坐落的位置，而成为伊斯坦堡的地标之一。

　　初到伊斯坦堡的游客，有的会误以为金角湾上的加拉塔桥和海峡大桥一样横跨欧亚两洲。直到翻阅地图之后，才明白从博斯普鲁斯海峡在欧洲岸延伸出来像兽角般的海湾，两岸都是欧洲区。

　　金角湾是一处条件极佳的自然港湾，全长约 10 千米，主航道宽约 460 米，可供船只停泊。古代是世界各地商船汇集的地方，给当地居民带来了财富，因此被称为金角湾（Golden Horn）。希腊神话中说，金角一名是奉太阳神阿波罗之命在此建立梅加拉城（megara）的希腊国王拜占斯（byzas）取的，因为羊角是丰收和财富的象征，形状像羊角的海湾海水在阳光的照射下金光闪闪。又有说是海里盛产青鱼，鱼鳞闪亮如金。至于土耳其人把金角湾称作 Haliç，则是因为是哈里赤河入海处的海湾，所以叫哈里赤。

伊斯坦堡的市区可分为新城区和旧城区，新旧城之间以金角湾为界，加拉塔桥则连接了伊斯坦堡代表东方文化的旧城区 Eminönü 和代表西方文化的新城区 Karaköy。加拉塔一词在意大利语中是"下到海边的路"。在加拉塔桥两岸都有渡轮码头，Eminönü 这边旧城区特别热闹，有新清真寺、埃及市场（香料市场）、苏丹阿合梅特广场、蓝色清真寺、圣索非亚教堂博物馆、托普卡帕皇宫、大市集等景点。在码头可以搭大型渡轮往东到亚洲区的 Üsküdar 和 kadiköy，或是往马尔马拉海到王子岛，而往北进入博斯普鲁斯海峡直到邻近黑海的港口小镇，也是从这里搭船。以前从巴黎开往伊斯坦堡的东方快车，终点锡克志火车站（Sirkeci）就在码头前边。

从 Eminönü 渡轮码头开始就出现一个让游客特别感兴趣的画面，那就是从码头边起一直延伸到加拉塔桥上，一支支伸向大海的钓竿，还有栏杆边在熙来攘往的人潮车流间，悠闲地等待鱼儿上钩的钓客，即使是寒冷的冬天，夜幕低垂之际。这些钓客大半是退休或者失业人员，有的出售鱼货贴补家用，有的带回家食用。

和桥上景致不同的是码头旁停着一艘艘忙着卖烤鱼三明治的小贩，在大家匆匆忙忙赶着搭船上班或回家的时候，一份大约 35 元台币的新鲜烤鱼夹在松软的面包中，放上西红柿、生菜，再洒上点盐巴，淋上柠檬汁就是丰盛的一餐，让人们可以利用搭船的 15 分钟填饱肚子，难怪受到许多人的欢迎。

游客在香料市场大血拼之后，可以到码头买一份烤鱼三明治体验伊斯坦堡的庶民风情，咀嚼大海的味道。也可以转进加拉塔桥下一整排的餐厅，点一份新鲜的烤鱼搭配辛辣的生洋葱和芝麻叶色拉（roka），然后到水烟茶馆喝杯用郁金香形玻璃茶杯盛的土耳其红茶或苹果茶，吸壶水烟享受神秘中东氛围带来的慵懒，休息够了再逛逛其间颇具特色的商店。

站在加拉塔桥上向新城区望去，可以看到像根粗壮烟囱的加拉塔高塔。建于14 世纪上半叶的高塔所在地区，是当时海上强权热那亚人的殖民地。曾经是城墙的塔楼，被用来关押过囚犯，可是从前对伊斯坦堡的最佳用途则是火灾守望塔，因为木屋鳞次栉比的伊斯坦堡最害怕祝融光顾。时至今日，大部分的城墙早已倾倒，黑狱也早已消失，但这座高塔依然屹立不摇的守护着老城区，沉默地见证着当地生活每一天的轨迹。

想要体会最美的黄金角夜景，就一定要登上这座 66 米的高塔，周围的美景尽收眼底，十分震撼，两岸星星点点的灯火，让伊斯坦堡的旧城区灿烂无比。

入夜后，黄金角街头的人潮几乎散去，空空荡荡的，和新城区的摩肩接踵形成强烈的对比，但加拉塔高塔的夜晚却一点也不寂寞，现在的加拉塔高塔塔顶上为餐厅秀场，一位位身材曼妙的舞娘在台上奋力地舞动，令人心跳加速的节奏配上血脉贲张的舞姿，依旧是观光客的最爱。

虽然伊斯坦堡有特色的建筑很多，但是有的地方过度西化，有的又太观光化，景物和周围的人很不协调，感觉不出真正伊斯坦堡的古老文化和精神所在，唯独旧城区 Eminönü 加拉塔桥一带。那里除了是伊斯坦堡的起源地，有历史、有人文、有古老建筑之外，还多了新城区少有的一种味道，陈旧、慵懒、却又嘈杂喧嚷，这里永远有种隐藏在世俗之下的魅力，这种魅力言语无法形容，必须踏进去亲身感受。在这里可以大口大口地呼吸大海的咸味，竖耳倾听汽船"pooo pooo"的声音，海鸥呼朋引伴的鸣叫声，清真寺此起彼落的朝拜声，小贩充满生命力的叫卖声和各国观光客纷杂碎乱的交谈声，要体会原汁原味的伊斯坦堡，这里肯定是最佳的地点。

土耳其名诗人欧尔罕·维利·卡呢克（Orhan Veli Kanik，1914 — 1950 年），就曾经站立在熙熙攘攘的加拉塔桥上，看着逆流划桨的船夫，捕蚌的渔夫，丢缆绳的船员，天空的飞鸟，粼光闪烁的海鱼，鸣笛冒烟的渡轮，海上摇晃的浮标，想着辛苦地为生计奔波的小民，不禁自嘲道："看来悠闲的他，恐怕回头要绞尽脑汁写首加拉塔桥的诗，来赚取微薄的稿费，才能填饱肚子。"

桥并非仅仅把现成的河岸连起来，河岸之所以成为河岸乃是因为桥横跨了河。桥在哪里，岸就在桥坐落之处。对岸的景观或许极美，但没有桥它不是可及的岸。

德国哲学家海德格说："桥使大地在岸边聚集成可观的地景。桥给了水流动的方向与空间，同时也给了人往返的目标与路径……不是桥选择某一定点然后矗立其上，而是桥让某一地点的意义显现出来。"在我们要从一个时段进入到另一个时段之前，只要我们稍作停留、思考，我们就自行构筑了一座"时光之桥"。在这里我们回望过去，同时也展望未来。金角湾上的加拉塔桥见证了伊斯坦堡的历史和人文，在文学、电影、摄影中不断被土耳其和外国旅行家提及，它的周围已经聚集成可观的地景，显现出多元文化交融的神秘魅力，值得每个到土耳其的游客去细细体味。

第六篇

Beer and skittles
B 吃喝玩乐

土耳其美食丙天下——伊斯坦堡美食巡礼

高丽娟

　　国家地理杂志曾评选出一个人一生一定要去的 50 个城市，其中伊斯坦堡高居第二。2008 年纽约时报也向读者推荐美食之都伊斯坦堡："除了世界顶级餐厅在伊斯坦堡设的分部外，享誉世界的土耳其三大美食，也在这座城市里等待知音。"

　　土耳其是横跨三大洲的鄂图曼帝国继承者，地处欧亚大陆之间，动植物种类繁多。要说它的菜式不多，材料不丰，听在坚称连茄子都有百种做法的土耳其人耳中，实在很难服气。不过，如果国人能放下自身饮食习惯的成见，了解土耳其人饮食习惯，会发现土耳其菜果然名不虚传，堪称土耳其美食"丙"天下。

　　在土耳其街头最常见典型的旋转烤肉（döner kebap），台湾叫沙威马，以为是来自希腊。其实，因为以前希腊和阿拉伯半岛都是疆域横跨欧亚非的鄂斯曼帝国属地，不管是烤肉、面饼、甜点都相似，也都自称是自己原创。不过，由于土耳其是来自北亚、中亚的匈奴突厥骑马游牧民族，素以肉食面食为主，又是大帝国的中心，一般还是认为这是土耳其烤肉。

　　且不管土耳其是不是沙威马原产国，最重要的是土耳其烧烤肉（kebap）内容的丰富，不是希腊可比拟的。土耳其的烧烤肉有名的种类中，最适合国人口味的是坦土尼（Tantuni），这是用铁板炒的茄汁羔羊肉块，吃的方式是在面饼拉瓦什（lavaş）上放肉块、洋葱丝、西红柿丁，然后卷起来吃。完全没有羊膻味，肉质鲜美，简直可以比美北京烤鸭，在伊斯坦堡著名的塔克辛广场（Taksim）附近巷弄里有两家名店 Suat Usta，33 Mersin Tantuni 和 Emine ana Tantuni。

　　另外，土窑烧烤肉（Tandır kebabı）被报纸评为第一名的是安卡拉的 Konyalı Tandır Kebap，据伊斯坦堡最知名的餐厅 Şeref Büryan Salonu 的老板说，这道烧烤要选用不超过 15 公斤的羔羊，肉吊在 2 米半高的土窑里，封住窑口，用炭火烤 2 个小时。其他炭烤肉（Oltu kebabı）、亚历山大烤肉（İskender döner）、伊内湖肉丸（İnegöl köfte）、陶瓷烧烤肉（Testi kebabı）、阿达纳烧烤肉（Adana kebabı）、烤肉串（Şiş Kebabı），简直把肉的烧烤艺术发挥到极致，在伊斯坦堡的观光景点苏丹阿赫梅特广场附近有 Sultan Ahmet Köftecisi，以及 Eminönü 码头的 Hamid Lokantasi（Lokanta 是餐厅的意思）都是有口皆碑的烧烤老店，可以品尝到上述烧烤。

在三面临海的土耳其也不乏海鲜。土耳其人吃鱼的时候，一般前菜来道扁豆汤，然后一盘鱼和生菜色拉，顶多加点米饭在盘子的一角，旁边是无限供应的面包，最后来道像花生酥的甜点，土耳其人认为这样可以去掉腥味。

这种吃法对于习惯鱼只是一道菜的台湾人来说，的确是乏善可陈，更别说能吃饱。不过，在土耳其人的宴客习惯中，地中海式下酒小菜美泽（meze），浇上柠檬汁的炸鱼，配上生菜色拉就着面包吃，再配以土耳其特产的葡萄酒，或者号称狮子奶的茴香酒，不管是在餐厅还是自家，都是能够宾主尽欢的体面美食。

在伊斯坦堡著名的加拉塔桥下的码头旁，可以看到一艘艘船上穿着传统服饰的小贩忙着卖烤鱼三明治，一份只要约 35 元台币的新鲜烤鱼夹在松软的面包里，放上西红柿和生菜，再洒上点盐巴淋上柠檬汁，就是一道丰盛的街头美食。

还有街头小贩叫卖的蚌壳塞饭（midye dolması），是在蚌壳中塞入拌有香料胡椒的橄榄油米饭，米饭吃起来有点像油饭的味道，挤几滴柠檬汁，又香又好吃。

也可以转进桥下的餐厅，点份新鲜烤鱼搭配辛辣的生洋葱和芝麻叶色拉，然后到水烟茶馆喝杯用郁金香形玻璃茶杯盛的土耳其红茶，吸壶水烟，或者喝杯土耳其咖啡，碰巧有人可以翻译，还可以算个咖啡命，享受神秘中东氛围带来的慵懒。

肉和其他蔬菜干果一起炖煮的土耳其美食不胜枚举，就暂且略过不细数。值得一提的是，与土耳其烧烤肉共同形成美食文化的土耳其面包。土耳其的面包种类很多，最常见的是像法国面包的硬壳面包 (ekmek)，表皮香脆。一般劳动阶层，一条面包，配以白奶酪、西红柿、小黄瓜就是一餐。在乡下吃完饭还要赶着干活，所以吃饭简单快速，甚至男孩子将来会不会成大器，都是以吃饭的速度来判断的。

土耳其烤肉店里最让台湾人惊艳的是一大块烤得香喷喷，鼓得胀胀的面饼拉瓦什，无论用拉瓦什包裹各式烤肉成为面饼卷（Dürüm），或者热乎乎地涂上奶油，都是让人吃了还想再吃。另外，号称土耳其比萨的各种馅料的皮迭（Pide）、铰肉馅薄饼辣赫麻俊（Lahmacun）、夹肉馅、菠菜馅、马铃薯馅、奶酪馅的酥饼博瑞克（Börek）、像中式大饼但是小许多的巴滋拉麻（Bazlama）、像煎饼的葛滋雷美（Gözleme），都是土耳其人常吃，也是台湾人最能接受的土耳其面食。

土耳其的下酒小菜美泽，以地中海产的橄榄油煮的凉菜居多。在供应小菜的餐厅，服务员会端上来或推车让客人选择，或者自己到玻璃柜前自选。这些小菜都很下饭，只不过由于地中海习惯，橄榄油煮的菜是冷了后再吃，而且土耳其人是配面包吃的，如果你也学着用面包沾着这些小菜吃，恐怕会像土耳其人形容菜好吃时说的："连手指头都吃掉了"。

夜里街头小贩卖的烤酥肠（Kokoreç），烤得香酥后剁碎，和洋葱香料夹在面包里吃。土耳其有专卖羊杂汤（İskembe）的餐厅，是通宵营业的，以羊肚为主的浓汤，加上醋、大蒜、辣椒粉、香料，是深夜里酒客最喜欢的醒酒汤。另外羊蹄浓汤、凉拌羊脑、烤羊肾、炖羊心、烤羊头肉，也是下酒菜。

在土耳其米饭不是白米饭，而是加了油加了盐，配着面包吃的菜。讲究的做法是用鸡汤或奶油炖煮，加入的配料有松子、小葡萄干、香料，也有加羊肝或时萝、罗勒等香菜的。

还有煮过之后晒干压碎的小麦粒（bulgur），用洋葱爆香后加西红柿酱和水煮成麦粒饭，是亚历山大旋转烤肉旁必有的配料。而更细的干麦粒用热水泡开，

库内费（Künefe）甜点，上下两层烤得酥脆的细面丝，之间则是奶香醇厚的奶酪，在铁盘上烤制之后，切块，浇上糖浆，温热地吃，酥滑脆香，配以红茶，真是饭后一盘赛过活神仙。（高丽娟 摄）

卡讚底比（Kazandibi），Kazan 是铁锅，Dibi 是底部，原来是奶布丁放在撒了糖粉的烤盘烤出的焦糖锅底，比布丁结实，比麻薯嫩，又Q又滑，有吃在嘴里口难开之叹。（高丽娟 摄）

加炒过的洋葱、绿葱、洋香菜、西红柿酱、红椒酱、橄榄油、柠檬汁、香料凉拌而成的克色尔（Kısır），是土耳其人聚会饮茶时常有的咸点心。

谈到点心，土耳其人的饭后点心种类繁多，薄面皮做的 baklava、面粉丝做的 künefe、面团做的 Şeker pare、Tulumba Talısı、牛奶做的 Muhallebi、Sütlaç（台湾通称的米布丁）、Kazandibi、Tavuk gögsü、güllaç，用麦片、豆子、干果煮的类似八宝粥的甜粥 Aşure，有麻糬般口感的土耳其马拉什冰淇淋都是土耳其知名的甜点。其中 baklava 以 Hacı Baba，奶制点心以 Özsüt，冰淇淋以 Mado 为最具国际声誉的专卖店。

凡是到土耳其旅游的人，印象最深刻的是土耳其人一整天都在喝红茶，也请人喝茶。一个小小郁金香型玻璃茶杯，往往是加上两三颗糖，尤其是喝饭后茶或下午茶时，常常还配以上述甜点。这么一个嗜食甜食的民族，也就难怪会以热情好客自我标榜，而喜食酸奶酪、酸泡菜、西红柿酱，却厌恶酸甜合一的甜酸酱，不也显示了土耳其人好走极端、爱憎分明的民族性。

伊斯坦堡香料市场眩目醉人

高丽娟

诗人说："到了伊斯坦堡的海峡边，应该闭上眼睛，聆听这座城市的声音。"不过，在金角湾的加拉塔桥下，聆听了伊斯坦堡之后，还不算是全面地感觉了伊斯坦堡。还要往新清真寺（Yeni Cami）后面走去，可以看到一座不起眼的古老建筑，进进出出的人潮明显地以当地人居多。

随着人潮从古老的大门走进建筑，迎面扑鼻而来的各式香味，把海峡边的海藻味、渡轮柴油味阻挡在门外，抢先告诉你，来到了一座香料市场。

和不起眼的外貌相反的是，市场内琳琅满目的货色混杂着神秘的中东气息，高耸的拱顶下回响着异国语调的叫卖声，无论是声响、气味，还是景象，都让人感觉处身在东方与西方、古代与现代交错相融的情境里，忍不住闭上眼睛，像走在巴黎街头的香水师葛奴乙般翼动鼻孔，去嗅闻伊斯坦堡的古老气息。

市场内琳琅满目的货色混杂着神秘的中东气息，高耸的拱顶下回响着异国语调的叫卖声。（高丽娟 摄）

对游客来说，要了解一地的生活文化，逛市场保证是最快也最有趣的途径。虽然比起鼎鼎有名的大市场（Kapalı Çarşı），伊斯坦堡第二大古老市场香料市场（Mısır Çarşısı）的规模明显小很多，但是，所有想买的土耳其伴手礼，在这里同样可以一网打尽，尤其是随处充斥的诱人香味和五颜六色的粉末，更足以让人流连忘返。

香料市场是呈 L 形的封闭式建筑，长的一段长 150 米，短的一段长 120 米。建于 1660 年，当时是为了供养新清真寺及附属的慈善食堂和书院而建的。土文 Mısır 的含义是埃及，因为靠近码头，是奥斯曼帝国时期来自埃及的商贾聚集的地方，兜售外围各国的商品，其中主要的便是香料，当时是整个中东最大的香料集散地。今天埃及香料市场一带成为伊斯坦堡市民传统的购物重地，可以买到当地价格的蔬果和民生用品，仍然是交易繁荣、人气鼎盛的商业区。

香料的土文是 baharat，源自阿拉伯语，"bahar" 意为春天，想来春天百花盛放的香味，衍生出香料 baharat 这个字。香料市场里一桶桶香料五颜六色、百味杂陈地展示眼前，绚烂的色彩搭上浓重的香气，的确让人感觉身处百花盛放的春郊野外。

香料市场里一桶桶香料五颜六色、百味杂陈地展示眼前，炫烂的色彩搭上浓重的香气，的确让人感觉处身百花盛放的郊野外。（高丽娟 摄）

薄荷叶（nane）风干之后搓成的绿粉，是土耳其人煮酸奶酪米粥必定洒在辣油上的香料。百里香（kekik）、迷佚香（biberiye）是土耳其人调理肉食必用的调味料。肉桂在东南亚是用来给肉类调味的，可是在土耳其则是磨成粉洒在甜点上，尤其是奶制甜食。至于香料中的女王番红花，这里的十之八九是伊朗进口货，土耳其只有古城番红花城年产十多公斤极品。如果你对香料没有研究，又有不少看了电影《香料共和国》喜爱厨艺的亲友，等着你从土耳其带回香料的话，埃及市场里有很多不错的小香料礼品包，价格公道，是送人的好东西。

另外，各式花茶也给香料市场增添了香味，如土耳其人常喝的菩提花茶（Ihlamur）、鼠尾草茶（Adaçayı），还有玫瑰花茶（Gül）、熏衣草茶（lavanta）等。土耳其也是地中海国家之一，因此在这里买的花茶绝对不会比台湾从欧洲进口的质量差，价格却低很多，虽然包装可能没有那么精美。

花茶的香味之外，散发出一股辣味的各种细度、色调的红椒粉，土语叫 pul biber。橘红色呈细碎片状的，是红甜椒做成的，用来做红油，不辣但是很香；有辣味色深红微暗颗粒较大的，则用来做辣油或者做菜时调味。一种色暗红像烤焦的辣椒粉叫 isot，土耳其人喜欢洒在肉饼拉赫麻俊、旋转烤肉片及煮好的菜肴上。

除了香料，香料市场也像台北的迪化街是南北干货集散地，台湾少见的杏桃干、无花果干、沙枣干，榛果、杏仁、松子、开心果、核桃一应俱全，几家老字号的店更是货色齐全、童叟无欺。热情的店主会从大袋子里铲出一勺，让你免费品尝。而各种果酱、玫瑰酱讲究天然纯正，绝对不是台湾那种加了淀粉的果酱可以比拟的。Rosense 这个土耳其知名品牌的玫瑰花精油及纯露、乳液，也在香料市场里买得到。

至于台湾人喜欢喝的苹果茶，除了易冲泡包和苹果粉外，这里有晒干的苹果片，混合洛神花，煮后加糖是不错的饮料。另外，地中海产的天然海绵、散装香水、古龙水、灯饰、肚皮舞装、披肩、围巾、像新港饴的土耳其软件（lokum）、蓝色避邪物、盒装的蜂巢蜂蜜、橄榄油，也是游客常买的伴手礼。

香料市场里热闹，市场外更是惊人，从东面的大门出去，有卖宠物、罕见花卉种籽的店，甚至有卖水蛭的，供人买去代替放血，吸血治病。从西面的大门出去，窄窄的一条小巷，有各种食品、铜器、铁器、家用品、工艺品。不过，在这里最值得游客买的东西，你只要吸一口气就会发现，小巷口有一阵阵浓烈的咖啡香味，那就是从百年老店 Kurukahveci Mehmet Efendi 里传出来的炒土耳其咖啡香。

《香料共和国》的爷爷说："人生如烹调，加点盐，加点香辛料才更有风味，更富姿彩。"到伊斯坦堡游览就该走趟香料市场及其周边，才更能体会出这座横跨欧亚的古老城市特有的历史风味和当地人的生命力。

漫谈葡萄酒与酒文化

俞力工

　　言及葡萄酒，中国人难免联想到唐朝诗人王翰《凉州词》里的"葡萄美酒夜光杯，欲饮琵琶马上催。醉卧沙场君莫笑，古来征战几人回。"

　　许多年前，当我途经甘肃时，便曾见到当地商店兜售的一种浅墨绿色的石料酒杯，且号称那就是王翰所指的夜光杯。可以想象葡萄酒盛入其中，完全无法透视原色，因此便缺少点观赏"酒色"的乐趣。欧洲葡萄酒杯讲究的是透明洁净，容量也要够大，让人仔细琢磨不同色泽之外，轻摇慢晃还可闻到扑鼻酒香，最后则是聚精会神的浅尝，绝不见中国式的杯觚交错、"醉卧沙场"。欧洲人手持酒杯的方式是轻举杯柱，大概是为了用那不让指印玷污的酒杯来证明自己头脑的始终清晰。

　　据个人观察，欧洲国家酒醉街头的"好汉"不外两类，一是患有酒瘾的醉鬼，二是借酒壮胆的纳粹分子。还有一个特点则是这两类群体追逐的都不是葡萄酒，而是廉价烈酒。因此举凡品尝葡萄酒的场合，气氛极为宁静与高雅，酒友乐在其中而不狂妄咆哮。

　　当前国内喝葡萄酒蔚然成风，相关的书籍也充斥书架。走进专卖店，无论是从世界各地进口的红、白葡萄酒，或为侍候"酒局"而配置的各种接口设备，可谓琳琅满目，令人叹为观止。遇此情景，却总让我无法将日常所见的欧洲酒文化联系起来，甚至禁不住要问，欧洲人喝葡萄酒至于这么繁琐、考究吗？

　　奥地利葡萄酒产地以布根蓝与下奥地利省为主，两地酒庄加起来起码有 8000 家。每到四五月葡萄酒酿就、装瓶期间，每一个酒区都会以促销为目的，轮流举办称呼不一的"品酒日""酒窖节"或"酒街日"。这意味着直到 10 月，维也纳市附近每天都可能有数个酒区同时举行品酒节目。鉴于此奥地利人平日并不需要刻意打听酒节的所在地，而是随兴驱车往葡萄产地驶去，且多数情况下都能为"巧遇"葡萄酒盛会而得到意外惊喜。久而久之，我也抱着随遇而安的心态，四下猎取"葡萄酒奇遇"，即便有时候发现不对口味，但只消换个品种，甚至换家酒馆也不过是举手之劳。全世界似乎有个不变的规律，只要是游客聚集的地方便难得遇上好酒、好菜与好招待。葡萄酒亦然，凡本地客人居多的酒店，质量多半经过千锤百炼。

此地酒节的举办的形式多半是主办单位在"酒街"路口设下关卡，凡有意品酒的游客，只需支付大约 15 美元的费用便可取得酒杯一只，而后只要伸出酒杯，便可无限制地品尝所有酒店的促销产品。欧洲各大城市也经常以促销为目的举办室内的品酒活动。我曾见识过一个两百多家酒商同时参与的品酒盛会。如以每家酒商展出五个品种计算，当日可以品尝的酒类就达一千种之多。令人感到诧异的是，如此规模庞大、容纳数千酒友的活动，却无一顾客酒醉失态。由此可见品酒已形成一种高尚文化活动，纯朴又精致，一如中国人品赏老人茶的风雅。

把葡萄酒当做每日餐桌上的饮料多系南欧的习惯，多瑙河以北则倾向于用餐

奥地利葡萄酒酒窖。（谭绿屏摄）

时搭配啤酒。如果特地拿出葡萄酒，其原因不外是佐以好菜，或为庆祝或助兴。如果出于待客目的，欧洲人选择的酒多半不是味道浓郁的成年老酒，而是清淡芬芳的新酒。理由无他，待客目的主要是聊天，而要维持连绵数小时的对话兴致，必须排除那些口味厚重又不解渴的饮料。

初学喝葡萄酒的中国朋友多爱好价位高、年份久的"老酒"。殊不知这类葡萄酒在欧洲多是点到为止，并不为大众所追求。相反，新酒一般色泽明亮剔透、味道清香扑鼻，而且价廉物美、多喝而不腻。但是，新酒的特有芬芳稍纵即逝，过时不候，于是乎便自然形成一种春季"尝鲜"的群众运动。

许多中国朋友都有"醉卧沙场"的豪情壮志，可是多年观察之下，酒量最为不堪的好像也是炎黄子孙。红葡萄酒多喝两杯便上火，白葡萄酒半瓶下肚则闹酸。反观德意志民族（德、奥、瑞），其特点在于喝酒不需佐以小菜，甚至可以五六个小时站着喝酒而毫无倦意。与之对比，中国人多有闹酒倾向，甚至把灌倒酒友视为余兴。或许正是因为欧洲人普遍认为酒态丢份，才孕育出一种令人心醉的葡萄酒文化。

匈牙利人的鸡蛋情结

李震

"欧洲的厨房"用鸡蛋最多

匈牙利可以说是世界上人均食用鸡蛋最多的国家。匈牙利蛋鸡培育与鸡蛋生产联合会介绍说，近几年匈牙利每年的鸡蛋产量都在30亿只左右，并且还要进口，人口只有1000多万的匈牙利每年人均消费鸡蛋近300只，总量和人均消耗都居欧盟国家之首。

匈牙利人有句俗语："今天的鸡蛋胜过明天的一顿饭。"匈牙利人如此喜食鸡蛋与其传统有着很大关系。匈牙利从11世纪初建国时起就成为天主教国家，保守而严格的教规要求，每年纪念耶稣受难连续四十天的大斋期中的每星期三、五、六以及全年的星期五，除了不能食用肉类和牛奶制品外，鸡蛋也在禁止之列。后来随着教规的松动，匈牙利人首先在大斋期的星期六可以食用一些鸡蛋和奶制品。到了1611年，匈牙利最高大主教向罗马教廷申请不再将鸡蛋和奶制品列为斋日禁品获得了批准，这样斋日里鸡蛋就成了人们最重要的主食，时间一长，匈牙利人对鸡蛋的依赖也就越来越大了。

在匈牙利历史上是传统的农业国，曾一度被称为是"欧洲的厨房"，至今饲养家禽也是农业领域的一个重要部门。现在，由于成本和价格较低且营养丰富，无论是农村还是城市鸡蛋仍然是匈牙利人餐桌上主要的食物之一。

小小鸡蛋　菜肴繁多

匈牙利人食用鸡蛋的方法花样繁多。煎鸡蛋自然是早餐上常见的，而嫩炒鸡蛋可以做正菜的配餐，做面条时在面里也是经常打入几个鸡蛋。在冷餐中，煮熟的鸡蛋也是三明治和色拉中常见的配料。一个有名的匈牙利冷餐叫填蛋，做法是将煮熟的鸡蛋切成两半，将蛋黄与植物黄油、酸奶、色拉酱、面包渣、洋葱末、欧芹片、盐和胡椒等混在一起拌匀后，再填到之前的蛋白里面。这种填蛋的做法因加入配料的不同还有多种，如复活节填蛋习惯上要加入的植物菜料是橄榄果和葱花。

匈牙利首都布达佩斯市中心有一家始建于 1887 年的老字号中央（Central）餐馆，这里的鸡蛋早餐久负盛名。从早上七点到十一点半，这家餐馆提供的早餐基本上都是以鸡蛋为主料做成的。如一道名为"乡村早点"的主菜是将土豆、咸肉、洋葱和奶酪一起与鸡蛋煎制而成。"鲑鱼炒蛋"的做法则是鸡蛋炒好后再与腌鲑鱼一起略蒸片刻，然后再配上拌了橄榄油的混合色拉。对于煎鸡蛋，厨师会按照顾客要求加上火腿肉、熏肉或是蘑菇等。喜欢吃生鸡蛋的，可以来一杯营养不错的饮料，水果蔬菜汁中打入一个鸡蛋，再加上一些泡沫奶油。有机会来布达佩斯的读者一定要记住这个餐馆哟！

一年一度的"国际鸡蛋节"

1999 年，总部在伦敦的"世界鸡蛋委员会"将每年 10 月的第二个星期五定为"世界鸡蛋日"，匈牙利著名的旅游胜地巴拉顿湖南岸的城市希欧佛克，2003 年起将这一天定为"巴拉顿国际鸡蛋节"，并举行连续三天的活动，成为匈牙利一个的颇具特色的节日，其活动的意义最主要的是宣传食用鸡蛋对人们健康定斯基带来的益处和有关鸡蛋的文化。在这个由希欧佛市长主持开幕的以鸡蛋为主角的节日上，有各式各样用鸡蛋做成的美食让人们品尝，还有鸡蛋集市、禽蛋艺术展、民间工艺品展、农业与食品展以及音乐舞蹈文艺演出，此外还辟有活禽园供孩子们了解家禽的饲养等。

禽蛋艺术博物馆

2003 年举行首届"巴拉顿国际鸡蛋节"时，在希欧佛克参加艺术展览的"禽蛋手工艺术国际协会"后来设立了常年的展览中心，在第二年的鸡蛋节时就建成了一座"禽蛋艺术博物馆"。

除了介绍家禽和其他鸟类各个蛋种的实物和知识外，这里最让观众赞叹就是收藏的从民间到行业制作的众多蛋壳雕刻、蛋壳绘画、蛋壳绣花等手工艺术品，其中有鸡蛋的，也有鸭鹅和鸵鸟蛋的，此外还有木头做的彩蛋，所有的图案都具有浓郁的匈牙利民间艺术风格。博物馆中最为精美的非镶边彩蛋莫属镶边彩蛋，看上去颇像中国的景泰蓝，制作方法是将金色的细线绳在蛋壳壁上粘成各种花卉的图案，然后再上色修饰，每一件作品都让人赞叹不已。

从彩蛋到民间谚语

匈牙利彩蛋精美无比，且只能观赏而不能亵玩。"像对彩蛋一样对待他"这句谚语就表示对人关怀备至的怜爱和呵护。其他一些有关鸡蛋的谚语有"走在鸡蛋上"（处境微妙，做事要小心）、"公鸡下面找鸡蛋"（方法错误）、"刚从蛋壳里出来的人"（新手没经验）、"哥伦布的鸡蛋"（简单容易）、"鸡蛋想教导母鸡"或"鸡蛋想要比母鸡更聪明"（不自量力、自高自大）、"就像一个鸡蛋与另一个鸡蛋"（完全一样没有区别）、"等到鸡蛋煮熟了"（马上，一小会儿）、"鸡蛋还是母鸡"（哪个在先）、"黑鸡下的也是白蛋"（人不可貌相）。

提高蛋鸡"生活待遇"

出于动物保护同时也是提高鸡蛋质量的考虑，匈牙利要按欧盟新标准的规定，从 2012 年起与其他成员国一样要实现蛋鸡的人性化饲养，传统超密集型的鸡舍要进行改造或是淘汰。根据新标准，新型鸡舍层高至少为 45 厘米，每个单元放置五只蛋鸡，每只鸡的平均活动面积至少达到 750 平方厘米，便于鸡蛋滚出的底层倾斜率不得高于 14%（即 12.6 度）。最底层要距离地面 35 厘米。鸡舍中要有足够的垫草和供休息的横架，保证不间断的精配饲料和饮水，此外当然还要保证照明、温度、湿度和通风等。

另外，匈牙利也在推广更为科学的饲养方式，就是大棚地面厚垫草饲养（每平方米 9～18 只蛋鸡，棚顶天窗可射入自然阳光，配有不同高度的休息横架等）、草地自由饲养（每只蛋鸡活动面积达 4 平方米，并有垫草区等）和生态化放养（在草地自由饲养基础上，不对蛋鸡注射和食用任何药物，饲料中不含有人工合成、防虫和转基因成分）。

匈牙利市场上出售的每一只鸡蛋上的编号为 10 位数，其中第一个数字就说明了是产自哪种饲养方式。鸡舍的为 3，大棚垫草饲养的为 2，草地的为 1，生态化的为 0，当然鸡蛋的价格也是依次不等的。这一数字后的 HU 则代表是匈牙利的产品。

闲话欧洲的度假中心

晓星

有人说，中国人一见面就爱问""吃过饭没？"西欧人则喜欢问："去哪儿度假了吗？"说的也是，西欧人从小在校念书时代，学校每年都会举办团体旅游，不是去高山滑雪锻炼，就是去参观古国。学了历史地理之后，老师都会安排学生有身历其境的机会，让他们亲眼见到书中所述。若参加了童子军的活动就经常会去露营，体验野外团体生活，当然也包括参观各地名胜。

毕了业工作之后，公司每年都会依法律规定给四至六周的年假，并加发度假金。几乎没人会选择在家里蹲着，总是早早地就在研究今年该去哪儿，还必须尽早地申请定下年假的日子，免得协调不妥造成缺人现象。

每家旅行社内都有堆成高墙似的各种免费数据和杂志，琳琅满目，如何挑选出适合自己的目的地这真是一大学问。哪个国家，哪个地区，开车去，乘火车，坐飞机，住旅店，租短期公寓？自助式还是跟团？以上这些问题，造成了人们取舍上的困难。度假中心的出现，为大众提供了最理想的旅游服务。

在缺乏阳光的寒冷国家住久的人，才真正能体会到"野人献曝"的舒适感觉，何况阳光还是维生素 D 最好的大补品呢。所以只要气候温暖，海滩宜人，有良好的设备，舒适的住房，丰盛的美食，再加上精彩而老少皆宜的活动节目，又在各人的消费能力之内的，就是最吸引人去的地方了。南欧及北非国家就利用美好的阳光来发展旅游事业，一流的旅店成林，纪念品商店遍布各处，经济上观光已成了各国国民最大的收入之一。

出发前的准备工作也是一大学问，防晒的油膏必须买适合各人皮肤的不同产品，初晒期、晒中期及晒后的保护品均得分门别类选好。有人还会在出发前先去美容院做几次日光浴，除了预先为皮肤做适应强烈阳光的准备，也因为不想展露自己太苍白的皮肤。不像国人大多怕被晒黑而拼命躲太阳，还会有撑阳伞的习惯。

游泳衣也要带几件换着穿，每天躺在沙滩或泳池旁前后左右翻来覆去，把整个身体皮肤晒得均匀，最好能晒成古铜或者棕色。如果回家见人就被称赞："哇！

晒得真美！"，票价就值了。

　　度假中心每日都会安排不同的活动，从做晨操开始，有时在草地上，也有时在泳馆内，或在健身房里，均会有专人指导来做适合各种年龄的不同运动，所以行李中也别忘带各式的运动衣鞋。白天也有另缴费的团体观光活动，为了参观也必须带走路舒服的鞋。晚餐后还有表演节目和舞会，所以有人又会把家中最美的行头带着，很可能在舞会中遇到梦中的白马王子，真的，在度假享乐之时而配出成双成对的故事还真不少呢。

　　有些收费高的度假中心，还可学习潜水、拉帆及划水等水上运动，或教授打高尔夫球、网球、乒乓球等的技术，也有上语言、烹饪或舞蹈课的。参与起来还真让人忙得不亦乐乎。

　　度假期间，主妇们可以完全不做家务事而大大放松自己，好好休息，甚至还可以到按摩或美容中心去享受一番，还有时间到海滩或泳池旁的躺椅上晒太阳，同人聊天或看看书报杂志，并瞧着别人运动玩耍。如此休息一两周之后，气色自然会变好许多，人就似乎焕然一新了。满意之后，有的会同刚认识的朋友们约好，明年再来此处会面；也有人则喜欢每年去不同的国家玩以增广见识，与人谈话的内容大多就在诉说自己去过的不同国家，以及所经历的不同故事。

　　想起我们中国在起飞后的今天，许多建设已经和国际接轨，世界村的观念已经是天涯若比邻了。在历史文化上我们有着太多的观光优势，若也能利用阳光海水，像在海南岛上也开放这类的度假中心，冬季必能吸引来此取暖的大批世界旅客，就不再让泰国、越南或菲律宾等国专美于前了吧。

瑞士村姑与泛欧大观园

朱文辉

　　瑞士在欧洲的地理位置恰居于南来北往的要津，是个没有出海口的内陆国家，前后左右被德国、奥地利、法国、意大利和列支登斯坦所围邻，一系列覆满皑皑白雪的阿尔卑斯山脉绵延不绝贯穿其间，不管是搭飞机或乘火车到任何一个欧陆地区，以瑞士为启程或转口地点都十分近便。在大欧洲境内搭乘火车旅行，对于久居瑞士已经三十五年的我来说，有一种奇妙的感觉。

　　欧洲铁路发达，不论是南北纵贯或是东西横穿，铁道密密麻麻，极像脉络分明的蜘蛛网。即便是跨国越境需要转换好几趟火车，往往一票可以到底甚为方便。虽然较搭乘飞机耗费时间，但宽敞舒适的车厢，平稳的行车速度，在一路好景的簇拥之下，于上上下下之间观察人生百态，让景物和事物带动人的心灵去体会人世间的层层表象，也算是一种情境景观的细嚼慢品。

　　民寡国小的瑞士，全国最大的都会苏黎世，人口也不过 38 万，至于其他的小城小乡，更是绿色村景多过人烟。不管是从哪个村镇或都市的火车站上车都可以从从容容出发，一路逸致悠悠地望着车窗外面的湖泊山林，让野景把恬适伴入人的眼帘。

　　可是我往往会辜负了一路好景。在行车的过程当中，不是垂首假寐便是聚神阅读，等一回过神来，沿途的景致风光早已成了过眼云烟，人则在不知不觉之中来到了目的地——巴黎、慕尼黑、法兰

依山傍水扬白帆（瑞士琉森湖景）。（朱文辉 摄）

克福、汉堡、维也纳或是米兰、阿姆斯特丹、布鲁塞尔等国际大都会。苏黎世到巴黎朝发午至，走出车站面对站口的大街，哇，五光十色，车水马龙，红男绿女的鼎盛人气把十里洋场豁然呈现在眼前，进入另外一个花花世界的惊艳和惊喜之感，就在那么一瞬息、一刹那间猛然爆发开来，恍若刘姥姥——不，是瑞士村姑一下子进入了大观园，沉陷在目不暇接的绚烂之中。平日习惯了瑞士的井然有序和清洁幽静，以及湖光山色的花草乡景，与满街鳞次栉比的高楼大厦和红尘滚滚的鼎盛人气相对照，那种叫人目眩神迷的兴奋与撼动，令人血脉沸腾，仿若刚刚跳出井底的一只孤蛙，面对外头无奇不有的真实世界，大声鸣出它的咏叹调！

从相反的角度来看，一个吃惯了大鱼大肉的欧洲大都会族来到瑞士，这儿的人、事、物、景则往往会有如清粥一碗，小菜两三碟，加上淡淡的茶香，那种惊艳喜悦沁入心灵的感觉，可能也不亚于前述的"由简入繁"吧。这情境便仿若清秀脱俗的村姑也能让人眼睛为之一亮般。

这些图片是我于 2010 年 6 月 5 日新上瑞士中部览胜名山皮拉图斯（Pilatus-Kulm）巅峰所摄。先自芦蒨（Luzern）市郊的克里恩思（Kriens）小镇缆车站搭乘四人座式空中缆车上山，于半峰的中途转搭站立式的缆车厢上到 2132 米高的山巅览胜观景，山底下横跨四个邦的四林邑湖（Vierwaldstättersee，英文俗称琉森湖 Lake Lucerne）一览无遗，呈现湖光山色的秀丽景致。

游完雄壮的山巅，搭乘全世界最陡斜（48 度）的齿轮缆索登山车自山头的另一背脊下山，全程 45 分钟一路上可以领略阿尔卑斯山笔直的树林和坚韧奇突的怪石，眼底则是澄清碧蓝的湖泊在望，端的令人心旷神怡，暂时忘却凡尘而出世。来到山脚下的 Alpnachstad 站之后，以原有的联运票换搭早已准时停靠在湖港码头的观光游轮。一路迎着夏日的和风，让两岸青翠的山林和远处覆盖着皑皑白雪的阿尔卑斯山脊伴行，优哉游哉，一时忘却人间所有的烦恼。大约一个半小时之后，便怡然逸闲地来到了芦蒨市区的港岸（这一段路程也可以自 Alpnachstad 站舍游轮而搭乘火车，大约 15 分钟便可以到达芦蒨市火车站），下船继续游览市区或换搭火车前往别的目的地。这段游程可以领会瑞士上山下水之行，瑞士工艺的精准和细腻与景观鬼斧神工的巧思结合在景色中进行了很好的展现。